北歐極光旅行

芬蘭、瑞典、挪威───

自助規劃 × 人氣景點 × 極地活動，
此生必去夢想旅程超完整規劃！

1 關於我們所追尋的極光 —— p.9

極光是什麼？　　　　　　　　　　　　　　　　　　　　　　　10
　彩色極光 10／極光是有聲音的！ 11

極光何時出現？　　　　　　　　　　　　　　　　　　　　　　　12
　哪一年看極光好？ 12／季節有差異嗎？ 13／哪一天可以預測嗎？ 14
　幾點追極光好呢？ 14／雲層，是極光的最大殺手！ 15

在哪裡追極光？　　　　　　　　　　　　　　　　　　　　　　　17
　善用科學確認地點 17／遠離光害才是王道 18／世界最棒的極光點 19

2 北極圈自助旅行須知 —— p.21

擔心語言不通　　　　　　　　　　　　　　　　　　　　　　　　22
　了解當地語言特色 22／日益增加的中文服務 23／學習善用翻譯工具 23

擔心旅遊安全　　　　　　　　　　　　　　　　　　　　　　　　24
　財物安全 25／住宿安全 27／移動安全 28／生理安全 31／急難救助 33

北歐現象：好貴的一泡尿　　　　　　　　　　　　　　　　　　　32

追極光省錢攻略　　　　　　　　　　　　　　　　　　　　　　　34

3 奔向極光的事前準備 —— p.37

選目標　　　　　　　　　　　　　　　　　　　　　　　　　　　38

訂機票　　　　　　　　　　　　　　　　　　　　　　　　　　　39
　台北→歐洲城市→北歐首都 39／台北→亞洲城市→北歐首都 41
　台北→中亞→北歐首都 42

找住宿　　　　　　　　　　　　　　　　　　　　　　　　　　　43
　特色住宿 44／訂房流程 48

排交通　　　　　　　　　　　　　　　　　　　　　　　　　　　51
　飛機 52／火車 54／公車 58／計程車 62／遊輪 63

北歐現象：極圈公車司機兼職宅急便　　　　　　　　　　　　　　61

北歐現象：週末上遊輪買酒　　　　　　　　　　　　　　　　　　64

做準備　　　　　　　　　　　　　　　　　　　　　　　　　　　65
　護照 65／通關準備 66／匯兌與刷卡 67／保險 70／服裝 72
　追極光必備 76／其他旅行裝備 78

北歐現象：沒有現金的世界　　　　　　　　　　　　　　　　　　69

目錄

4 前進極光小鎮 —— p.81

1. 芬蘭羅瓦涅米 —— p.84
抵達方式 85/ 最佳極光欣賞方式 85/ 建議漫遊方式 85
在地人推薦必吃：馴鹿菲力排 86
✳ 聖誕老人村－拜訪聖誕老人的故鄉　　　　　　　　　　　87
　Must do：與聖誕老人拍張照 89/ 跨越北極圈 90
　寄張明信片 90/ 吃份傳統烤鮭魚 92
✳ 北極中心　　　　　　　　　　　　　　　　　　　　　93
　Must do：仰望一場虛擬極光 95/ 玻璃帷幕下拍照 95
✳ 凱米河右岸－感受河面上的冰雪生活　　　　　　　　　96
　Must Do：冰釣 97/ 河濱教堂參觀 98/ 憤怒鳥樂園拍張照 99
✳ 體驗驚奇極光活動　　　　　　　　　　　　　　　　100
　Must Do：冰上漂浮賞極光 101

2. 芬蘭伊納利 —— p.102
抵達方式 103/ 最佳極光欣賞方式 103/ 建議漫遊方式 103
在地人推薦必吃：北極白魚 105
✳ 馴鹿牧場－感受鹿比人多的盛況　　　　　　　　　　106
　Must Do：住宿馴鹿牧場 107/ 乘坐馴鹿雪橇 108/ 極簡生活靜待極光 109
✳ 冰上移動玻璃小屋　　　　　　　　　　　　　　　　110
　Must Do：躺著看極光 112/ 等待地平線的日出 112/ 來場芬蘭浴 113
北歐現象：設計即生活　　　　　　　　　　　　　　　111
✳ 薩米博物館－體驗薩米生活文化　　　　　　　　　　114
　Must Do：手作薩米工藝品 11/ 買些極地零食 117

3. 瑞典基魯納 —— p.118
抵達方式 119/ 最佳極光欣賞方式 120/ 建議漫遊方式 120
在地人推薦必吃：醃鯡魚 121
✳ 冰旅館　　　　　　　　　　　　　　　　　　　　　122
　Must Do：躺上寒玉床 124/ 喝冰杯雞尾酒 126/ 冰旅館等候極光 127
✳ 雪橇犬－雪地最熱情的動物夥伴　　　　　　　　　　128
　Must Do：雪橇犬飼主體驗 129/ 狗拉雪橇自駕遊 130
　狗拉雪橇看極光 131
✳ 礦產中心－地底探險尋找礦脈　　　　　　　　　　　132
　Must Do：化身礦工勇闖地底 133/ 基魯納教堂：百年木教堂拍照 134
北歐現象：喜歡一致、不特立獨行？！　　　　　　　　135

目錄

4. 瑞典阿比斯庫 —— p.136

抵達方式 137/ 最佳極光欣賞方式 138/ 建議漫遊方式 138

在地人推薦必吃：瑞典肉丸 139

★ 阿比斯庫國家公園－冰雪中的越野活動　　　　　　　　　　　　140

Must Do：國王小徑：世界最美健行路徑 141/ 雪地摩托車越野 141

蜘蛛人攀登冰瀑 142

★ 五花八門的極光團　　　　　　　　　　　　　　　　　　　　144

Must Do：極光燒烤 145/ 極光攝影團 145/ 極光獵人團 147

5. 挪威特羅姆瑟 —— p.148

抵達方式 149/ 最佳極光欣賞方式 150/ 建議漫遊方式 150

在地人推薦必吃：鯨魚肉嗎？！ 151

★ 不凍港峽灣風光　　　　　　　　　　　　　　　　　　　　　152

Must Do：一遊北極大教堂 154/ 搭纜車鳥瞰峽灣 155

搭渡輪遨遊峽灣 157

★ 特羅姆瑟－探索北極的第一步　　　　　　　　　　　　　　　158

Must Do：極地博物館：與探險隊為伍 159/

特羅姆瑟水族館：冰洋生物 160/ 梅克釀酒廠：來杯驅寒啤酒 162

★ 奔向挪威森林追極光　　　　　　　　　　　　　　　　　　　163

Must Do：森林小木屋：森林極光 SPA 164/ 林間薩米帳篷 166

北歐現象：充滿泰國風情的特羅姆瑟　　　　　　　　　　　　　167

6. 挪威納爾維克 —— p.168

抵達方式 169/ 最佳極光欣賞方式 170/ 建議漫遊方式 170

在地人推薦必吃：魚子醬 171

★ 高山滑雪場－世界級峽灣滑雪勝地　　　　　　　　　　　　　172

Must Do：搭纜車登頂看極光 175/ 挪威製造的北極穹頂 176

★ 納爾維克海港－戶外活動的天堂　　　　　　　　　　　　　　178

Must Do：以雕塑認識城市 181/ 魚市場吃魚舌 182

北歐現象：你所不知的極地生活　　　　　　　　　　　　　　　183

5　北歐首都小旅行 —— p.185

1. 芬蘭赫爾辛基 —— p.186

機場交通 187/ 建議漫遊方式 188/ 旅遊資訊 190

在地人推薦必吃：肉桂捲 191

✪ 港口芬蘭堡一日路線　　　　　　　　　　　　　　　　　　　　　　*192*

參議院廣場 + 赫爾辛基主教座堂 193/ 愛斯普拉納地公園 193/ 老農貿市場 + 市集
廣場 194/ 烏斯佩斯基大教堂 196/ 芬蘭灣冰泳桑拿 197/ 芬蘭城堡 200

赫爾辛基的採買指南　　　　　　　　　　　　　　　　　　　　　　　*203*

✪ 中央車站周邊一日路線　　　　　　　　　　　　　　　　　　　　　*204*

哈卡捏米市集 205/ 赫爾辛基大學思考角落 206/ 設計博物館 207/ 中央車站 + 芬
蘭國家劇院 208/ 靜默教堂 210/ 奇亞斯瑪當代藝術博物館 212/ 議會大廈 + 赫爾
辛基音樂中心 213/ 岩石教堂 215/ 西貝流士公園 216

北歐現象：世界第一的芬蘭　　　　　　　　　　　　　　　　　　　　*217*

2. 瑞典斯德哥爾摩 —— p.218

機場交通 219/ 建議漫遊方式 220/ 旅遊資訊 222/ 在地人推薦必吃：魚湯 223

✪ 老城區一日路線　　　　　　　　　　　　　　　　　　　　　　　　*224*

斯德哥爾摩市政廳 225/ 公共圖書館 225/ 乾草市場 227/ 瑞典皇家歌劇院 228/ 國
王花園 229/ 王宮 230/ 主教座堂 232/ 大廣場 233/ 諾貝爾博物館 234

✪ 博物館島一日路線　　　　　　　　　　　　　　　　　　　　　　　*236*

斯堪森露天博物館 237/ 北歐博物館 238/ 瓦薩沉船博物館 239/ ABBA 博物館
240/ 葛樂納路恩德遊樂園 241/ 當代美術館 242/ 東島市場 243

北歐現象：第一個學會的瑞典單字 Fika　　　　　　　　　　　　　　　*245*

3. 挪威奧斯陸 —— p.246

機場交通 247/ 建議漫遊方式 248/ 旅遊資訊 251

✪ 市區散步一日路線　　　　　　　　　　　　　　　　　　　　　　　*252*

奧斯陸歌劇院 253/ 孟克美術館 255/ 奧斯陸主教座堂 + 奧斯陸市場 256/ 國會大
廈 258/ 市政廳 259/ 諾貝爾和平中心 261/ 國家劇院 + 易卜生博物館 262/ 挪威皇
宮 264/ 維格蘭雕刻公園 266

在地人推薦必吃：鮭魚料理　　　　　　　　　　　　　　　　　　　　*265*

奧斯陸採買清單　　　　　　　　　　　　　　　　　　　　　　　　　*267*

✪ 海上巡禮一日路線　　　　　　　　　　　　　　　　　　　　　　　*268*

阿克斯胡斯堡壘 269/ 阿斯楚普費恩利博物館 273/ 挪威文化史博物館 275/ 維京
船博物館 277/ 前進號博物館 278/ 挪威海事博物館 280/ 康堤基博物館 282

北歐現象：真實版兩個爸爸　　　　　　　　　　　　　　　　　　　　*284*

本書所列旅遊相關資訊，以 2023 年 7 月為基準。
資訊因時因地會調動，出發前請利用書中的網址再次確認。

沒出過國的他，為跳脫舒適圈給自己帶來一次前所未有的人生大冒險！

失戀待業的她，獨自前進世界最北端放逐流浪，想證明自己其實並不差！

大病初癒的她，決心在身體還能負荷情況下，許下「看見極光就能幸福一輩子」的願望。

因塞車趕不上班機的他，硬是在機場櫃台再買了一張票價昂貴的機票，無論如何就是不願錯過這個必須征服的嚮往。

在北極圈相遇的每個旅人，都有屬於自己的故事！所有的決心，都一心指向北方天空中的那道光。

北極光 Northern Lights，對許多旅人來說，是一輩子一定要追尋一次的夢想！

伽利略用羅馬神話曙光女神的名字稱她為歐若拉 Aurora。

印地安人認為她是舞動的精靈。

薩米人認為她是一隻奔跑在天空中的火狐。

格陵蘭人認為她是在空中與海象玩球的逝去靈魂。

前言

愛斯基摩人認為她是為亡靈指向天堂之路的照明火炬。
中國古代認為她是神光，象徵皇帝軒轅氏大赦天下的吉兆。

多年來，一直聽著張韶涵在《歐若拉》歌聲中對極光投予的浪漫期盼：
「忽然的瞬間　在那遙遠的地點　我看見　戀人幸福的光點
　靈魂在招喚　唱著古老　陌生熟悉的歌謠　天空在微笑
　我的世界　繽紛閃耀」

又唱和著孫燕姿在《綠光》中與極光相遇的驚為天人：
「期待著一個幸運　和一個衝擊　多麼奇妙的際遇
　觸電般不可思議　像一個奇蹟　劃過我的生命裡」

Hotels.com 2017 年曾調查台灣人「此生必遊」清單，高達 57% 的受訪者選擇「看極光」，成為此生必遊的目的地，比例遠遠高過 38% 左右的第二名「搭直昇機穿越美國大峽谷」。曾幾何時，極光夢已經深深印在我們心中，成為人生中計畫停泊的一站。

如果有人問：什麼時候追極光最好？
從台灣出發，路途遙遠，舟車勞頓絕對少不了！到了北極圈，氣候酷寒，需要強健的體魄以外，堅定的心理素質也是完成旅程的重要裝備！倘若極光夢一直在你腦海裡揮之不去，不要猶豫、趕緊圓夢！你會發現，「此時此刻」永遠就是最好的時刻。

出發吧，奔向極光！

1

關於我們
所追尋的極光

OUR NORTHERN LIGHTS

夜空中閃耀舞動的神奇光芒究竟是什麼？
何時會出現？在哪出現？又要如何追尋？
了解更多極光知識，不錯過與極光相遇的
任何機會！

極光是什麼？

太陽風中的帶電粒子，來到地球附近時，被地球磁場沿著北極或南極的磁場線帶進大氣層中，與大氣中的原子和分子互相碰撞，激發能量釋放，並在地表上空數百公里處產生光芒。嚴格說來，極光就是地球上空的一種大規模放電過程。

彩色極光

極光的顏色取決於電子能量、以及在高空中接觸摩擦的大氣成分：若與氧原子作用，電量不高時常產生綠色、白色，電量極高則產生黃色、紅色；與氮分子作用，在一般強度電量下常產生藍色、紫色；與高層大氣中的氫原子作用常產生粉紅色。接近地面的大氣中氧氣較多，且人眼最敏感的光譜為綠光，因此大部份肉眼可見的極光都是綠色。

極光是有聲音的！

看見極光把天空當作舞台、粉墨登場時，總是令人興奮！有時她靜靜地從地平線向上伸展身線，有時又側身像水濂般跳著曼波，每每總有想為她配樂的衝動。但其實極光是有聲音的，雖然我還沒聽見過，但《晉書》中就曾描述「赤氣互天，砰隱有聲」，北歐薩米族人也相傳逢強大極光時，會聽見微弱爆裂聲、沙沙聲或嘶嘶聲，聲音長達數分鐘。這些極光的聲音在過往總被視為傳言，直到 2012 年芬蘭科學家已經證實極光會發出與地球表面物體電荷轉換的聲響，成因有點像手指被靜電電到時也常發出啪啪聲響的原理一樣。所以遇見極光，除了欣賞她的美，也可側耳傾聽一下她的低語。

極光何時出現？

其實極光一年三百六十五天可能都在空中，只是你是否看得見而已？不過從極光成因的科學研究，我們可以歸納出一些機率較高的極光時間。

哪一年看極光好？

從四百多年前伽利略時代開始，人類就不間斷地在追蹤太陽黑子的數目，發現太陽表面黑子活動以 11 年為一個增減周期，黑子活動越多、太陽風即越強盛，代表著太陽風中的帶電粒子更容易進入大氣層，我們看見極光的機率也越高。

前幾年一直流傳著一個說法：「2017 年是極光周期的末期，接下來要看到極光得再等 11 年。」其實這只是謠言，也許是旅遊業者為了招攬極光團的誇大廣告詞。事實上極光年年都在、不會完全消失，只是隨

著太陽活動而減緩而已。以 11 年的周期計算，2015 年為「太陽活動極大期」，接下來太陽黑子數目會下降，直到進入「太陽活動極小期」，2023 年開始黑子和太陽風暴又會逐漸變強，下一個太陽活動高潮預測將在 2026 年左右降臨。儘管目前不是在極光最大期，但想追光仍然年年天天都是機會，絕不需耗費數年等待。

季節有差異嗎？

科學家研究春季和秋季時太陽活動較強躍，春分、秋分由於太陽與地球磁力線的夾角處於特殊的位置，統計數據上更可看見地磁擾動較冬夏兩季劇烈，極光出現的機率也較高。

不過每年 5 月到 7 月是北極圈的永晝時期，就算極光夠大，也抵不過午夜垂掛在天邊的太陽亮度，因此北半球的極光季分布在秋分之後、春分之前，大約為 10 月初到隔年 3 月底，日照時間越來越長、越不適合觀測極光。

許多人選擇聖誕跨年前往追極光，那段時間為北極圈永夜時期，即便 11 月份至 2 月份，一天之中也有 20 小時以上都是天黑狀態，極光能見時數拉長、看到的機會也許相對較高。但永夜期間戶外活動只能在夜裡進行，少了許多美景風光的襯托，相對樂趣降低；自助旅行交通轉車在夜裡也比較受限，出門在外人生地不熟，日間行動相對安全，建議仍選擇日照較長的季節出發。

INFO

最佳地點季節

由於現今光害嚴重，無論是參加極光團、或自行等待極光，在遠離光線的冰凍湖面或河面上，都是所有極光專家的首推之地。但歐洲北部地區須待 11 月中以後湖面結冰才夠厚實，政府才允許人們在冰湖或冰凍河面上活動。根據個人經驗，我有兩次看見極光都是在伸手不見五指的結冰湖面上，二來冰上健行、冰上摩托車、冰釣等等活動也須待湖面結冰才能體驗，這些活動極具趣味、能深入體驗極地生活，錯過實為可惜，因而我個人選擇冬末春初作為極光旅行的最佳季節。

哪一天可以預測嗎？

數億年來，來自太陽的大量帶電粒子，隨著太陽風持續吹向地球的南北極，在兩極大氣中引發美麗的極光。但偶發性的太陽風暴，會大幅增加極光的強度，因此很多專家以 28 天法（28-Day Prediction Technique）、和即時法（Real-Time）兩種方式來預測極光。

太陽自轉的週期約為 28 天，也就是說如果今天看見太陽黑子活動劇烈、產生很大的極光活動，這群黑子的活動通常會持續數月，那麼 28 天以後這群太陽黑子再度面對地球時，也有機會再見到大量的極光活動，因此可以精確掌握極光大放送的日期。

日冕物質拋射（Coronal Mass Ejection，CME）是太陽表面突然爆發大量物質、射入太空中，天文學家暱稱這是「太陽打噴嚏」。這個打噴嚏現象，輕則讓我們有幸看到更多更強的極光，重則可能擾亂地球磁層、破壞電力系統、造成毀滅性的傷害，因而世界天文單位無不慎重觀測 CME 的狀態。而一旦發生 CME，可根據其噴發速度和方向估算出到達地球的可能性和時間範圍，通常是 12 小時至 3 天的時間，因此可以精準預測 3 天後會有強大極光爆發。

這些精準預報都可以在天文網站和極光 APP 上獲得資訊（見 P.77）。

幾點追極光好呢？

建議午夜 12 點到凌晨 2 點是觀看北極光的最佳時間，因為這時天色最暗；而極光團大多時間分布在晚上 7 點到 10 點。事實上她可能會在日落到日出的任何時間發生，所以幾點最合適還真是說不清。

但是每小時的極光預報可以給我們一些幫助！大家最耳熟能詳的便是 Kp 指數（Kp-index），這是一種地磁擾動指數，以三小時為一次測量單位，將位在全球各地觀測站的資料一一整合後得出數據，並可預測未來數小時至數天的指數。範圍是 0 到 9，數字越大表示地磁擾動越強，能看見極光的地區範圍也越遼闊。而 Kp 指數對應的不是地理上的經緯度，而是

地磁緯度，因此實際把 Kp 值對照在地圖上，就可理解：若當日 Kp 值在 3 以下，則歐洲北部、冰島、格陵蘭、阿拉斯加、加拿大北部、俄羅斯北部等區域有可能看見極光；若 Kp 值高達 9，則那一晚包括英國、法國、德國、蒙古、美國北部各州都有機會出現極光。

Kp 值是每三小時浮動變化的，所以追極光前可以先在天文網站和極光 APP 上研究當日的 Kp 指數變化，再決定幾點出門接受酷寒考驗。

雲層，是極光的最大殺手！

即使 Kp 值再高，厚厚的一層雲擋在天上也是枉然，因此關注太陽風暴和地磁擾動之餘，其實最該關心的是當地天氣是否晴朗？每小時雲層覆蓋狀態如何？只要天氣好、地點合適，符合天時地利的條件就越有機會揭開極光的神祕面紗。

有種說法認為月光會影響極光觀測,所以也會研究農曆月亮陰晴圓缺來決定追極光的日期。其實我個人看見幾次極光時,月亮都高掛在空、全無影響;北歐當地的攝影師也秀了多張得意大作給我看,其中月光搭配極光的照片拍攝起來格外詩意,能夠親眼見識真是錦上添花。

至於有傳言說要天氣非常冷,才能看到強烈的極光,甚至連北歐當地居民都這樣告訴我們。但查閱許多資料都證實這項說法沒有科學根據,只有晴朗和黑暗是必備條件。也許通常晴朗的冬季都格外寒冷,所以會有這樣錯誤的連結。

其實科學和統計數據都是參考,可以作為規劃旅行時的依據,但是無法保證什麼。畢竟天氣、磁極都是我們無法掌控的因素,我們只能盡可能地去接近她、等待她,祈禱幸運悄悄降臨。

在哪裡追極光？

美國國家海洋暨大氣總署（NOAA）的網站上說，看極光跟買房子一樣，不敗條件就是 Location！ Location！ Location！

善用科學確認地點

越往 Kp 值小的北極圈前進當然越有利，但 Kp 指數告訴我們的只是地磁活動的強度，並沒有告訴我們極光分布的位置，因此更精確的極光地點是靠 NOAA 提供的 Ovation 預報地圖找極光環。極光環（auroral oval）圍繞著地磁極、呈現橢圓形環狀分布在南北極兩端，白天和黑夜分布緯度會有所不同，形狀也一直在變換。Ovation 地圖是從外太空實際觀測的資訊後，模擬極光環的動態，因此可以提供 30 至 40 分鐘的預報，明確標示極光環目前分布位置以及強度，並據此找出觀測極光的最佳地點；而位在極光環外 1000 公里左右的地區，仍有機會在地平線看到極光。

根據數據尋找極光觀測地點的精確度很高，甚至精準到幾公里之間。

我在北歐參加過一次「極光獵人團」，團隊中有專家在遠端一直研究不同數據，並時時與司機連線通話，告知司機開往何處駐點。倘若極光環型態變了、雲層變了、任何條件不利時，司機又會接到電話，全隊馬上拔營驅車前往下一地點。而且司機開車總又急又趕，像是深怕錯過這道極光一般，說是「獵極光」一點也不為過。

遠離光害才是王道

以地理位置來說，歐洲北部、冰島、格陵蘭、阿拉斯加、加拿大北部、俄羅斯北部等區域是最有可能看見北極光的地方，Kp 指數只要 3 到 4 以上，通常中獎機率極高。南極當然也有極光，澳洲南部及紐西蘭南部在 Kp 指數到達 5 以上時也可能見到南極光。

萍水相逢的德國情侶甚至告訴我，義大利也可以看得到極光！原本覺得半信半疑，但是查了資料，在 19 世紀中期一場名為「卡靈頓事件」的太陽磁暴時，竟連赤道上的新加坡、哈瓦那、夏威夷都有極光紀錄。

在電燈和工業化尚未出現的時代，也許強烈極光真的有可能撫照夜空，否則位處中原的中國古天文學家也不會在史書裡記載極光異象。但現代得由我們前往極圈去刻意親近她，且光害少也是必要條件之一。一般城鎮因為光害嚴重，除非極光真的很強，否則很難用肉眼看見，非得要往山裡、森林裡、冰湖中央趨近，才更有機會與極光相遇。因此選擇地點時，建議住宿在無光害的區域等極光，或者參加極光團也是遠離城鎮的好方法。

世界最棒的極光點

《國家地理雜誌》推薦全世界最棒的幾個追極光地點有：挪威—特羅姆瑟（Tromsø, Norway）、瑞典—基魯納（Kiruna, Sweden）、芬蘭—羅瓦涅米（Rovaniemi, Finnish Lapland）、冰島—藍色冰河潟湖（Jokulsarlon, Iceland）、格陵蘭—努克（Nuuk, Greenland）、加拿大—黃刀鎮（Yellowknife, Canada）、阿拉斯加—費爾班克斯（Fairbanks, Alaska, USA）、澳洲—塔斯馬尼亞（Tasmania, Australia）。

此外，俄羅斯的摩爾曼斯克（Murmansk, Russia）、蘇格蘭的凱恩戈姆山國家公園（Cairngorms National Park, Scotland）也是許多媒體推薦的新興的極光勝地。

沿著北緯 66.5 度出發極圈探險，我個人的考量包括預算、便利性、安全性、多元化的旅程。以國際機票來說，飛往北歐、北美、和俄羅斯北部的平均價格相去不遠，但北歐各極光小鎮的住宿選擇相對多，價位較有彈性，且可住宿備有廚房的民宿，餐費能夠節省不少。便利性而言，持中華民國護照前往北歐免簽證，加上公共交通運輸完備，拜訪不同名勝相對方便。北歐治安也是全世界公認最好的，對自助旅行來說大大加分。再加上除了極地生活、原住民生活以外，也可在首都探索悠久典雅的歐洲歷史文化，因此最終我選擇了北歐成為初次奔向極光的目的地。

2

北極圈
自助旅行須知

TRAVELLING IN the NORDIC

飛往遙遠的北極圈自助旅行，無論對男生或女生、旅行老手或新手來說，都是一大挑戰！面對複雜的交通住宿、克服嚴寒的冰天雪地，到達不熟悉的國家更憂心語言不通和安全等問題。

追極光本身的確是一種冒險，不過站在機率的角度，人生所經歷的每分每秒其實都是風險，重點是學習如何在旅行的過程中趨吉避凶，讓自己離危機遠一點！只要做好充足準備，就有更多優勢可以面對路途中的突發狀況。

擔心語言不通

以旅行來說，英語絕對是世界共通語言，而且北歐人相當樂於使用英文，不太會出現在法國旅行時對方懂英文卻不願開口的情形，因此只要懂得基本英語旅遊字彙，通常可以暢行無阻。

了解當地語言特色

旅行時英語雖是主要溝通工具，但為了方便認路、順暢旅程，建議也可學習一些簡單的當地字彙：

中文	芬蘭文	瑞典文	挪威文
你好	Terve	Hej	God Dag
謝謝	Kiitos	Tack	Takk
車站	Asema	Station	Stasjon
月台	Laituri	Plattform	Plattform
出口	Ulos	Utgång	Utgang
服務中心	Neuvonta	Information	Informasjonskontor
巴士	Bussi	Buss	Buss
火車	Juna	Tåg	Tog
地鐵	Metro	Tunnelbanna	T-bane
行李	Makuuvaunu	Bagage	Bagasjeinnlevering
博物館	Museo	Museet	Museet
大學	Yliopisto	Universitet	Universitet
市場	Markkinat	Marknad	Marked
警察	Poliisi	Polisen	Politi

從單字表中可以察覺，瑞典和挪威的語言很相近，兩國人民溝通時，對方語言的 70% 以上都聽得懂也看得懂。瑞典人和挪威人的英文口說能力不在話下，也樂於使用英文與人溝通，因此只要具備基本的英語能力，在當地旅行毫無障礙。

但有些發音特色可以事先了解，減少溝通上的誤會。瑞典人和挪威人說英文時，v 和 w 常常混淆，例如 wine 聽起來變成 vine，Norway 反而讀成 Norvay 了。j 也常常不見或讀成 /i/，例如 juice 聽起來變成 use，joke 變成 yolk。另外，因為他們的語言當中沒有 ch 的音，所以常常讀成 sh，像是 catch 讀成 cash，cheap 讀成 sheep。th 也是瑞典人和挪威人的罩門之一，所以當地人常舉最經典的例子就是根本搞不清楚 three、tree 和 free 這三個字讀起來有什麼差別。

芬蘭語明顯長得不同於其他兩國，屬於烏拉爾語系，發音急促而多音節，因此他們講得英文聽起來音調比較平，有許多發音的特色和世界各地口音有異曲同工之妙，例如與南美洲有點像，r 的捲舌音都會自動轉換成彈舌，而且變成重音；又跟日本人有點像，芬蘭人不太習慣沒有母音、單發子音，因此有時會自動加入母音，例如把 milk 發成 milik；另外他們和東南亞口音也相似，sh 常常只讀 s，所以 fish 會說 fis；最常遇到的狀況是芬蘭人不會發 th 的音、而自動把 h 省略，所以問路時總聽見芬蘭人把赫爾辛基大學最有名的「思考角落 Think Corner」讀成 tink corner ～～～（持續彈舌中……）。

日益增加的中文服務

除了英語以外，近年北歐各國也期待吸引眾多華人前來觀光，因此在赫爾辛基機場、斯德哥爾摩機場都有簡體中文指標一應俱全。到達北部地區，芬蘭每間博物館都附有免費中文手冊，某些城鎮也有全中文服務的在地旅行社，從網路預訂行程、到接送導覽，全程說中文都會通。相對來說，在瑞典北部和挪威北部的中文比較罕見，但首都的幾個重要景點仍有提供中文語音導覽服務，多少能解決一些語言隔閡。

學習善用翻譯工具

在資訊發達的今日，好用的翻譯軟體也是旅行好夥伴。非常推薦可在手機上安裝 Google Translate，不須連結網路，只要用相機拍照就可在圖像上顯示翻譯結果，雖然常常詞藻不全、文法不通，但是至少可以理解一些關鍵字義，在餐廳點餐、或車站找路時，都對旅程助益良多。

google 翻譯

擔心旅遊安全

北歐的治安評價一直受到世界肯定,尤其在芬蘭北部旅行時,感受特別深刻,當地住家和民宿 24 小時都不鎖門,當地人也為這種夜不閉戶的境界引以為傲。

根據 2023 年全球和平指數(Global Peace Index)排名,芬蘭排名第 14 名、挪威是第 17 名、瑞典是第 26 名、台灣則是第 30 名。因此如果你在台灣能夠安然放心旅行的話,在北歐也沒問題!

不過近年來北歐國家因為移民增加,社會組成變得比較複雜,因此仍有一些零星安全狀況,旅行時多留意才是。

財物安全

失竊是遊客在北歐最常遇到的危機，尤其東方面孔常成為鎖定目標，一來絕大多數的亞洲人明顯都是觀光客，短短的旅程難以對竊盜事件進行追究；二來當地人都使用信用卡消費，只有旅行中的亞洲人會帶一堆現金在身上。不過平心而論，小偷其實在世界各地都有，被偷有時是倒楣、但更多時候是大意，事先多做功課，並提高警覺、防範未然才是遠離財損之道。整理外交部網站和網友們分享的北歐偷竊詐騙案例，大致可分為以下幾類型：

- 擁擠趁亂：扒手可能在人多擁擠的場合單槍匹馬悄悄出手；或是多人一起包圍你、推擠你，在你來不及應變時偷走你的皮包、甚至拖走你的行李，所以務必眼觀四面、耳聽八方，乘車時盡可能窩在一個屬於自己的角落，上下車也盡量與人保持距離。

- 分散注意力：歹徒通常幾人一組，藉著掉錢、問路、帥哥搭訕等方式分散你的注意力，後方的其他同夥就趁機神不知鬼不覺下手行竊。

- 強迫中獎：小朋友在觀光景點把工藝手環直接套在你的手上、然後跟你要錢，或是在車站有人假好心幫你操作售票機買票後、要求支付小費。若能拒絕就堅定說「No」，但有時為了順利擺脫，可以隨手給幾塊錢歐元敷衍後就盡速離開，不要製造任何引發衝突的可能性。

- 偽裝同夥：不要對歹徒有刻板印象，他們可能也西裝筆挺貌似商務人士在飯店吃早餐；或看起來是標準背包客，趁長途巴士在休息站停留期間，偽裝成跟你同車的乘客，上車拿走不屬於他的行李，所以絕對不要貪圖方便隨手擺放貴重物品。

- 偽裝假警察：假警察們通常都有一套標準劇本，首先會有人來請你幫忙拍照、或協助搬東西，之後就會有自稱警察的人出現，懷疑你有違法行為要求搜查包包、便趁機偷走貴重物品，或搶走護照後勒索你。

無論遇到何種狀況，盡可能不要和路人有肢體接觸，也不輕易碰觸陌生人的相機、手機、或其他物品；如在路上遇到警察臨檢，應保持鎮靜要求對方出示單位資料做確認，並進一步要求對方一起前往附近警局後再接受檢查，千萬不要輕易出示證件、財物或透露信用卡密碼。在北歐，首都竊盜率大於北極圈，夏季旅遊旺季也比極光季更容易被偷，但整體而言這裡是非常安全的國度。但若不幸遇上狀況，也要冷靜尋求解決方法：

駐芬蘭臺北代表處
Taipei Representative Office in Finland

電話：+358-（0）9-68293800
地址：Aleksanterinkatu 17, 4th Floor, 00100 Helsinki, Finland
網頁：https://www.roc-taiwan.org/fi/index.html

駐瑞典臺北代表團
Taipei Mission in Sweden
兼理挪威（挪威未設館處）

電話：+46-（0）8-7288513
地址：Wenner-Gren Center Sveavägen 166, 18tr 113 46 Stockholm
網頁：https://www.taiwanembassy.org/se/index.html

- 影印一份護照影本、身分證影本、及攜帶兩張2吋大頭貼照片，遺失護照時方便補辦。重要證件、機票、訂房證明、英文行程表等文件都掃描成電子檔，存放在雲端及手機當中。

- 護照遺失時一定要報警，並將報案紀錄保留好，供回國入境使用。有些旅遊不便險理賠申請也需要保留報案紀錄。

- 信用卡遺失時一定要先打電話聯繫客服辦理停用，以免被盜刷。國際信用卡組織如 VISA、MasterCard、JCB 會先寄發「緊急替代卡」供國外旅行時暫時使用。

- 北歐各地的警察局並不密集，且有營業時間，還需抽號碼牌等待辦理業務，可先致電台北代表處諮詢當地狀況、和護照補辦需求。

- 依法規，台北代表處也可協助聯絡親友，將所需費用轉帳至駐外館指定的帳戶後，代為轉交當事人。有急迫需求則可向外館簽立「急難救助款借貸契約書」後借用回國所需費用，回國後在約定期限內還款。

住宿安全

住宿安全是旅行考量的重點。北極圈的住宿除了飯店和青年旅館以外，還會有滑雪度假村、極光小屋、公寓式酒店、民宿等等選擇。由於北歐物價高、極圈內的餐廳更是稀有又昂貴，因此許多旅人選擇住在可使用廚房的民宿，房價便宜又可省餐費；但這畢竟是前往陌生人家中，很難單憑網路評價確保自身安全，因此建議結伴住宿較為合適。

北極特快車臥鋪

一個人旅行時，我會選擇住宿青年旅館或連鎖飯店。但是青年旅館也曾發生不少財物被其他床位的住客趁半夜偷走的案例，因此住宿時也不要掉以輕心，貴重物品及行李最好都鎖在櫃子裡，也不要隨手放置筆電或手機。極光小鎮上的商務飯店或青年旅館中的個人套房，若能早鳥預約，每晚約在 2 千至 3 千台幣左右，以此價位換得一晚安全好眠，我認為其實也不算太貴。

搭乘臥鋪火車是許多人前進北極圈的寶貴經驗，睡在火車上還算很安全，但行駛途中也偶聞背包不見的狀況，若是睡在一般座位或開放式臥鋪，盡量將隨身行李放在腳邊或枕邊、不要擱在行李架上，護照和財物則一定要藏在隨身口袋和暗袋。若睡在套房臥鋪，記得把門上鎖；途中列車長會查票一次，請先確認對方是誰再開門。我從赫爾辛基搭臥鋪火車前往芬蘭北部途中，除了列車長查票以外、一直聽到數次敲門聲，詢問對方是誰都沒有答覆，因為同車有一群校外教學的高中生，我們當作是青少年在惡作劇；但是後來才聽其他背包客說這有可能是竊賊試探性敲門？！他們從官方訂位網站上得知哪些房間已被預訂，倘若無人回應可能直接闖空門，因此住宿時也應多加留心。

移動安全

搭車小心

北歐的交通規則，搭上任何汽車都須繫上安全帶，未繫安全帶的罰款最高可到 3 萬台幣左右，而且是處罰乘客本人。北歐的長途巴士座位都不大，不像台灣的客運還有加大型座椅，要是身邊坐了一個大個兒，真的十分擁擠！但就算再不舒服，為了安全還是得繫好安全帶。

行車小心

尤其在北極圈行車有四種危險狀況：第一是打滑，第二是視線不佳，第三是幾乎沒有交通號誌，第四是動物出沒，馬、麋鹿、馴鹿是路旁常見的動物，在夜間極少路燈的北極圈，動物是常見的交通事故肇因。

暴風雪小心

北極圈另一個交通風險是暴風雪，極光季正好就是暴風雪肆虐的季節，不但帶來雲層遮蔽了極光，交通也很容易停擺。尤其長途巴士和火車是最容易受影響的交通工具，因為路面積雪障礙需要更多時間排除，有時飛機都復航了，但火車、巴士仍是停駛。因此旅行途中多注意氣象和交通官方網站的行駛資訊，行程保留一點彈性，才好應付突發狀況。若因交通停駛而延遲，後面幾天已訂購的行程通常都是可以調整的，北歐人很能理解這些狀況、也會無條件退費給你，因此不用過度擔心。

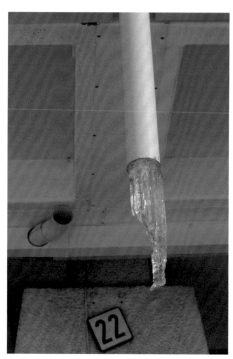

走路小心

追極光最需注意的交通安全是走路！因為步行可能是最常使用的交通工具。尤其夜裡等待極光，常須走到空曠處或冰湖中央，不小心踏進深雪中可能讓你扭傷腳，不小心滑倒更是全身都有機會受傷，所以除了準備好防滑的鞋子和足夠的燈具以外，去任何地方最好都有當地人帶領。尤其結冰河面和冰湖上，不僅有冰上摩托車行駛，有些夠厚的冰層甚至開放汽車通行，唯有當地人才了解哪些是車道？怎樣通行才安全？哪裡不會遇到危險動物？千萬不要獨自以身試險。

白天走路也要當心，逛街時別走在屋簷外，尖錐型的冰柱可能砸傷你、屋頂上的積雪也可能因為過重滑落而擊中你，沿著屋簷滴下的水珠更會在地上再度結凍、形成肉眼不易察覺的冰面使人滑倒。

生理安全

注意感冒

在北極圈得特別小心感冒，因為戶外氣溫動輒零下 20 度，一進到室內又是 18 度左右的暖氣，一冷一熱的狀況下很容易導致抵抗力下降，讓病毒有機可乘、引起感冒；而血管因為冷熱而突然收縮、擴張，更常常引起嚴重頭痛。進出室內外時，盡量給自己一些緩衝時間適應溫度，可減緩這些不舒適。在北歐看醫生不像台灣這麼方便，建議帶些維他命，可每日補充、增加抵抗力，也可準備一些薑茶、感冒熱飲等等沖泡包，舒緩低溫帶給身體的衝擊。

注意生理期

在天寒地凍的氣候下面對生理期，對女性來說也是辛苦的事。可以準備一些暖暖包貼在手腳和腹部，保暖、也促進血液循環；也可隨身攜帶巧克力或黑糖，高熱量的甜食可以減緩血管收縮的痙攣狀況，增加熱量還能降低頭痛、失眠，讓經期更順利度過。北歐當地的超市沒有販售暖暖包，記得要自己從台灣帶過去；衛生棉、護墊、棉條則每家超市都有，選擇還算齊全，只不過是稍加昂貴的北歐物價就是了。

注意憋尿

發現自己在北極圈旅行時養成一個不好的憋尿習慣，一方面是衣褲太厚重、上廁所嫌麻煩；二方面追極光的地點時常都在荒郊野外，上廁所不但須走很遠，有時還要厚臉皮去向周圍住戶借廁所；參加極光團也不好意思拖累全團的人陪著一起上廁所。直到察覺下腹開始輕微疼痛，才驚覺事情不對！還好北歐盛產蔓越莓，超市隨手買一些來吃，搭配多喝溫水，泌尿不適的症狀才慢慢痊癒。往後嚴正提醒自己遇到廁所就要上，如果不慎引起發炎可就不好了。

{ 北歐現象 }

好貴的一泡尿

北歐的如廁習慣是直接將衛生紙丟進馬桶沖掉，所以許多廁所沒有垃圾桶。若有更換衛生棉等生理用品，馬桶旁常會有小袋子供放置，自己也可隨身準備小紙袋以備不時之需，記得將衛生用品包好後攜出，丟到外面的垃圾桶。

倘若於餐廳、商店、博物館內使用廁所，一般是免錢的，或只要有消費店家就會提供廁所密碼免費使用。但是在公共場所，包括車站、公園等地，廁所大多要投幣才能進入。

大多數廁所價格是歐元 50 分、或 5 克朗，大約台幣 15 元，不見得會附衛生紙，在首都或重要景點的廁所，可能提供刷卡、或兌幣機的服務，不過最好隨身攜帶一些硬幣比較保險。公共廁所也很有設計造型，像太空艙一樣出現在路邊，令人沒有察覺它是廁所，限時 15 分鐘，若 15 分鐘內沒有出來會自動開門、以免發生危險。

然而曾在挪威奧斯陸中央車站，發現上廁所竟要價 20 挪威克朗、或 2 歐元，折合台幣將近 70 元！許多人走到門口就躊躇不前，有位美國黑人乾脆直接拿手機開直播，笑鬧說這是他拉過最貴的一泡尿。我猶豫了一會兒，還是轉身離開了，畢竟 2 歐元可以喝一杯咖啡啊，想想再過 15 分鐘就可以上火車使用免費廁所了，還是決定忍一忍。憋尿的壞習慣就是這麼來的，只能怪物價高的北歐連上個廁所都昂貴。

急難救助

旅途中若不幸遇緊急事故，務必盡快聯繫急難救助的管道。外交部網站有一項「出國登錄」服務，出國前可以上網填寫，包含基本資料、緊急聯絡人、抵達國家等，萬一發生天災或戰亂等急難，外交部可以掌握國人在外旅遊動態，駐外使館也能盡速協助當地救濟、並與國內親友聯繫，對自助旅行者多增添一層保障。

外交部出國登錄資訊

網址：https://www.boca.gov.tw/sp-abre-main-1.html

各駐外館也提供 24 小時的急難救助電話，專供緊急求助之用，如遇車禍、搶劫、有關生命安危的緊急情況可即時撥打，一般護照遺失等問題請勿撥打，請於上班時間再聯繫台北代表處。

芬蘭急難救助電話：+358-40-5455429
瑞典急難救助電話：+46-70-6755089

此外，國際信用卡組織如 VISA、MasterCard、JCB 都會與國際緊急醫療服務組織合作，為持卡人提供海外急難救助，包括醫療協助、法律諮詢等服務，根據信用卡級別而有不同服務項目及待遇，出國前可先詢問清楚，並於需要急難救助時與客服連繫。

另一項急難救助管道是保險公司，購買旅遊平安險和旅遊不便險，在意外時刻能得到諸多協助。保險部分於後面章節詳述。

追極光省錢攻略

市面上北歐旅行團售價動輒十幾萬，讓看極光似乎變成一件奢侈。其實自助旅行最大的好處與樂趣，就是可以自己控制預算。事實上飛北歐追極光並沒有想像中這麼昂貴，要便宜也有便宜的方式，例如：搶廉價機票瘋狂轉機、單國單點蹲等極光、住宿平價民宿或青年旅館、不參加極光團自己追等等。網路上有許多 3.5 萬元台幣追到極光的預算表、心得文，單看想要玩得奢華還是拮据，錢都掌握在自己手中。

至於旅行時間，建議至少保留 3 晚至 4 晚在北極圈內等待極光，加上來回台灣的飛行航程，最短大約安排 7 天。倘若休假不夠，建議也可利用連續假期前往，就可在少請一點假的狀況下達成目的：

攻略 1：選擇農曆新年前往！

農曆新年期間算是北歐旅行淡季，但是亞洲出發的機票會稍微漲價。北歐當地房價倒是沒有明顯調升，但可以感受到訂房時常客滿的緊張壓力，畢竟北極圈的住宿選擇不如首都來得多，加上大批也在過農曆年節的中國旅人湧入，這段期間前往追極光得及早計畫、及早預訂才能搶到便宜好房。

攻略 2：選擇清明連假！

台灣四月初的清明連假不但是北歐旅行淡季、也是極光季末期，在連續假期當中卻是機票便宜、住宿也不貴的好日子（但要注意是否與復活節撞期？復活節當地機票和房價會調漲）。四月初北極圈內的湖泊與河流仍是結冰，所有戶外活動都不影響，只是此時白天已比夜晚長，大約要晚上 9 點天色才全黑，清晨 5 點天就亮了，所以追極光只能趁半夜的短暫時間。

攻略 3：避開聖誕節、跨年！

聖誕節、跨年是全世界的最旺季，機票和房價都相對較貴，但能夠被聖誕氣氛環繞、體驗雪白的佳節。只是因為當地人也放假過節，因此商店可能不營業或時間縮短，戶外活動也減少場次。這段時間前往追極光要儲備足夠的糧食、和做好躲在飯店不出門的準備，好處是這是永夜時期，所以 24 小時都可以看極光。

整體而言，北歐的旅遊旺季是落在 5 月到 9 月的夏季、並非極光季，只要不是復活節或聖誕節這種歐洲重大假期，追極光的機票和房價都不至於太高，認真做功課就能撿到許多便宜！「有志者事竟成」這句名言適合送給每位擁有極光夢的你，旅行其實沒這麼難，很多時候裹足不前只是藉口，圓夢何不趁當下？快快開始準備出發奔向極光吧！

3

奔向極光的
事前準備

PREP for The NORTHERN LIGHTS

對自助旅行的新手來說,總是有許多不知從
何著手的徬徨,建議把以下的步驟當成起跑
點,選目標→訂機票→找住宿→ 排交通→
做準備,展開屬於你的極光之旅。

選目標

目標很明確,就是看極光!但北歐範圍很大,因此要先決定想去哪一國?哪一個城鎮看極光?是否要在首都停留觀光?

本書中介紹北極圈最棒的 6 個極光小鎮:挪威—特羅姆瑟(Tromsø, Norway)、挪威—納爾維克(Narvik, Norway)、瑞典—基魯納(Kiruna, Sweden)、瑞典—阿比斯庫(Abisko, Sweden)、芬蘭—羅瓦涅米(Rovaniemi, Finnish)、芬蘭—伊納利(Inari, Finnish),以及飛航必經的北歐 3 個首都奧斯陸(Oslo)、斯德哥爾摩(Stockholm)、赫爾辛基(Helsinki)。可以先了解每個地點的極光特色,並評估自身時間、預算等各種狀況後,決定目標。

訂機票

選定目的地以後，可以開始尋找機票，原則上國際段機票是越早訂會越便宜。第一步驟建議先上 Skyscanner 等比價網站，打上出發地和目的地，仔細搜尋一輪：各家航空公司評比、價格比較、查找優惠，研究得越透徹、撿到便宜的機會越大！懶得自己慢慢查，也可關注一些機票粉絲專頁，例如「台灣航空福利社」、「又飛啦」、「布萊 N 機票達人」等等，時常可以獲得折扣意外收穫！

Skyscanner

Skyscanner：https://www.skyscanner.com.tw/
台灣廉價航空福利社：https://www.facebook.com/TaiwanLCC/
又飛啦：https://www.facebook.com/flyagainla
布萊 N 機票達人：https://www.facebook.com/brian.in.travel/

台灣廉價航空福利社

從台北出發，至少要轉機一次才能抵達北歐首都，轉機越多次、機票也越便宜。雖然疫情過後全世界機票價格高漲，但若早點訂票、頻頻轉機、又抓到促銷的話，最便宜有機會花台幣 3 萬元左右就能從台北飛抵北歐了。

又飛啦

不過若是上班族請休假追極光，個人建議還是以一次轉機為主，畢竟時間就是金錢，花費太多時間在交通過程中反而浪費可惜。加上抵達北歐首都後，還要再搭一段長途火車或內陸飛機才能進入北極圈，多次轉機、路程奔波會十分辛苦，還不如好好保留體力，面對接下來的極地挑戰。以下推薦不錯的一次轉機方式：

布萊 N 機票達人

台北→歐洲城市→北歐首都

台灣有不少直飛歐洲的班機，又因為歐洲內陸航班非常方便實惠、常有促銷，因此可把歐洲大城當作轉機點。

歐 洲 城 市 轉 機

起訖 轉機點	台北	奧斯陸	斯德哥爾摩	赫爾辛基
★ 倫敦	中華航空 長榮航空	挪威航空 北歐航空 英國航空 芬蘭航空	挪威航空 北歐航空 英國航空 芬蘭航空 瑞安航空	挪威航空 北歐航空 芬蘭航空	★推薦
★ 阿姆斯特丹	中華航空 長榮航空 荷蘭皇家航空	荷蘭皇家航空 北歐航空 挪威航空	荷蘭皇家航空 北歐航空 挪威航空	荷蘭皇家航空 芬蘭航空
維也納	中華航空 長榮航空	奧地利航空 挪威航空	奧地利航空	芬蘭航空
★ 巴黎	長榮航空	挪威航空 北歐航空 法國航空 泛航航空	北歐航空 法國航空 泛航航空	法國航空 芬蘭航空
法蘭克福	中華航空	漢莎航空 北歐航空	漢莎航空 北歐航空	漢莎航空 芬蘭航空
慕尼黑	長榮航空	漢莎航空 北歐航空	漢莎航空 北歐航空	漢莎航空 芬蘭航空

羅馬	中華航空	X	挪威航空	芬蘭航空
米蘭	長榮航空	X	北歐航空	芬蘭航空

然而需特別注意，挪威航空（Norwegian）、瑞安航空（Ryanair）、泛航航空（Transavia）等，這些都屬於歐洲的廉價航空，行李費用常是外加的，訂票時需詳加檢查。

台北→亞洲城市→北歐首都

在疫情之前，亞洲有許多大城市航線直飛北歐，但疫情過後大多尚未復航。截至 2023 年第二季為止，僅有泰國航空從曼谷直飛赫爾辛基或斯德哥爾摩，以及芬蘭航空從香港、或東京、或首爾直飛赫爾辛基，然而第一段台北 - 亞洲城市航程的選擇眾多，若能幸運買到廉價機票，也是一種實惠的航程選擇。

台北→中亞→北歐首都

有些旅人會在中亞的土耳其伊斯坦堡、或阿聯酋杜拜轉機，伊斯坦堡有土耳其航空、芬蘭航空、廉價航空飛馬航空（Pegasus）飛往北歐各大首都，杜拜則有阿聯酋航空直飛奧斯陸與斯德哥爾摩，中轉時可以入境體驗中東風情也是一種選擇。

此外，轉機時行李如何跟著轉機也是重點！有一個減少麻煩、行李直掛的小技巧是：把第一段和第二段機票訂在相同的航空聯盟當中。航空聯盟是航空公司之間的合作協議，能加強國際航空網絡聯繫、使跨國旅客轉機更為方便。因此若各段航班屬於同一聯盟，行李即可直接掛寄到最終目的地。

例如，長榮航空和北歐航空同屬星空聯盟（Star Alliance），在桃園機場 Check-in 時行李就可直掛到北歐首都，中途在歐洲其他城市轉機時不須理會行李；但若搭乘不同聯盟的航空，則行李不一定能直掛，轉機時需出海關領行李、重新至航空公司櫃檯辦理 Check-in，會耗費較多時間與精力。無論行李是否直掛，建議兩段航程中間都要保留 4 小時以上的轉機時間，保留彈性應付突發狀況。

航 空 聯 盟

星空聯盟 Star Alliance	長榮航空、漢莎航空、北歐航空、奧地利航空、全日空、新加坡航空、泰國航空、韓亞航空、中國國際航空、土耳其航空等 27 家
天合聯盟 SkyTeam	中華航空、法國航空、大韓航空、荷蘭航空等 20 家
寰宇一家 one world	國泰航空、芬蘭航空、日本航空、英國航空等 13 家

找住宿

選定追極光的目的地，機票也找好了，就可以試著把整體行程架構出來。以最短暫的 7 天行程來舉例，也許安排 4 天 3 夜住在北極圈內，頭尾 2 天配合交通狀況和航班來決定住宿：

日程	主活動	住宿區域
第一天	飛機抵達首都	首都
第二天	市區觀光、長途火車前往北極圈	夜車
第三天	白天極地活動、晚上追極光	北極圈
第四天	白天極地活動、晚上追極光	北極圈
第五天	白天極地活動、晚上追極光	北極圈
第六天	白天極地活動、搭機返回首都	首都
第七天	搭機回國	

旅行天數更長的話，可自行調配北極圈、首都、或其他城市的旅遊天數，並依列出的行程表為依據，尋找各地住宿。

特色住宿

北極圈內有些兼具文化性及趣味性的特別住宿，讓人在旅途中深刻擁抱當地風情，建議可以優先考慮：

玻璃小屋

電視上常常出現的玻璃小屋，是追極光的夢幻住宿！不須窩在嚴寒戶外，躺在溫暖床上就能等待極光女神降臨！

不過入住玻璃小屋不保證見得到極光！畢竟極光出現還是看天氣，如果不巧雲層太厚，無論屋頂是不是玻璃、都可以安心睡了。第二個現實是玻璃小屋通常空間不大、行李攤開大概就沒地方走路了，房內也只有簡易廁所，若要沐浴或使用熱水都得走路到公共區域，舒適性不能與住飯店相提並論。再者玻璃小屋通常位在偏遠的森林或湖濱、自

成一區，優勢是可以在全無光害的狀況下好好等待極光，但缺點就是外出交通不便，三餐全要靠旅館供餐、或是自備泡麵糧食。最大的現實就是：所費不貲，一晚要價都是上萬元起跳，想追逐夢想前還是得甸甸荷包才好。

冰旅館

冰旅館是從結冰河面上挖出一塊塊巨大冰磚、及從山上運來一噸噸積雪，供給世界各地聚集於北極圈的雕塑家，打造藝術品般晶瑩剔透的冰旅館。北極圈三國都有不同特色的冰旅館，每年營業的時間也不同，通常是從 12 月到 4 月左右，季節過後就會把整座旅館推進河中溶解，等到來年再重新建造。

房間裡常溫維持 -5 度到 -8 度，所以睡覺時需從頭到腳全副武裝，並且通常為了維持冰雕品質無法裝設正常房門，僅能以布簾遮擋，相對隔音和隱私比較不好。且冰旅館一律是雅房，廁所及浴室都設在房外有暖氣的公共區域中，因此半夜外出上廁所會是辛苦的一場戰役。

薩米帳篷

薩米帳篷類似蒙古包，以木頭及馴鹿皮革搭建而成，提供遊客住宿的通常都已是固定建築、不會拆遷移動。帳篷中沒有衛浴，如廁和洗澡都要到戶外的公共區域。住宿則採大通鋪形式睡在地上，一個帳篷會有 6 到 8 位室友，地面上鋪著柔軟的馴鹿皮，帳篷中央則燃燒著熊熊爐火，躲進睡袋中，即使氣溫是零下二、三十度仍然覺得溫暖好眠；但壞處就是半夜柴火會燒盡，要不就等待哪位善心室友醒來加火，要不就得自己爬出睡袋搬木頭！

極地牧場

北極圈的某些馴鹿牧場或是雪橇狗牧場，有對外開放提供住宿。基本概念就是住在民宿，和牧場主人一起生活，協助照顧餵養動物，吃著牧場主人夏天摘採醃製的野莓蕈菇，與他們一起體驗極地的日常。牧場通常佔地廣大、位處偏僻，所以交通相對不方便，但離群索居、晚上見到極光的機率就大大增加！有些牧場主人會供餐，有些則希望你自行帶些食材來烹煮，若能交換菜餚也是一個不錯的文化交流！

森林小木屋

北極圈內有不少森林小木屋，在夏天是北歐當地人的度假勝地，他們利用長假住在鄉間釣魚、划獨木舟、享受陽光綠地的美好自然；冬天則常開放給遊客住宿，讓大家有機會在全無光害的環境下追逐極光。森林小木屋通常遠離城鎮，沒有大眾交通工具可抵達，得靠房東接送或計程車，因此往往一入住就哪兒也去不了。有些小木屋是為觀光而群聚建造，周邊還會有其他鄰居旅人一起作伴；有些則真正是當地家庭自行構築的避暑小屋，住宿其中好似遠離塵囂來到森林中修行，享受靜謐無打擾的生活。小木屋內配備齊全，浴室廚房鍋碗瓢盆全不缺，還常蓋有桑拿房、戶外烤肉區，夜裡生起一盆篝火，一邊烤肉一邊等待極光，是非常難得的體驗。

滑雪渡假村

北歐人從學會走路就開始練習滑雪，冬季的週末一到，滑雪渡假村便成為當地人的最愛，因此發展相當蓬勃。一路駛向北極圈公車，停駐站牌總是一家又一家的渡假村，交通方便，且園區裡食衣住行育樂一應俱全，白天可以租滑雪裝備、參加滑雪課程和各種雪地活動，晚上則在渡假村中等待極光漫舞，體驗北歐人的冬季渡假方式。

生活在北極圈，對於住在亞熱帶的我們是難能可貴的經歷，只是這些特殊住宿一般所費不貲，幸運找到划算價格的話一晚至少 5 至 6 千台幣，一般平均則 1 至 2 萬元都有，作為體驗相當值得，但在預算有限的狀況下還是得精打細算，幾晚交替搭配平價旅館、民宿、或背包客棧住宿，旅費才不至於太過沉重。

訂房流程

至於首都的住宿狀況與一般城市相當，有上萬元的五星級飯店、也有幾百元一床的青年旅館。整體房價來說奧斯陸最高、其次是斯德哥爾摩、赫爾辛基。如果你不熟悉訂房流程，建議可按照以下步驟進行：

Step 1

尋找理想住宿

先考慮想住宿的類型後，在訂房網站上搜尋，了解旅遊日期是否有空房？預算範圍為何？並詳細研究交通位置、和其他住客的評價。

首都旅遊以大眾交通工具為主，因此住宿位置接近地鐵站或電車站較好，畢竟在雪地中拖著行李找旅館可不是件有趣的事。北極圈住宿較分散，旅館或民宿房東通常會提供接送服務，因此住宿可以光害越少、見到極光機率越大的位置去考量選擇。

若訂房網站列出的選擇太多，可按照評價排列，通常我個人只關注 10 分當中有 7 分以上的住宿，這樣可以很快篩掉許多不必查看的選項。但是請別忘了觀察評價的分母，畢竟是由 2 人評鑑為 7 分、或 200 人評鑑為平均 7 分，公信力是有差別的。

接著可以看看各家旅客的留言，來決定某些缺點自己能否接受？例如，北極圈有許多無人旅館，沒有接待櫃台、要自行按密碼入住及退房，這些狀況都要評估自己能否接受、是否有能力應付處理？又或者旅館內沒有電梯，對年輕力壯的我來說可能沒有差別，但隔音不好影響睡眠就難以容忍了！另外，因評價來自各地旅人，價值觀也有差異。例如西方人覺得自然樸實的裝潢、華人可能認為破舊簡陋，因此要同步比較參考，找到適合自己的客觀評價。

Step
2

比價與找優惠

訂房網站上搜尋過後，可把心儀的幾個住宿旅館名稱，拿到比價網上再搜一次，看看跟哪個網站訂房比較便宜？Tripadvisor、Hotelscombined 這些都是名氣響亮的比價網，我個人最近則喜歡使用 Google 的 Travel Help，方便快速、價位含稅誤差小。

比價過後，拿出省錢的功力和運氣，善用訂房網站常有的不同優惠：訂十晚送一晚、刷指定信用卡享折扣、累積點數折抵房價、本日特惠、折扣懶人包等促銷活動，找到最經濟又實惠的訂購方式。訂房網站有時會出現一種「神秘房型」或「機密價」，即是以超值的低價吸引顧客，顧客僅能得知住宿城市，但不知會住進哪間旅館？等級評價如何？幸運的話有機會以便宜價格住到非常高檔的飯店，但不幸的話可能只是飯店賣不掉的房型，各有利弊風險，端看自己能否接受這場賭注。

Tripadvisor

Hotelscombined

Travel Help

比價網站

Tripadvisor：https://www.tripadvisor.com.tw/

Hotelscombined：https://www.hotelscombined.com.tw/

Travel Help：https://support.google.com/travel/?hl=en#topic=9333321

Step
3

注意稅金和訂房規則

訂房網站上顯示的價格往往不是最終售價，一定要點進訂房流程，才能看到「含稅」的總價，價差可能在一成到兩成，足以影響住宿預算。無論是挪威、瑞典、或芬蘭的住宿，都須依房價收取休閒旅遊的增值稅（VAT）10% 到 12%。另外，也有一些旅館服務費、或網路平台營運費也是額外計算的，因此不要看到便宜就下訂，訂單成立和付款以前還是得睜大眼睛、把數字看仔細。

下訂前也應看清楚訂房規則，是否「包含早餐」、「不可退款」、「免費取消」等等標註，如果行程仍有變動的可能性，則建議先詳閱「取消條款」，了解取消是否會被扣錢？怎麼扣錢？訂房網站常有的糾紛，都是在取消與退款、或遇天災等狀況無法入住時發生的，下訂等同簽了一份合約，先釐清合約內容才能增加自身保障。

Step
4

不見得即刻下訂

倘若想住在玻璃屋、冰旅館等特殊住宿，因為床位有限，看到合理價格就可即刻下訂、先搶先贏。如果旅遊日期是聖誕節等旺季，也別猶豫馬上訂購，畢竟僧多粥少、晚出手可能只能扼腕。

但在淡季的連鎖旅館、背包客棧等，因為價格變動不大、不會因為晚訂就變貴，因此不用急著訂、或先訂「免費取消」的房型，一來可等等看有沒有優惠價？二來也要權衡旅途彈性的重要。尤其在北歐旅行，移動路途長、航班或車次都不是特別密集，錯過了一班車可能就要等隔天才能出發。因此以我個人習慣而言，超過一週以上的淡季旅行，通常都是等到住宿前 3 天至 4 天才訂購，隨時保有在一個地點多待一會兒、或提早拔營離去的彈性。

排交通

從挪威、瑞典、芬蘭三國的首都進入北極圈，有飛機和火車兩種方式，北極圈各城鎮的移動交通，則較常使用公車及計程車等方式，靠海城鎮也有渡船郵輪往來，追極光時可善用各種方便的交通工具。

飛機

從首都前往北極圈最迅速的交通工具是飛機，尤其挪威國鐵最北只到博德（Bodø）、芬蘭國鐵最北只到瑞典邊境柯拉利（Kolari），要前進更北的極凍之地，飛機是必備、又不受積雪路況影響的最佳運輸，因此北歐的飛航十分興盛、價格也算便宜。

選擇航空公司

大多數的航線都是北歐航空（SAS）、挪威航空（Norwegian）、芬蘭航空（Finnair）三家在營運，官網或 App 上訂票都非常方便迅速。因為國內線飛航時間多在 2 小時左右，基本上都沒有附餐食、或需要額外付費購買，而票種很多，常見的有廉價（Low Fare）、輕便旅行（Light）、加值價（Plus）、優惠價（Campaign）、標準票（Standard）、活用票（Flex）、超值價（Value）、尊榮票（Premium）等各種選擇，每種票價對於手提行李、托運行李、選位、改期、改名、取消、退款、點數累計、優先通行、貴賓室使用、WiFi 使用等方面都有不同限制；尤其挪威航空屬於廉價航空，除了手提行李免費以外，所有服務都要加價，因此購票前請務必看清楚自己的購票內容和票價規則。

進行比價

鎖定航空公司以後，可以上 Skyscanner 等比價網站搜尋，找到實惠的價格再訂票。航空公司給每一家旅行社的機票成本不一，有時的確能撿到便宜，但比價網列出的訂票網站多為我們較不熟悉的國外旅遊網站，保障、個資安全性都要列入評估範圍，請多多 Google 了解這些網站的評價，如果為了省幾十元因小失大反而不好。

自助 Check-in

北歐因為人力昂貴，因此許多服務都已自動化和無人化，特別是在北部小鎮的機場，因為運輸量小、機場空蕩蕩，除了旅客和 X 光檢查的海關人員以外，幾乎看不太到航空公司的服務人員，旅客從 Check-in、選位、刷登機證、印行李條，所有流程都須自助完成。不過不需過度擔心，只要按照「自助 Check-in」機台上的指示，一步步進行即可，有些機台甚至可選擇中文。倘若不太有把握，建議在桃園機場就可先試著練習自助 Check-in。

通常自助 Check-in 順序是：

➡ 機台上「選擇語言及航空公司」

➡ 機台上「輸入訂票代號（Booking Reference）、
或掃描護照（Passport）、或掃描條碼（Barcode）」

➡ 機台上「確認要 Check-in 的乘客姓名和航班資訊」

➡ 機台上「確認沒有攜帶危險物品」

➡ 機台上「選擇要否使用貴賓室？要否累積點數？」

➡ 機台上「選擇托運行李件數」

➡ 機台上「選擇座位」

➡ 機台上「列印登機證和行李條」

➡ 列印完成後，將行李條貼紙繫在託運行李上

➡ 前往航空公司託運櫃檯，掃描完登機證後將行李放在輸送帶，
行李會自動送入（但若你的託運行李超重，行李輸送帶會無法運走，此時你得設法
找到航空公司值班人員，補繳行李超重費後，再由航空公司人員手動為你送入行李）。

➡ 按照登機證上的資訊、通關前往登機門。

訂票資訊

北歐航空 官網：www.flysas.com （可選中文）
航空 App：SAS Scandinavian Airlines

挪威航空 官網：www.norwegian.com
航空 App：Norwegian Travel Assistant

芬蘭航空 官網：www.finnair.com （可選中文）
航空 App：Finnair

北歐航空官網

挪威航空官網

芬蘭航空官網

火車

芬蘭國鐵、瑞典國鐵

相信許多人也想跟卡通裡的小男孩 Hero Boy 一樣，在大雪紛飛的夜晚搭著「北極特快車」（The Polar Express）前往極地參加聖誕派對。許多旅行社都會把北極特快車當作宣傳主打，其實北歐並沒有所謂的北極特快車，前往北極圈的熱門火車是從赫爾辛基到羅瓦涅米的芬蘭國鐵（VR）、和從斯德哥爾摩經過基魯納、阿比斯庫、一路抵達挪威納爾維克的瑞典國鐵（SJ）。這兩國的鐵路交通都已發展 150 年以上，芬蘭國鐵的路線範圍擴及俄羅斯和瑞典，瑞典國鐵則南至丹麥、北至挪威都包辦，鐵路系統相當完整。

長長的列車上，包括餐車、臥鋪、商務艙座位、經濟艙座位皆分布在不同的獨立車廂。瑞典國鐵是單層列車，直達車只有夜車，票價還算親民，最便宜的 6 人房臥鋪平均票價約 3 千 5 百元台幣左右，從斯德哥爾摩直達北極圈大約 16 小時。芬蘭國鐵則為雙層、且列車上還印有聖誕老公公的可愛標誌，日間直達車僅 8 小時即可到達北極圈，夜車行駛速度較慢需要 12 小時；最便宜的 2 人房臥鋪票價是每日浮動的，從 50 歐元到 160 歐元都有可能，票價有可能比搭飛機還要貴，但趁睡覺時間夜間移動，不但省下一天旅館錢、也可把握日間遊玩時間，因此是許多旅人追極光的首選。

購票

火車票可至車站票口或自動售票機購票,但在官網或 App 上訂票都非常方便迅速。只要輸入出發地和目的地,即會列出車次時間,包括直達或轉車都一清二楚,接下來選擇艙等座位、或臥鋪的種類,一般分為單性別、混合性別、獨立衛浴、個人包房等選擇,票價因「可改訂」(Rebookable)、「可退款」(Refundable)的規定而有不同費用,芬蘭國鐵還可加價帶寵物、加價帶腳踏車等等。確認訂票內容、含稅票價、並填入個人資料、完成刷卡付款等流程後,會在 Email 信箱裡收到一張 pdf 檔案的電子票,或在手機 App 裡即可儲存或下載電子票券,票上有清楚的訂位資訊和 QR Code。

北極特快車

北極特快車

瑞典火車

瑞典火車

不須特地將電子票列印出來，因為北歐的大眾交通工具採信任制，火車站沒有閘門、不會驗票，只要直接上車尋找自己的座位或臥鋪即可。待發車後列車長也許會前來查票，屆時再用手機出示電子票券上的 QRCode 給列車長掃描即可，因為車票和飛機票一樣是記名的，有時列車長會要求提供護照來對照車票上的姓名。

臥鋪配備

列車臥鋪的房間不大，乘客加行李箱就差不多把走道都佔滿了。床位都是上下舖，床上附有安全帶、以免列車劇烈搖晃時摔下床。膠囊般的衛浴設備則跟飛機廁所差不多大小，簡便的淋浴設施可讓乘客稍加盥洗，但是列車上節約用水，大約 30 秒水龍頭就會自動停止供水，需要再按一次水才會再來，加上空間擁擠狹窄，若幻想在火車上洗個舒適的熱水澡是不可能的事！不過整體而言搭火車前進北極圈還是相當舒適！

瑞典火車

瑞典自動售票機

訂票資訊

芬蘭 國鐵官網：www.vr.fi
國鐵 App：VR Mobiili
瑞典 國鐵官網：www.sj.se（不可線上購票）
國鐵 App：SJ

芬蘭國鐵官網　　瑞典國鐵官網

公車

在北極圈內的大眾交通以公車為主,特別是城鎮之間的移動,都是靠著長途巴士網絡彼此連結。長途巴士可直接上車刷卡購票,但因班車不密集、一天可能只有寥寥數班車,旅遊旺季或週末時可考慮事先訂票,避免因為客滿而耽誤行程。

芬蘭巴士可用官網或 APP 訂票

芬蘭的長途巴士由 Matkahuolto 公司負責營運,可用官網或 App 預先訂票。首先輸入出發地和目的地,即會列出車次時間、票價、直達或轉車等資訊,且包括行車路線、中途每個站牌名稱、每站抵達時間、站牌的正確地圖位置等等,都標示得清清楚楚,只要選擇想搭乘車次、挑選座位即可刷卡完成預約。同行人數超過 3 人,票價就會以團體優惠票計算,大概是原價的 8 折。完成訂票後,系統會寄一個 pdf 檔案的電子票券到你的 Email 信箱,或直接儲存電子票在手機裡,上車時連同護照交給司機查看,司機會確認護照姓名和票券姓名一致後讓你上車。

瑞典巴士可用 APP 訂票

瑞典的巴士由 Länstrafiken Norrbotten 公司營運，官方網站上只能查詢班次和時刻表、不能購票；但 App 上可以購票，而且有詳細的行車路線、站牌地圖位置，只可惜 App 僅有瑞典文版，靠著猜字能力、搭配 Google Translate 的 App 勉強可以完成訂票流程，訂票後不能選位，不過票價可以打 9 折。上車時只要出示手機 App 上的電子票券給司機確認即可。

挪威北部巴士是上車買票

挪威北部的巴士和船運都由 Troms fylkestrafikk 交通部門統一管理，官方網站不能訂票，但可查詢時刻表、行車路線、站牌名稱、每站抵達時間、站牌地圖位置等等，還會用顯示該班車實際發車時間，供車班延遲時參考。可上車購票，或使用手機 App 購票，手機購票還有折扣。

需注意 Troms fylkestrafikk 有兩個不同的 App，「Troms Reise」功能跟官網一樣，不能購票、但能查詳細路線地圖，另一個「Troms Billett」是購票專用，最南至羅浮敦群島（Lofoten）、最北至阿爾塔（Alta），在這範

圍內的巴士票、船票、渡輪票都可在此 App 上刷卡購買，但不能劃位，上車時則向司機出示手機 App 上的電子票券確認。

搭巴士注意事項

北歐長途巴士都是標準座位，不像台灣的客運有舒適的加大座位，因此規定行李或背包都要放在下層行李箱，以免擠壓到鄰座乘客的空間，搭車前務必先將貴重物品從背包拿出來、隨身攜帶。

每隔兩小時左右巴士會停在休息站，讓大家上廁所、買食物。由於休息站下客和上客的地點可能不同，所以下車前一定要聽清楚司機公布的開車時間、以及上車的位置，保險起見下車時最好連車牌號碼都記下來，免得搭錯車。

北歐是非常講究安全的社會，因此長途巴士都會換司機，觀察發現他們的車班都是對開，也就是甲地到丙地的公車 A 發車同時，丙地也會有一班公車 B 開往甲地，兩輛車在中途乙地相遇、並互相交換司機，原本公車 A 的司機再把公車 B 開回到甲地即完成任務，公車 B 的司機亦然。這樣既不會有司機工作超時問題，公車司機也能每天回家、不須住宿外站，實在是很聰明的排班方式。

北極圈比較大的城鎮也會有市區內的公車，公車型態和我們在台灣搭乘的市區公車差不多，車上也可直接購票，不過要特別注意有些市區公車不接受刷卡，搭乘前最好先用 APP 買票、在公車站買票或準備好當地貨幣上車購票。

訂票資訊

芬蘭	長途巴士官網：www.matkahuolto.fi
	長途巴士 App：Bussiliput
瑞典	長途巴士官網：ltnbd.se
	長途巴士 App：Länstrafiken i Norrbotten
挪威	長途巴士官網：www.tromskortet.no
	長途巴士 App：Troms Reise、
	Troms Billett

芬蘭長途巴士官網

瑞典長途巴士官網

挪威長途巴士官網

{ 北歐現象 }

極圈公車司機兼職宅急便

第一次搭長途巴士時，發現每隔一段距離司機就會靠邊停車、逕自下車，我往窗外一望，並沒有站牌或乘客啊，難道司機下車尿尿嗎？令人摸不著頭緒。後來才察覺，原來北極圈的公車司機肩負著送報生、郵差、宅急便等多重身分，所以他忙碌地沿途下車，也許把一綑報紙丟進路邊大箱子中、或者把一堆可樂送進倉庫裡、最後再「順便」把我們這些乘客載抵目的地，實在很妙！

另外，公車站牌也是一絕！通常只有小小一枚、毫不起眼，站牌除了畫上公車圖案以外、什麼字都沒寫！既沒有本站名稱、更沒有時刻表。恐怖之處在於途中很容易找不到被白雪埋沒的站牌，二來不禁常常懷疑……在這裡等公車真的會停下來嗎？要不是靠著 Google Map 和官方網站指引準確地點、告知車次時間，再加上詢問路人一再確認，實在沒把握能安然地搭上公車啊。

曾經在風雪交加、積雪已超過 100 公分的路況中，在巴士上看見森林環繞的路邊佇立著一根站牌，一位背包客痴痴地獨自站在站牌下，等待我們這班車抵達。放眼望去方圓百里之內，完全沒有房屋、沒有商家、沒有人跡！真忍不住佩服這背包客，要有多大的信心才能耐著性子、引領期盼、堅定相信公車會來呀？還好巴士真的很準時，沒有讓他白白受凍等待。

計程車

北歐首都的大眾交通非常方便，市區觀光也大多步行，因此使用計程車的機會不多。也因計程車收費頗為昂貴，不像台北滿街跑，當地也不流行隨手攔車，若要搭乘可到機場或車站的排班處，或請旅館代為叫車。使用 Uber 也是一個好方法，至少可以清楚知道行車路線、距離和價格。北歐的 Uber 和台灣一樣，司機必須要擁有商業駕駛執照才能駕駛，安全上較有保障。

但北極圈不在 Uber 的營業範圍，若有公車到不了的地方，還是得叫當地計程車。計程車最好事先預約，可以撥電話、傳簡訊、或寫 Email；如果沒有預約，通常打電話後要 30 分鐘以上才能抵達。尤其北極圈的計程車也常肩負載送孩童上下學的校車功能，費用由政府支出，因此每到上下課時間根本找不到計程車，可盡量避開熱門時段。

計程車都是跳表，起跳價 6 歐元上下，每公里大約 1.7 到 2 歐元。也就是搭個 10 分鐘可能就要上千元台幣。計程車大多是休旅車，最多可搭 6 至 7 人，若能找到同路人、多人一起分攤比較划算。

遊輪

挪威西側緊鄰大西洋，從北緯 58 度到 71 度都遍布著蜿蜒曲折的峽灣地形，因此有些人會選擇搭乘遊輪，欣賞著海灣風光、花費幾天時間慢慢前進北極圈。但這麼令人羨慕的玩法並非人人適合，海達路德遊輪目前最便宜的船票是 7 日票、2456 歐元起，雖然包含住宿、早餐和船上娛樂，但對一般省錢、省休假時間的小資上班族來說，仍是奢侈的選擇。

倘若想用實惠價格體驗遊輪旅行，建議可嘗試赫爾辛基和斯德哥爾摩之間行駛的維京號（Viking Line）、或詩麗雅號（Tallink Silja Line）。這兩個船隊都是經營波羅的海各大城市間的定期航線，票價每日浮動，單程票最低 75 歐元起、來回票更便宜只要 67 歐元起，就可以享受把大海當搖籃、睡在遊輪上的難得體驗。

訂票資訊

海達路德遊輪官網：
global.hurtigruten.com

維京號官網：www.vikingline.com

詩麗雅號官網：www.tallinksilja.com

挪威國鐵官網：www.nsb.no

挪威國鐵 App：NSB AS

海達路德遊輪官網　維京號官網　詩麗雅號官網　挪威國鐵官網

{ 北歐現象 }

週末上遊輪買酒

遊輪剛出航，小小的免稅店就擠滿人潮，大家竟用搬貨的架式在買酒，連 Vodka 都是一箱箱扛來結帳，令人看得嘖嘖稱奇！

原來北歐的芬蘭、瑞典、挪威三國，因為政府擔心人民嗜酒如命、有害健康，皆有嚴格的酒精管制，不但課以平均 50% 以上的重稅，且酒精濃度 5.5% 以上的飲料只能在國營的酒鋪購買，酒鋪像公家機關一樣營業時間很短、假日不開門。5.5% 以下的啤酒或水果酒雖可在超市購買，但有些有宵禁規定、也就是晚上 22 點以後不准販售。餐廳雖可以點烈酒，但嚴禁外帶。

北極圈一年之中的大部分時間都是寒冷且黑暗的，可以取暖的酒飲想必是不可或缺的日常用品，因此出國買酒成為北歐人的另類生活模式。各遊輪航線利用這一點推出週末套票，來回票比單程票還便宜，就是希望當地人利用週末可以上遊輪消費免稅酒類，並把遊客載到鄰近的愛沙尼亞、丹麥等國繼續買酒。瑞典官方甚至統計有五分之一的啤酒及半數的烈酒，都是經過遊輪航線帶進國內。

郵輪上除了可以買酒以外，好吃好玩的當然少不了，自助晚餐一餐只要 41 歐元，以北歐在便利商店買份熱狗就要將近 200 元台幣的物價而言，吃頓一千多元台幣的 buffet 對他們來說不只價格實惠，重點是遊輪 buffet 的紅白酒和啤酒都可以喝到飽！所以晚餐時間還沒到，餐廳前像朝聖一樣就大排長龍，人人都想擠在第一時間進場，大快朵頤、大口飲酒。真沒想到搭乘遊輪也可以見識到這麼另類的北歐生活，算是大開眼界！

做準備

行程、住宿、交通都安排完成,極光女神已經近在咫尺了!不過目的地可是 7 千里外人煙稀少的極凍之地呢,出發前一個月最好就提醒自己檢查各項準備,行囊備妥了才能使旅途更順暢無虞。

護照

在台灣的機場出境時,護照至少有 6 個月以上的期效,因此務必確認護照到期日為何?護照辦理相關事宜,請參考「外交部領事事務局」網站。目前網路上皆可預約時段、線上填表,預約當天前往報到申請後,約 10 個工作天可領取。但若不幸你忙到出國前幾天才發現,可以申請速件,提前 9 個工作天領取加收 900 元。

外交部領事
事務局官網

外交部領事事務局: https://www.boca.gov.tw/mp-1.html

通關準備

北歐各國都屬於歐盟的申根公約國，因此持中華民國護照可免簽證入境，從事觀光、探親、洽商、會議、參展、求學等短期活動，停留日數為「180 天內總計不可超過 90 天」，如果旅程會在歐盟多國出入境旅行，不確定自己的停留日數是否符合規定？則歐盟執委會內政總署提供「申根短期停留天數計算機」網頁可做確認。

北歐各國政府已在 2022 年取消 COVID-19 的入境限制，根據法規可入境之外籍人士皆可自由入境。目前我們能夠免費進入歐盟和申根成員國，在抵達歐洲之前也不須經過任何電子安全檢查。然而歐盟為了保護邊界安全，未來計畫實施電子旅行許可證 ETIAS（The European Travel Information and Authorisation System）措施。這個措施原本預計在 2021 年上路，但因為疫情目前還是延宕狀態，根據官方消息希望能在 2024 年開始實施。

按照規定，持中華民國護照仍可以免簽方式入境申根地區，但須在網路上事先申請，提交有效的護照和電子郵件資料，並利用信用卡支付 7 歐元（折合台幣 250 元左右）的手續費，大多數人可在申請後數小時透過 Email 收到旅行許可證，有效期限為 3 年，護照到期則須重新申請。至於 ETIAS 實際執行狀態，歐盟執委會將在其官網（https://travel-europe.europa.eu/etias/what-etias_en）公告更新相關資訊。

申根短期停留天數計算機：https://ec.europa.eu/home-affairs/content/visa-calculator_en

歐盟執委會官網：https://travel-europe.europa.eu/etias/what-etias_en

申根短期停留天數
計算機

入境申根國家時，不需填寫任何入境表格，只要將護照交給海關人員檢查，但海關可能會要求你提供回程機票、訂房紀錄，以及行程表，建議都先準備英文版本的資料，列印出來或存在手機裡，以供備查。通關時也要確認海關官員已在護照內核蓋入境印章，以免出境時遭遇麻煩。

歐盟執委會官網

各國海關資訊

芬蘭海關規定：tulli.fi/en/private-persons/travelling
瑞典海關規定：www.tullverket.se/en/
挪威海關規定：www.toll.no/en/travelling/

芬蘭海關規定

瑞典海關規定

挪威海關規定

實用資訊

過海關注意事項

通過海關時注意以下規定，若超出規範則須填寫申報單（Custom Declaration Form）向海關進行申報，繳交罰金和稅金才能入境：

◆ 每人攜帶現金 1 萬歐元（或等值貨幣）為上限。

◆ 機場買的免稅商品價值須在 430 歐元以下，並且要保留收據以資證明。

◆ 攜帶菸酒的旅客必須年滿 20 歲，會視你從歐盟國家或其他國家前來，而有不同規定數量。從歐盟以外的國家攜帶香菸的上限，極圈三國一致，都是 200 支香菸、或 50 支雪茄、或 250 克菸草；酒精類飲品則各有規定：

酒類	酒精含量超過22%的烈酒（liquor）	酒精含量 15～22%的蒸餾酒或氣泡酒（fortified wine）		葡萄酒（wine）	啤酒（beer）
芬蘭 / 瑞典	1 公升　或	2 公升		4 公升	16 公升
挪威	1 公升		1.5 公升		2 公升

◆ 仿冒品嚴格禁止攜帶，歐盟列為保育類動物的皮毛製品也是違禁品。

◆ 來自歐盟以外的國家禁止攜帶各種肉品、蔬果。

◆ 個人使用的藥品須附使用說明書。

匯兌與刷卡

北歐極圈三國的貨幣不同，芬蘭使用歐元（EUR）、瑞典使用瑞典克朗（SEK）、挪威則使用挪威克朗（NOK），瑞典克朗在台灣只有臺灣銀行可以兌換，挪威克朗則沒有任何一家銀行提供現鈔，因此建議先準備好適量歐元，到達當地機場或中央車站再行兌換。

在台灣兌換歐元時，每一家銀行的換匯狀況不一，不僅匯率有差別，手續費的收取方式也不同，建議可上「比率網」比較各家銀行的匯率和手續費，精算一下才不吃虧。

提領外幣

若在台灣來不及換匯，也可考慮至當地提款機直接提領外幣。台灣金融卡常見的跨國提款系統主要有 PLUS 和 Cirrus 兩種，所以只要金融卡背面有這兩者之一的標記，就表示這張卡具有跨國提款功能，在北歐尋找相同標誌的 ATM 可直接提領現金。但跨國系統比較複雜，有些是辨識晶片的 6 位數字密碼、有些是辨識磁條的 4 位數字密碼、有些甚至擁有另外一組國外提款密碼，因此出國前請先向發卡銀行確認金融卡的跨國功能及正確密碼。

提領外幣很方便，但每天都有額度上限，一般是 2 萬元台幣；每次提領也會衍生手續費，通常是提領金額的 1.5% 再額外加 100 元台幣左右，是否比較省錢則須精算。如果你的銀行提供客戶海外提款免手續費的服務，建議倒是可以好好利用。

信用卡刷卡

其實旅行時帶太多現金在身上不安全，能在台灣預先支付的機票、住宿、預約交通工具等，就盡可能先完成付款。另外，北歐生活已近乎無實體貨幣，現金交易的比例不到 10%，許多商店甚至取消現金收銀機設備，因此在北歐旅行，信用卡可說比現金重要。

以世界五大國際信用卡組織 Visa、MasterCard、JBC、美國運通（AE）、銀聯卡（China Union Pay）來說，Visa 和 MasterCard 在北歐最通用，其他三者有時會遇到不接受刷卡的狀態，因此請確認自己帶對信用卡。

一般在台灣的習慣是刷卡完要簽名確認，許多小額交易甚至不需簽名。但在北歐，刷卡後店員會請你輸入確認碼（Pin Code），代替簽名的安全把關；然而台灣信用卡並非每張都有設定 Pin Code，因此可告知店員使用 Sign Check，請他列印簽名收據、或讓我們在收銀機上電子簽名，這時有些店家會查看護照、確認姓名與信用卡相符，才同意刷卡。但有越來越多狀況是店家根本不接受簽名、只能輸入 Pin Code；或在無人商店及自動售票機刷卡時，也僅能輸入 Pin Code 才能交易。因此出發北歐前，務必先在台灣申請 Pin Code（有些銀行稱其為「預借現金密碼」），以免信用卡帶到北歐卻無用武之地。

刷卡簽單和帳單發票（invoice）建議盡可能保留好，收到信用卡帳單後詳細檢查對照，倘若被額外扣款要盡快要求銀行止付、或聯繫店家退款，保障信用卡使用安全。

{ 北歐現象 }

沒有現金的世界

北歐是出了名的無現金社會，因為早有耳聞，所以備足了 4 張信用卡準備應戰。現金只有在台灣時換了一點點歐元帶在身上，打算到北歐再換瑞典克朗和挪威克朗，但一直到旅程結束，我都不知道瑞典克朗和挪威克朗長什麼樣子？

畢竟旅途中一切所需都能靠信用卡，連在露天菜市場買水果也可以刷卡，天寒地凍的冰湖當中導遊照樣現場幫我們刷卡支付團費，原來他們人手一台小小刷卡機，只要與手機連線即可完成付款、列印收據，十分方便。北歐用餐也不須支付小費，因此隨身更少有零錢。

觀察北歐商店，發現 Apple Pay 並不太盛行，當地人大多還是使用信用卡結帳。另外，芬蘭的中國遊客較多，因此有些商店也接受支付寶或微信支付。

而我也不是故意不換錢，實在是在北極圈小鎮不像首都有 Exchange 的專櫃，銀行營業時間又短，一路沒適合機會換錢，所幸就硬著頭皮、帶著信用卡和歐元一路闖關，果真也沒遇到太大阻礙。

但身上無現金還是讓我踢到兩次鐵板，一次是在瑞典北部基魯納車站的廁所，要投幣卻只接受瑞典克朗，結局只好忍耐憋尿、找到商家再借廁所。

另一次是在挪威北部特羅姆瑟搭乘市區公車，我前後一共搭了兩次，第一次上車時發現無法刷卡，掏出歐元硬幣令司機面有難色，但他仍勉強說好、就把票賣給我，因此我誤以為挪威可以接受歐元；但第二次搭乘時，那位司機不斷重複告訴我：不收歐元、只收克朗、不收歐元、只收克朗，當天假日銀行也沒開門，身無分文的我只好摸摸鼻子準備下車，但此時司機卻揮揮手一副「算了！」的表情、叫我去後面坐好，於是我竟免費搭了一趟霸王車。

後來才知道，特羅姆瑟的市區公車是可以上 App 買票的，所以如果真的沒有換挪威克朗，就上網刷卡吧！沒有現金仍然能夠暢行無阻的！

保險

保險是個人意願,為了不讓自己或家人在不幸遭遇意外時負擔過重,許多旅人也會選擇購買保險來多買安心。其實刷卡買機票通常都有附加「公共運輸工具期間旅遊平安險」,各家銀行規定不同,有的只保搭飛機期間、有的則凡是大眾交通工具(地鐵、公車、渡輪等)都有含納。

旅遊意外險

北歐稅收高、醫療福利也相當完整,當地人看醫生只需繳交掛號費和藥費;但非歐盟國籍的遊客前往當地,就醫則須全數自費,且醫療費用也是北歐物價!因此建議前往當地旅行務必要購買包含「海外醫療」的「旅遊意外險」。

購買意外險後,建議將保單影本帶出國、或將電子檔放在手機及儲存雲端,以備不時之需。若在國外遭遇任何意外狀況,一定要收好支出費用的「收據」(receipt),就醫則要索取「診斷證明書」(medical certificate),以便回國後向保險公司申請理賠。

在海外旅遊如有醫療費用支出，也可在回國後向健保申請，不過健保給付的金額有限，急診核退上限是 3704 元台幣、住院每日 7315 元台幣，不無小補但仍無法囊括全數，因此花小錢把醫療保險買足，可避免回國後因為這些意外而負債。詳細資訊請上衛福部中央健保署網頁查詢「自墊醫療費用核退」www.nhi.gov.tw

旅遊不便險

至於需不需要購買「旅遊不便險」？這則見仁見智。保險內容通常包含：證照或貴重物品遺失、行程延誤、行李延誤或遺失破損等等面向的理賠。比較常見的狀況是：行李沒到，航空公司可能承諾隔天會到、並幫你寄至旅館，但你當天沒有盥洗衣物用品，則此期間你購買的生活所需都由保險買單。另一種狀況是班機延誤，造成你在當地機場等待時多出餐飲花費；甚至因延誤而沒趕上轉機，必須在轉機機場多住一晚等待隔天班機等等狀況，這當中的食衣住行費用也都是保險負擔。

實際就上述狀況而言，班機延誤必須延誤 4.5 小時以上才能理賠；因為天氣因素、恐怖攻擊、國家法規致使機場關閉，及歐洲常遇的罷工事件造成旅客行程延誤，也不在理賠範圍內；行李延誤或遺失時，航空公司也有相關賠償規定。以一個星期的旅行天數來說，不便險保費大約就是幾百元到一千多元（依年齡、前往地區、前往天數，費率會不同），購買這樣的保險有沒有價值？就靠自己評估和決定了。

購買不便險後，理賠狀況下的購物、餐飲等等收據，務必妥善保管；若班機延誤、或行李遺失要當場向航空公司櫃台申請「延誤證明（flight delay certificate）」或「行李狀況證明（property irregularity report）」；證照和貴重物品失竊要向當地警方索取「報案證明（police report）」或「遺失證明（lost certificate）」。如果有可能，也可在處理當下同步聯繫你的保險專員，給予更多專業建議。

服裝

前往極地對許多旅人來說，服裝會是一大困擾，一方面沒體驗過當地零下二、三十度的溫度、不知道怎麼穿才不會冷？二方面衣物採購也是一大花費，許多厚重衣物除了旅行用以外、在亞熱帶台灣也不見得實穿。

北歐薩米人告訴我們，真正保暖的關鍵是「空氣」，單看傳統薩米鞋子就可得知，鞋子本身除了使用獸皮縫製以外，穿著時一定要先鋪一層乾草在當中、把腳掌完全包覆，目的就是在鞋子裡保存空氣、以達到隔絕低溫的效果。因此穿得多不如穿得對！只要掌握保暖原則、選對衣物，我們這些生長在亞熱帶的女子也有能耐抵抗極地嚴寒！

極地穿搭建議洋蔥式穿法，因為室內都有 18 至 20 度左右的暖氣，務必要方便穿脫，一進室內才不至於過於悶熱甚至汗流浹背。至於每一層衣物最好具備各自功能，才能確實保暖，建議如下：

上半身

第一層 吸濕排汗層

發熱衣或羊毛衛生衣：
這是跟身體直接接觸的一層，一定要具有吸濕排汗和快乾的功能，因為身體一旦潮濕就比乾燥時多消耗 25 倍熱能，更容易失溫，因此若要保暖須讓身體盡可能乾爽。

這一層是極地旅途中最需換洗的衣物，因此要注意洗滌規則，千萬不要用烘乾機破壞了保暖功效。

第二層 保暖層

法蘭絨刷毛或羊毛上衣：
蓬鬆的絨刷毛或羊毛，不但能儲存空氣、提昇身體蓄溫能力，且透氣度比棉質良好，穿著不感悶熱。

這一層衣物同時也是室內拍照最常上鏡的一層，建議選擇自己較喜歡的款式。

第三層 保暖層

科技羽絨外套或背心：
模仿動物毛皮結構的羽絨衣可以更有效地阻絕溫度、加強保暖功效。

而這一層材質以輕薄為佳，否則塞進大外套裡會讓穿著看起來過於膨脹、亦不便穿脫和攜帶，建議選擇輕便保暖的科技羽絨。

第四層 防風防水層

防風防水雪地登山外套：
雪地穿著最外層，一定要具備防水功能，否則身體一濕就難以保暖。建議要有連身防水帽，遇到下雪時能妥善保護頭部乾燥；能遮住半張臉的高領拉鍊也很實用，保護好臉頰和鼻子會讓人覺得暖和許多。若是長版剪裁能把屁股和大腿都包覆，穿在極地裡絕對會充滿感激。

這樣四層穿搭，在極地日夜活動都算保暖，白天在有陽光的戶外活動時甚至穿第一、二、四層就可，第三層選擇輕薄材質、可摺起收納在背包，等感覺涼再拿出來穿。晚上等待極光時，在陸地上一般狀態都好應付，但最冷的情況是站在結冰湖面上等待 1 至 2 小時，氣溫冰、腳底也冰的交互凌遲下，我個人實測經驗四層穿搭大約可撐半小時，還好北歐的極光活動公司都很貼心，多半會升火取暖、也有提供太空人般的專業極地衣物，來協助大夥面對長時間的極端酷寒。

下半身

第一層　吸濕排汗 + 保暖

發熱褲或羊毛褲襪 1 至 2 層：
屬於貼身衣物要具備良好的吸濕排汗效果，一般發熱褲材質較薄，酷寒的狀況可加穿一層比較蓬鬆的羊毛褲或褲襪，能更有效阻絕低溫，羊毛比例越高則保暖效果越好。

第二層　保暖 + 防風防水

防水內裡刷毛褲：
外層穿著以防水為主要重點，皮膚須保持乾燥才能保暖。最好褲腳要束口，否則冰雪滲進去會讓腿腳都濕透冰凍的。建議可購買內裡附有刷毛的款式，褲管間保持最大空氣量保溫效果就愈好。

有些觀點認為人的五臟六腑都在上半身，所以下半身比上半身耐寒，其實這種說法沒有科學根據，每個人都應該根據自己對寒冷的承受能力進行保暖，與上半身一樣秉持著吸濕排汗、保暖、防風防水的原則進行穿搭。

以我個人經驗，因為上有長版外套蓋到大腿、下有長靴護住小腿，因此一般狀態下半身僅穿搭兩層就夠，但是遇到冰湖上等極光的極冷狀況，仍會穿上三層褲子。有時可在下半身穿著小短裙，雖不具保暖作用，但穿搭比較女性化、也能修飾腿部看起來修長，增加拍照的亮麗度。

鞋襪

第一層

厚羊毛襪或雪絨襪 1 至 2 層：
屬於貼身衣物要具備良好的吸濕排汗效果，一般發熱褲材質較薄，酷寒的狀況可加穿一層比較蓬鬆的羊毛褲或褲襪，能更有效阻絕低溫，羊毛比例越高則保暖效果越好。

第二層

防水抗滑雪地長靴：
以時尚為主的雪靴絕對不合格，防水最重要！保持乾燥才能保暖。防滑也不可忽略，極地旅行常在冰面或溶雪行走，好的鞋子能避免受傷，可挑選黃金大底防滑材質，雪鞋底部附有可掀式小釘爪也很實用。雪靴內裡最好還有刷毛或絨毛，增加保暖度。長靴能將整個腿部包覆，不但溫暖、拍照也漂亮，非常推薦。鞋子建議買大 2 號的，才能塞進多層襪子。

除了以上衣物以外，圍脖、圍巾、保暖手套、防水手套、遮耳毛帽等等小物也缺一不可，雙手一凍、指頭就不聽使喚了，頭和脖子一冷、更帶動全身顫抖！因此保暖物品務必帶齊，可以的話多帶一份備用，畢竟手套、帽子很容易隨手一放就搞丟了，但這些配件在北歐都貴得嚇人，除了極地的皮草毛帽可以考慮在當地購買以外，其他建議都在出國前準備妥當。

追極光必備

相機

追到極光的感動不只眼見為憑,更想紀錄下幸福瞬間的美景,因此相機是追極光的必須裝備。單眼相機或類單眼相機,只要能夠手動調整光圈、快門、焦距和感光度（ISO）的相機,都可以拍下舞動極光的身影。以下詳列拍攝極光時必備的相機裝備、及各部分建議設定:

- 鏡頭:越廣越好。使用廣角鏡頭,14mm 至 35mm 是首選,拍攝的視角範圍越大,越能捕捉極光在整個天空的動態。

- 光圈:越大越好。手動調整,光圈越大才越能捕捉夜空中的微弱光線,建議光圈至少要 F2.8 才適合夜間拍攝,使用其他更大的光圈（F1.4、F1.8、F2.0）更棒。

- 快門:長時間曝光。手動調整,拍攝極光的曝光時間通常設定為 2 秒到 20 秒不等,快門越慢、曝光時間越長、接收的光線也越多,但有可能曝光過度,要依拍攝狀況調整。若使用較慢的快門,可拍到「流水般」的極光;如使用較快的快門可拍出「極光跳躍」的型態。

- 感光度 ISO:配合快門 / 光圈。手動調整,光線條件越暗時,調高 ISO 值才能讓光影在照片中現形。例如光圈小、快門也快時,ISO 值高仍可拍到清晰極光,這三者之間要如何配合運用?需靠自己判斷當下狀況、拍攝經驗、並多練習嘗試。

INFO

用相機的小撇步

相機除了拍攝極光外、也可用來尋找極光,與極光一起同框合照更是許多人夢寐以求的心願,以下是運用相機的小撇步:

- 用相機找極光小撇步:極光剛開始出現時不明顯,不但亮度不夠、且泛白看起來很像雲層,肉眼幾乎難以辨識,因此常使用相機來尋找極光。尋找方法是面向北方,用相機對著天空長曝光拍攝,倘若照片中出現綠光,通常就是極光無誤!有時長曝光會拍攝到黃色或橙色的光線,這時則需要檢驗一下,因為黃色常是遠方的光害造成,很可能並非極光。

- 極光合照小撇步:確認好廣角鏡頭拍攝的範圍後,讓拍攝人像照的模特兒站在鏡頭前適當位置,一樣使用長時間曝光按下快門,這段期間模特兒定要定格不動、否則拍出來會有殘影。而長時間曝光當中使用頭燈照射模特兒一次至兩次。

● 對焦：焦點設定為∞。手動調整，焦點要設定為「無限遠」，免得單點對焦拍攝出來的極光會失焦。

● 腳架：必備。配合長時間曝光，相機只要一有晃動照片就毀了，因此一定要使用腳架，且按下快門時動作要輕到了無痕跡、或是使用快門線。

● 頭燈或手電筒：保護安全＋打燈。觀測極光多在沒有光害的地方，可別指望沿途會有路燈，記得自行帶好照明設備，以保護行走時的安全。另外，燈光也可使用在與極光拍攝人像合照時的打光用途。

● 備用電池：鋰充電池的化學特性在天冷情況下有可能減慢，導致電池續航力大幅降低，使用時間平均只有平時的二分之一。你會發現相機或手機在北極圈戶外很快就沒電了，或電流不足常常自動關機，因此備用電池盡可能多帶一些，並將電池包在衣物內、或與暖暖包放在一起，以增加使用效率。

手機輔助配備

● 極光 App：追極光可以碰運氣，但最好善用科學來增加機率。觀測極光的專業 App 有許多，較多人使用的是「My Aurora Forecast & Alerts」、「Aurora Now」、和「Aurora Forecast」這幾種。每種 App 都有提供 Ovation 地圖觀測極光環位置、每小時及未來幾天的 KP 指數預報，有的 App 還會根據你的定位告知附近可看到極光的機率和正確位置，跟著 App 指示就能前往正確方位。「Space Weather Live」則是研究極光的專業網站，也有 App 可下載，除了上述功能以外，還提供太陽黑子活動狀況、太陽風速、磁暴指數等相關資料，適合喜歡天文的極光獵人。

● 極光警報：極光鬧鐘可說是追極光的懶人工具，許多人覺得研究 App 太複雜，乾脆花點小錢交給專業，只要回報所在地點的定位，當地出現極光時手機就會收到通知簡訊，可以

馬上衝出門去擁抱極光。比較知名的警報有囊括整個北歐的 https://aurora-alerts.com/，以及芬蘭專屬的 auroraalert.fi。

- 定位系統＋地圖：極光 App 和警報都會要求你提供定位，以預報當地準確的極光狀態。另外，外出追極光的地點往往是無光害的森林或湖邊，確保隨身有地圖和定位系統，以策安全避免半夜迷路。

- 網路：以上手機軟體大多需要網路來協助及時更新、和定位更精準，北歐無線上網很普遍，許多公共場所、咖啡店、大型商場等地、甚至連長途巴士上都有提供免費 WIFI，但追極光可能位在荒郊野外，建議開通當地網路較好。出國上網的方式大致可分漫遊、租 WIFI 機、台灣購買北歐多國網卡、當地買網卡等幾種方式，網路上許多評比可自行比較，以我個人經驗分享：漫遊費用太高；WIFI 機不但電量有限、且時常斷訊；多國網卡雖然方便，但在北極圈這種偏遠地區還是有收訊不良的風險；購買當地網卡可說是最便宜、通訊又最順暢的方式，便利商店都有賣，一週無線上網只要幾歐元，裝入手機、輸入密碼馬上就可以使用，十分推薦。

其他旅行裝備

- 身在北極圈，不是暴露在零下 30 度的氣溫、就是接觸燥熱暖氣房的空氣，非常需要保濕，極冷極熱也容易產生過敏，因此建議使用滋潤性高的天然乳液，可達到完整保護效果。晚上則需多敷植萃有機的面膜來深度保濕、滋養健康肌膚以對抗嚴寒，台灣有許多優質品牌如「童顏有機」都是不錯的選擇。

- 常備藥品：例如感冒熱飲或成藥、消炎止痛藥、腸胃藥等，因為北歐就醫不如台灣方便，

藥品備而不用，若只是小狀況可自行處理，但若病情嚴重還是建議前往醫院。

- 盥洗及衛生用品：放在隨身行李中的盥洗或保養用品，每罐容量必須是 100 毫升以下，且放在透明夾鏈袋中供海關檢查。慣用的個人衛生用品宜自行攜帶，有備無患。

- 保溫杯和電湯匙：建議購買雙層真空隔熱的不鏽鋼保溫杯，保溫效果較好。電湯匙並非必備，但攜帶旅行用電湯匙，可隨時自行煮水或加熱飲品，但務必要確認電壓和插座狀況。

- 暖暖包：暖暖包須慎選品牌，個人經驗發現日本進口的小白兔還是效果最好，其他品牌作用不大。

- 吹風機：北歐住宿大多有提供吹風機，但飯店提供的通常風力不臻理想，可攜帶慣用的旅行吹風機。

- 充電設備：芬蘭、瑞典和挪威的電壓都是 220V，與台灣不同，因此一定要確認電器本身具有變壓功能、或是使用變壓器，以免造成短路或跳電危險。北歐插座皆為歐標的雙孔圓柱型，也與台灣不同，務必攜帶轉接頭使用。

如前述因北極圈零下氣溫，電器的電池蓄電量會降低，外出使用的電器可多備幾個電池，並保存在較溫暖的背包或衣物內，保持效能。除了電池以外，也須了解電器的使用溫度，例如 iPhone 的建議存放溫度是攝氏 -20 度至 45 度，但使用效能最佳的溫度是攝氏 0 度到 35 度，這也是許多網友分享手機在戶外容易當機或無預警關機的狀況，若電器使用溫度不適宜，建議在室外減少使用。

4

前進極光小鎮

HEADING TO NORTHERN LIGHTS

沿著北緯 66.5 度出發極圈探險，踏上國家
地理雜誌推薦全世界最棒的 6 個追極光地
點，面對嚴峻的極地生活，感受原住民薩米
風情，探索悠久的歐洲文化，體驗有趣的北
歐創意，在多采多姿的地貌中等待極光女神
的幸運降臨！

拉普蘭（Lapland）是極圈國家（Nordic countries）北部地區的一個統稱，
東至俄羅斯的白海（White Sea）、西達挪威海（Norwegian Sea），由挪
威北部、瑞典北部、芬蘭北部、以及俄羅斯的科拉半島組成，全
區有四分之三以上的領域都在北極圈內，一年長達兩百天處於嚴
寒黑暗的冬季，也造就拉普蘭地區在文化語言或生活習慣上有一
定的相似程度。

居住在拉普蘭地區的原住民稱為薩米人（Sami），目前以挪威北部
為數最多、約 4 萬人，其次為瑞典北部 2 萬人，芬蘭北部則近 7
千人、俄羅斯科拉半島有 2 千人。薩米人的祖先在新石器時代即
居住在北極圈大地上，以狩獵、採集、捕魚維生，中世紀後逐漸
被其他民族征服同化，經歷過許多被剝奪或奴役的悲慘歷史，直
到一次大戰後歐洲政府確立薩米人為北歐地區少數民族，二次大
戰後組成跨越國界屬於芬蘭、挪威與瑞典的薩米人專屬理事會，
才漸漸保護鞏固這群極圈原住民。

拉普蘭大多數的土地都被森林覆蓋，湖泊星羅棋布，因應拉普蘭
原住民崇尚自然的本性，因此在拉普蘭地區不分年齡、性別、種
族，人人都有自由漫步（freedom to roam）的權利，也被稱為人人應
有的權利（everyman's right），也就是每個人都可在任何森林、湖泊、
山丘、草原等自然環境中自在旅行，無論這片土地的所有權人是
誰、都不能阻止人們在當中以無動力的方式移動漫遊，例如健行、
滑雪、騎自行車、划船都可自由穿梭，旅人也有權利短期露營、
釣魚、及採摘野生蘑菇和莓果。這對喜愛親近大自然的旅人來說
無疑是張開雙臂的友善，這也使拉普蘭地區成為世界上最適合追
極光的地區！

芬蘭羅瓦涅米

Rovaniemi 66° 30′ 05″ N 25° 44′ 05″ E

若說羅瓦涅米是北極圈最有名的城鎮一點也不為過！位在芬蘭最長河流凱米河（Kemijoki）的右岸，羅瓦涅米是芬蘭北部拉普蘭省的行政與商業中心，也是世界上「唯一位在北極圈」的省會。二次大戰時，芬蘭軍和德軍在拉普蘭地區發生激烈駁火，將羅瓦涅米炸得面目全非，芬蘭國寶級建築師阿爾托（Alvar Aalto）便領銜重建，以馴鹿頭部形狀作為都市規劃的輪廓，向北方、西方、南方延伸的公路則象徵馴鹿又長又岔的鹿角。

現在的羅瓦涅米，幅員遼闊、地廣人稀，經過市鎮合併後面積達8016.75 平方公里，竟成為全歐盟「最大的城市」。這裡是北極特快車的終點站，是北極最高學府拉普蘭大學的所在地，世界最「靠北」的麥當勞曾佇立於此、也是每位觀光客打卡的景點（現已被俄羅斯摩爾曼斯克城的麥當勞所取代），更是來到拉普蘭不可錯過的亮點。

◆ 抵達方式

❶ 從首都赫爾辛基搭乘 VR 火車需 8 至 12 小時不等，直達
羅瓦涅米市中心，票價每日浮動，從 50 ～ 160 歐元左右。

芬蘭國鐵訂票

❷ 從首都赫爾辛基搭乘飛機需 1.5 小時抵達羅瓦涅米機場，
挪威航空及芬蘭航空皆直飛，優惠機票約台幣 2 千元起跳；
再轉乘公車約 15 分鐘車程可抵達市中心。

挪威航空訂票

- 芬蘭國鐵訂票網頁（英）：https：//www.vr.fi/cs/vr/en/frontpage
- 挪威航空訂票網頁（英）：https：//www.norwegian.com/en/
- 芬蘭航空訂票網頁（中）：https：//www.finnair.com/cn/cn/

芬蘭航空訂票

◆ 最佳極光欣賞方式

❶ 參加極光團遠離市區光害。
❷ 住宿聖誕老人村或其他近郊渡假村，夜晚站在門外等候。

羅瓦涅米
遊客中心地圖

羅瓦涅米遊客中心（Rovaniemi Tourist Information）
營業時間：週一至週五 9：00 ～ 16：00
地址：koskikatu 12, 96200 Rovaniemi
旅遊局官網（中）：https：//www.visitrovaniemi.fi/zh/

羅瓦涅米
旅遊局官網

◆ 建議漫遊方式：步行 + 公車 + 專車接送

位在市中心的景點或商場以步行距離都可抵達；郊區主要景
點、如聖誕老人村等，皆有公車抵達（上車買票 / 可刷卡）；其餘
極地活動由活動公司派專車接送。

馴鹿菲力排 Reindeer Fillet

有人戲稱拉普蘭是一個「鹿比人多」的區域，無論是幫聖誕老人拉車的馴鹿、還是鹿科中體型最巨大的麋鹿，都安然生活在這片極北之地，也成為當地人不可缺少的食糧。馴鹿因為體型較小、肌肉結實，較常用作火烤或排餐料理；麋鹿則因為肉質偏硬，則適合燉煮、或製成肉乾及罐頭。

在北極圈來說，羅瓦涅米的餐廳算多、品質不錯，因此來這裡吃鹿肉排餐是最好的選擇。馴鹿菲力是全瘦肉、無油花而低脂肪的部位，適合像牛肉一般簡單炙烤，僅撒上橄欖油及鹽、胡椒調味即足夠。吃起來口感不像牛肉菲力質地那麼嫩，帶點彈性Q勁；但原以為的羶腥野味全不存在，僅有滿溢肉汁的香氣，搭配上培根的油脂，滑嫩得恰到好處，的確是非嚐不可的佳餚！

北歐只要涉及人力和服務的費用都偏高，走進餐廳得有高消費的心理準備，通常一份鹿肉排餐或主菜價位都在40歐元上下，但菜單上的標價即是總價，芬蘭的餐廳或任何服務場所都不需另外支付小費或稅金。

聖誕老人村 — 拜訪聖誕老人的故鄉

聖誕老人的故鄉到底在哪？習慣過聖誕節的西方國家總是眾說紛紜。有人說他是美國詩人杜撰的形象，有人說他只是廣播電台主持人分享的一則溫馨故事，有人說他就是俄羅斯神話中的「嚴寒老人」，有人說他是西元 4 世紀時把人生和財富都奉獻給教會的尼古拉斯主教，甚至有考古學家宣稱在土耳其挖到聖誕老人的墳墓。

不過北極圈的羅瓦涅米率先蓋起聖誕老人村（Santa Claus Village），讓大人小孩一年 365 天都可以拜訪聖誕老公公。二次大戰後，被夷為平地的羅瓦涅米在美國及瑞典的資助下進行重建，時任美國羅斯福總統夫人愛蓮娜女士前往視察，當地官員在北極圈臨時搭建一棟小木屋供總統夫人歇腳，夫人當時也鼓勵羅瓦涅米應發展獨特景點來吸引遊客。其後在 1985 年間，羅瓦涅米當地官方將歇腳的小木屋延伸擴建成一整個村莊，號稱原本住在芬蘭北部荒郊邊界的聖誕老人決定在此設立一個辦公室，讓全世界的大人小孩更容易親近他，聖誕老人村應運而生。1995 年耶誕節，聯合國秘書長甚至寄了一封賀卡到這裡，間接認證了這才是聖誕老人正港的故鄉！

進入聖誕老人村不須門票，但整個村落可說是由紀念品店、餐廳、旅館、極地活動旅行社所組成，與其說是聖誕老人的家鄉、這裡更像一個大型商場。精華地帶是圍繞著遊客中心周邊的聖誕老人辦公室及郵局，辦公室後方則有馴鹿餐廳和哈士奇公園，也可花費 30 歐元乘坐馴鹿雪橇或哈士奇雪橇繞著村落小走 5 分鐘。玻璃小屋、冰旅館、森林木屋、高級渡假村等等各式住宿這裡應有盡有，倘若無預算入住，前往逛逛參觀、拍拍美照也是一個選擇。雖然整體商業氣息很濃厚，但暫時忘卻昂貴、感受一下白雪靄靄的童話氣氛也挺不錯。

Must Do /01
與聖誕老人拍張照

曾經有一個日本節目計算：倘若聖誕夜當天聖誕老人必須送完全世界的禮物，則他得要以超越音速的速度、前往每一家庭的時間只有八百分之一秒，否則根本送不完！聖誕老人辦公室（Santa Claus Office）給了解答，原來他有一台「地球轉速調節器」，可以隨時調整全世界時間，或早或晚、或快或慢，這樣他就可依自己的步調、從容不迫地把幾千萬份的禮物送完。

聖誕老人辦公室在極光季營業時間通常是 10 點至 18 點（聖誕期間為 9 ～ 19 點），入內免費。想要見聖誕老人本尊，必須先穿越黑漆漆的小徑，經過堆積如山的禮物、和地球轉速調節器大鐘擺的下方，卸下手邊的相機和手機後，才能進入辦公室。跟著小精靈的腳步來到聖誕老人身邊，聖誕老人會親切地使用英文與你一同拍照話家常。雖然明知眼前的聖誕老人只是演員，但像有股神奇魔力似的，在這環境就會回到小女孩的心情向老人許下聖誕心願。聖誕老人的悄悄話時間大約只有 3 至 5 分鐘，道別後就可前往櫃檯看看合照及影像，一張照片要 35 歐元，支付 50 歐元則可下載照片和影像的電子檔。掏出錢包的那一刻，方才返老還童的小女孩心思又瞬間跌回現實世界了。

INFO

聖誕老人村　Santa Claus Village
地址：96930 Rovaniemi
門票：免費
營業時間：聖誕老人辦公室及郵局的開放時間隨季節不同，極光季通常是 10：00 ～ 18：00（聖誕季節期間是 9：00 ～ 19：00），各家餐廳、旅館、賣場則分別有不同營業時間。
前往方式：從羅瓦涅米市中心搭乘 8 號市區公車（local），票價約 3.90 歐元（旺季加收 10% 增值稅、淡季免稅）；亦可搭乘其他前往 Ivalo 方向的巴士，這些巴士通常是附有廁所或 WiFi 的快線（express），票價需 7.20 歐元左右。車程約 15 分鐘。
官網（英）：https://santaclausvillage.info

地圖

官網

Must Do /02

跨越北極圈

聖誕老人村的緯度在北緯 66° 33，即是北極圈所在之處，跨越這條圈線也就進入冬季永夜、夏季永晝的極地世界，因此聖誕老人村有趣風景之一，便是看到一堆人在這條線之間跳來跳去、打滾拍照。夏季時，北極圈線位在室外，長長一條橫列在村落中；冬季因地面積雪太厚，則把圈線挪至遊客中心室內。

遊客中心內可以 5 歐元購買書寫上自己名字的「北極圈跨越證書」(Arctic Circle Crossing Certificate)，或花費 1 歐元蓋上跨越北極圈的日期印章；過往印章常蓋在護照上，後來發現許多遊客出境通過海關時，因護照上的蓋印被海關查驗、造成困擾，因此 2018 年起遊客中心已禁止在護照上蓋章。

Must Do /03

寄張明信片

小小的木造房舍藏著全世界最忙碌的郵局之一，聖誕老人郵局 (Santa Claus Main Post Office) 牆面上紀錄著：從村莊成立以來，此處已收到來自 199 個國家、超過 1800 萬封寄給聖誕老人的信件；聖誕節期間，更是每天收到 3 萬多封賀卡。走進郵局率先看到忙碌的小精靈站上收銀台為遊客服務，繽紛的聖誕卡和明信片琳瑯滿目，更多人埋頭坐在

桌前專注地抄抄寫寫。揀信的櫥櫃上整齊排列著世界各地寄來的信件，標註 Taiwan 的櫃中也信件滿滿，看來台灣小朋友也非常熱愛聖誕老人。

郵局中有三種不同郵筒，一標示著「Mail to Santa Claus」是寄給聖誕老人，二寫著「Today」是即時寄往世界各地，第三種「For Christmas」則是限定保留到聖誕時節才會寄出的信件。可在郵局中購買明信片，平均每張 1 至 5 歐元不等，郵票則是 1.5 歐元左右即可寄到各國，所有從這裡寄出的信件都會蓋上北極圈郵戳，貼上郵票投入郵筒即可開心地將夢想遞送出去。特別的是郵局竟還出售小朋友們寄給聖誕老人的信封，為了保守小朋友的願望秘密，信件可是非賣品，但貼有郵票的信封則是整疊打包出售，一包 4 歐元，收入全數捐給聯合國兒童基金會。

Must Do /04

吃份傳統烤鮭魚

聖誕老人村雖處處是餐廳，但觀光區畢竟普遍昂貴且評價不高，吃點傳統點心則是不錯的選擇。外型類似薩米帳篷的鮭魚小木屋（Santa's Salmon Place）空間窄小、僅有十張桌子，上門的食客卻絡繹不絕，除了木屋中燃有熊熊篝火可供片刻取暖，火堆上炙燒的鮭魚更讓過路客無法抵抗這撲鼻而來的香氣。

大伙圍爐而坐，厚切的鮭魚像走伸展台般在中央表演，大火把鮭魚皮烤得金黃焦脆，不時發出滋滋作響的聲音，等待上菜時就已滿足眼耳視聽！烤得粉紅剔透的鮭魚搭配麵包與沙拉一起端上桌，一份約 25 歐元。吃一口酥香燙嘴的海味，再點一杯熱熱的藍莓茶、與當地最愛的八角口味餅乾，可說過足了道地的北歐生活！

鮭魚小木屋前有一支木柱指標，刻印著世界主要城市的距離，最上方也標示此地距「台北 7804 公里」，是個必得拍照的打卡景點。

INFO

鮭魚小木屋 Santa's Salmon Place
地址：Tähtikuja 96930 Napapiiri Rovaniemi
營業資訊：12 至 4 月上午 11：00 ～ 18：00、5 至 11 月上午 10：00 ～ 17：00
前往方式：聖誕老人郵局旁
官網（英）：http://santas-salmon-place.com/

地圖

官網

北極中心

北極中心（Arktikum）是羅瓦涅米最醒目的地標，從弧狀的建築物延伸出細長的玻璃帷幕，長長延伸至河岸，好似一隻指向北方的冰稜手指，為這座城鎮帶來更多夢幻浪漫。這是座科研中心、也是博物館，展廳位在地面以下，刻意模仿極地動物鑽地洞冬眠的習性，冬暖夏涼的自然調節讓遊客可舒適參觀；地面是芬蘭花崗岩打造、板凳是樺木和馴鹿皮製成，處處可感受到芬蘭味。

常設展有「北極研究中心」和「北方生活方式」，透過圖文、模型、影音、遊戲等等方式，讓人們從自然科學的觀點認識北極圈，也可以植物、動物、人類文化、歷史演變等面向了解當地生活及未來面臨的氣候挑戰。最令人讚嘆是栩栩如生的標本：身高達兩至三公尺的麋鹿原來並非我們想像的溫馴草食動物，而是壯大如貨車般的巨獸；原來芬蘭雖位在北極圈，卻棲息著棕熊而沒有北極熊⋯⋯。僅有幾個展廳的博物館雖然不大，但各種有趣的「冷知識」都可在這一方天地找到答案。

I N F O

北極中心 Arktikum
地址：Pohjoisranta 4, 96200 Rovaniemi
門票：全票 18 歐元
營業時間：10：00 ～ 18：00（1 ～ 11 月每週一休館）
前往方式：由羅瓦涅米市中心步行約 10 分鐘
官網（英）：https：//www.arktikum.fi/en/

地圖

官網

如果時間夠多，可考慮步行前往附近的比爾蓋科學中心（Pilke Science Centre）和科隆迪美術館（Culture House Korundi），三館一起參觀可購買 7 日內套票，價格為 20 歐元。比爾蓋科學中心是一個適合親子同樂的互動博物館，可認識北極圈的產業、了解森林等自然資源對芬蘭的重要性；科隆迪美術館則是歐洲最北的地區美術館，主要展示芬蘭現代藝術作品，許多重要的會議或文化交流活動也在此舉辦。

INFO

比爾蓋科學中心 Pilke Science Centre
地址：Ounasjoentie 6, 96200 Rovaniemi
門票：全票 7 歐元
營業時間：週一至週五 9：00 ～ 18：00、週末 10：00 ～ 16：00（1 ～ 11 月每週一休館）
前往方式：由羅瓦涅米市中心步行約 10 分鐘
官網（英）：https：//www.tiedekeskus-pilke.fi/en/

地圖　　　　　官網

科隆迪美術館 Culture House Korundi
地址：Lapinkävijäntie 4, 96100 Rovaniemi
門票：全票 11 歐元
營業時間：週二至週日 11：00 ～ 18：00、週一休館
前往方式：由羅瓦涅米市中心步行約 10 分鐘
官網（英）：https：//www.korundi.fi/en/Home

地圖　　　　　官網

Must Do /05
仰望一場虛擬極光

藍綠螢光像渲染的水波從北方地平線緩緩升起，躺著仰望極光幾乎是在冰天雪地裡難以達成的夢想，但透過多媒體投影而成的虛擬極光，讓觀眾可舒適在人工草皮上或坐或臥，從極光的火狐傳說、到極光的繽紛多彩，短短幾分鐘內經由浪漫故事來認識極光。對沒等到極光的旅人來說、更可在虛擬的極光漫舞中彌補一下遺憾。

看完虛擬極光，別忘了到極地劇院（Polarium theatre）欣賞「極圈相對」（Polar Opposites）影片，短短 9 分鐘影片將觀眾置身在極地森林中，感受永晝時的燦爛和永夜時的寂靜，紀錄著北極圈的四季更迭及動植物生存方式。

Must Do /06
玻璃帷幕下拍張照

北極中心建築的最大特色即是 172 公尺長的玻璃帷幕長廊，夏季有日不落的太陽時時照拂，冬季則可期待北極光在玻璃屋頂上舞動反射。玻璃帷幕不但獨特唯美，也是省電節能的綠建築，陽光透過玻璃折射灑落，無論是狂按快門拍攝網美照、或靜靜坐在木椅上感受這份溫暖靜謐，都是種享受。

玻璃帷幕前方即是北極中心海灘（Arktikum Beach），夏季時這裡是美麗的植物公園，花團錦簇，可在永晝的陽光下野餐或游泳；冬季則成為當地人的滑冰場。此處光害稍少，許多旅人也常常在此等待極光。

📍 北極中心海灘 Arktikum Beach
地址：96200 Rovaniemi
開放時間：全天開放
前往方式：北極中心旁，由羅瓦涅米市中心步行約 10 分鐘

凱米河右岸 — 感受河面上的冰雪生活

羅瓦涅米位在芬蘭最長河流凱米河的右岸，每年 12 月到隔年 3 月河水封凍結冰，廣闊平坦的河面不但成為步行的捷徑，更化身為當地人的大型運動場。初次踏上結冰河面總是戰戰兢兢，但如履薄冰的狀況並不存在，腳下反而非常堅硬、格外踏實。其實這些河面都屬政府管理，有專人檢測結冰厚度，達到標準才放行人車。河面上分為三條明顯的徑道，並插著鮮明指示牌：第一條是給雪地摩托車奔馳，第二條是讓穿戴雪具裝備的運動者健走使用，第三條才是一般人行道。

不論天氣有多嚴寒，河面上總是充滿運動健走和遛狗的人群，讓只想躲在屋裡吹暖氣的我們大為讚嘆，可見戶外對芬蘭人來說有多重要！小朋友拿著雪撬從河床上一溜而下，再奮力捧起積雪打雪仗，整個河面就是他們的天然遊樂園，簡單的自然就能供他們玩得樂此不疲。

河道的兩端常蓋有涼亭和火堆，人們就自備香腸和茶壺，圍著火堆邊喝咖啡、邊烤肉。原來這火堆竟是芬蘭人的福利之一，密集分布在拉普蘭各處，木柴全由政府免費提供，在這國家沒有人受凍。

Must Do /07

冰釣

放眼河面，總可看見人們穿著厚重、踞著板凳、安安靜靜地拿著釣竿等待魚兒上鉤。冰釣是當地百姓喜愛的休閒活動，對於遊客的接近或問候都是敬謝不敏、甚至大賞白眼，因為來者可能不明就理就把魚嚇跑了，所以釣客總是遠離人群、躲在積雪最厚的河面角落。羅瓦涅米的民宿主人說，這裡家家都有冰鑽和釣竿、人人都能釣魚。猶記看韓劇時，覺得千頌伊和都敏俊在冰上釣魚的場景極其浪漫，但實際上冰層至少 50 公分、又硬又厚，鑽個洞可不是輕鬆容易的事；二來釣魚等待的時刻，腳底都是冰、身體不能活動，凍得令人咬牙切齒，對生長在熱帶的我們來說有點難以招架。

如果僅是想稍加體驗，也可在市區旅行社報名參加教練帶領的冰釣活動，費用大約 70 歐元以上，不但有專業教練指導鑽洞釣魚技巧，還附有極地禦寒裝備，有些還準備帳篷或篝火來取暖，行程除了釣魚、通常包括雪鞋行走和冰上烤魚，豐富多元又可少受點寒冰之苦。

Must Do /08

河濱教堂參觀

羅瓦涅米教堂不但是鎮上最美的建築物，更是鎮民生活的中心。教堂原建於 1817 年的木造建築，但 1944 年二次大戰時遭德軍摧毀，1950 年在瑞典及美國的大力資助下迅速重建。被森林環繞的黑瓦白牆，像極了童話故事中的城堡；冬季被冰雪覆蓋的純白，則更顯夢幻溫馨。14 公尺高的壁畫「生命之源」是教堂內最大特色，整個教堂可容納 1 千人，極光季在聖誕節或復活節期間前往，能感受著禮拜儀式的莊嚴與節慶的喜悅。夏季（5～8 月）以及 12 月份每日開放，冬季則只有每周一、周二和周末開放。

I N F O

羅瓦涅米教堂　Rovaniemi Church
地址：Yliopistonkatu 1, 96100 Rovaniemi
營業時間：每日 11:00 ～ 14:00 對外開放。
前往方式：由羅瓦涅米市中心步行約 8 分鐘
官網 (英)：https://www.
rovaniemenseurakunta.fi/

地圖　　　　　官網

🔴 憤怒鳥公園 Angry Birds Activity Park
　　地址：Valtakatu 4, 96100 Rovaniemi
　　開放時間：全天開放
　　前往方式：由羅瓦涅米市中心步行約 8 分鐘

Must Do / 09

憤怒鳥樂園拍張照

芬蘭最知名的卡通人物有兩種，一是河馬嚕嚕米、二是憤怒鳥和牠的朋友們。嚕嚕米是芬蘭藝術家朵貝楊笙（Tove Jansson）所創作，楊笙小時候喜歡偷吃儲藏櫃中的食物，她的叔叔為了嚇唬她、杜撰櫥櫃裡住著一個叫做嚕嚕米的巨大精靈。精通繪畫的楊笙 15 歲時第一次想像繪製出嚕嚕米的形象，並發表於《Garm》雜誌上；1945 年楊笙出版第一本關於嚕嚕米的童話書，她總共寫了 13 本嚕嚕米故事，直到第三本才深受芬蘭人喜愛，並且迄今 70 年歷久不衰，嚕嚕米也隨著動畫、電影、舞台劇、歌劇而火紅到全世界，成為代表芬蘭的吉祥物。

憤怒鳥（Angry Birds）相信是人人都玩過的手機遊戲，它是由芬蘭遊戲公司 Rovio 娛樂在 2009 年首次出品的益智遊戲，因為玩法簡單、角色生動可愛而大受全球歡迎，後來甚至由索尼影業製作成兩部 3D 動畫電影、數度蟬聯北美票房冠軍，憤怒鳥公仔也成為世界級熱賣紀念品。同樣位在凱米河右岸的憤怒鳥公園（Angry Birds Park）雖然名氣響亮，但僅是一個小小的兒童遊憩公園，溜滑梯、盪鞦韆、滑索及趣味足球，遛小孩絕對可打發一下午，對成人來說雖然吸引力不大，然而坐在巨大的憤怒鳥彈弓上，把自己當成即將彈射出去的小鳥，拍張「到此一遊」照片倒是很有趣！

體驗驚奇極光活動

羅瓦涅米是北極圈的大城，光害也相對嚴重，因此若要在市區或北極中心仰望極光，除非十分幸運、否則機會較低。推薦可參加極光活動，遠離光害往郊區去，才能增加與極光相見歡的機率。

羅瓦涅米是個旅遊發達的城鎮，極光團非常盛行，各種套裝行程目不暇給、眼花撩亂，可以輕易在市中心的任何一家旅行社報名，連中文解說都有。喜歡速度的人可嘗試雪地摩托車或雪上卡丁車；喜歡漫遊的人可用雪鞋或滑雪的方式在森林踏雪尋光；最誇張的是可耗資一小時 399 歐元的高價，乘坐 7 人座的小飛機，穿越雲層、直上雲端，在不受天氣影響之下欣賞極光。

在聖誕旺季時，有些極光團會有爆滿的狀況，可能一輛巴士載滿 50 人、團員過多無法擠進篝火邊取暖、也並非每人都有機會與教練或極光達人互動、嘈雜得連享有等待極光的片刻寧靜都奢侈。如果介意這些小細節，最好在報名時確認旅行團的人數、車輛狀況、行程內容等等，以免敗興而歸。

報名方式：大部分的旅遊公司都集中在市中心的羅瓦涅米遊客中心周邊，可親自前往尋找相關資訊；或上旅遊局官網尋找合格的旅行社線上報名 https://www.visitrovaniemi.fi/see-do/activities/

旅遊局官網線上報名

Must Do /10

冰上漂浮賞極光

冰上漂浮算是羅瓦涅米的特色，在其他極光小鎮幾乎沒有看見相似活動。漂浮的地點是在羅瓦涅米附近，一是在靠海的城鎮凱米（Kemi）搭乘破冰船於冰海中漂浮，全程 10 小時，費用約為 338 歐元；二是在芬蘭著名的鮭魚之鄉佩洛（Pello）冰湖中央漂浮，全程 4 小時，費用約為 96 歐元。

冰上漂浮是一個難得的經驗，衣褲鞋襪都不用脫、直接套上特殊材質的連身衣，能保暖、防水、又具有浮力，紅通通的外型活像一隻龍蝦，而行動更像任人宰割的俎上魚肉，難以站立行走，最好的移動方式是被拉著衣領向後拖行。漂浮的地點是結冰的海面或湖面，以破冰船或手工開鑿將冰面挖起，自成一方的小型游泳池儼然形成，漂著浮冰、接近零度。而我們這些龍蝦就像下餃子一般，撲通撲通被推下水，背脊馬上感到沁涼、卻不覺冰凍難耐，受限於衣物、手腳無法大幅度擺動，整個人卻具有超能力一般自動浮在滿是碎冰的水面上，是一種奇妙萬分的感受。仰頭望見滿天星斗，更期待極光女神可以冷不防地現出蹤跡。不過冰上漂浮可不能持續太久，大約 20 分鐘後教練就必須把你打撈上岸，強制更衣、逼喝熱飲，畢竟在極地犯上感冒可不是有趣的事。

芬蘭伊納利

Inari 68° 54' 18" N 027° 01' 49" E

冰上移動玻璃小屋 📍

Inari

薩米博物館 Siida 📍

Sajos 📍

Kemi

Lake Inari

Finland

Helsinki

伊納利是位在極圈以北 300 公里處的一個美麗湖濱小鎮，湖泊與森林密布，使得這裡等同於大自然的代名詞，充滿唯美靈氣，難怪 BBC 影集《黑暗元素三部曲》把女巫王后帕可拉的家鄉設定在伊納利。而每年 10 月到隔年 5 月全都冰封的大地，也使歐盟將伊納利設為極寒條件的汽車和輪胎測試基地。

整個伊納利區是芬蘭佔地最廣、卻人口最少的自治市（面積 1.7 萬平方公里、人口不到 7 千人），但單是官方語言就有 4 種之多，包括：芬蘭語、北薩米語、伊納利薩米語、斯科特薩米語（Skolt Sami），足見這裡也是芬蘭最重要的薩米人行政與文化中心，有三分之一的人口為薩米人。伊納利湖（Lake Inari）則是芬蘭第二大湖，湖面星羅棋布著 3300 個島嶼，超過 50％ 是未開放水域。在一片白茫茫的冬季雖不易感受千湖之國的盎然綠意，但冰湖中可是觀看極光的最佳位置，也使得伊納利成為芬蘭北部最著名的極光小鎮。

◆ 抵達方式

❶ 從首都赫爾辛基搭乘 VR 火車至羅瓦涅米，票價約 80 歐元，再轉乘巴士 5 小時內可抵達，票價約 60.9 歐元。城鎮中最重要的巴士站名為「Bay/stop K-market Inari」，主要的商店和旅館皆集中於此。

芬蘭長途巴士訂票

❷ 從首都赫爾辛基搭乘飛機至伊瓦洛（Ivalo），航程約 1.5 小時，優惠機票約台幣 2500 元起跳。從伊瓦洛機場乘公車至伊瓦洛市區（冬季一天僅一班車）再轉巴士前往伊納利；或從機場搭私家巴士 1 小時可直達伊納利，費用每人約 30 歐元。

挪威航空訂票

- 芬蘭長途巴士訂票網頁（英）：https://www.matkahuolto.fi/en/
- 挪威航空訂票（英）：https：//www.norwegian.com/en/
- 芬蘭航空訂票（中）：https：//www.finnair.com/cn/cn/
- 私家巴士預約（英）：http：//www.kuljetusliikeilmarislant.fi/in-english/
- 伊納利政府官方網站（英）：https://laplandnorth.fi/en/

芬蘭航空訂票

私家巴士預約

◆ 最佳極光欣賞方式

❶ 躺在玻璃小屋中仰望期待。
❷ 住宿湖畔，步行至冰湖上靜心等待。

伊納利政府官網

◆ 建議漫遊方式：步行＋專車接送或計程車

城鎮不大，景點或超商之間步行距離都可抵達；其餘郊區住宿或極地活動由旅館或活動公司專車接送。

寧靜生活等待極光

{ 在地人推薦必吃 }

北極白魚 Arctic Char

北極圈有必吃三寶：鮭魚、鹿肉、白魚。一開始聽見當地人推薦白魚（Whitefish）實在摸不清頭緒是什麼魚？直到前往北極中心看了展覽，才知道這是一種分布在極地的淡水鮭魚，外型類似台灣常吃的鱒魚，但體型較小，是薩米人和棕熊的主食；薩米傳統的漁獵方式，則是在冰湖上鑿洞，撒魚網至冰層下方捕撈。

因為白魚的肉質細、魚刺多，常製作成醃製品、或打成泥狀抹麵包吃，然而最傳統的吃法則是整條鮮魚加鹽巴水煮，放在料理紙上佐馬鈴薯一起食用。

在北極圈第一次吃到白魚，是民宿媽媽親自下廚。她很興奮地問我們是否吃過「連骨帶肉的整條魚」？同住民宿的德國夫婦回答：「這是第一次！我們平時只吃魚排呀！」民宿媽媽很得意，繼續轉頭詢問我們，殊不知這在華人世界非常普通，我們的每一條魚都是有頭有尾帶骨吃的呀！不過少了筷子，我們倒是吃得很狼狽。只見民宿媽媽像拿著雕刻刀做手工藝一般，以餐刀將魚肉仔細卸下，再手抓放入口中咀嚼，俐落又不失優雅。水煮的北極白魚對我們來說味道偏淡，見識到了北歐人崇尚自然、連調味料都極簡，卻是新奇的嚐鮮體驗。

馴鹿牧場 — 感受鹿比人多的盛況

馴鹿飼養是伊納利重要的生計來源之一，目前仍有 8% 的薩米人以馴鹿養殖為生，過著傳統「逐水草而居」的生活，夏季時把整批馴鹿帶到不同的湖濱棲息地吃草，秋季則用四輪驅動車或雪地摩托車趕下山、集中在牧場飼養。通常由兩三個牧人管理照顧上百隻馴鹿，在地廣人稀的拉普蘭形容「鹿比人多」一點也不誇張！

對傳統薩米人來說，馴鹿的全身都具經濟價值，肉及內臟作為日常食物、鹿血製作血腸、鹿毛皮製作保暖衣物、鹿齒、鹿骨、及鹿角製作器具和工藝品、稀少的鹿奶則是補充營養的來源。

一般常識都認為公鹿才會長角，但牧場主人告訴我們馴鹿是唯一一種公母都長角的鹿。在 8 月至 9 月是交配季，一整個月不眠不休不吃不喝都在向其他公鹿打鬥，一個月大約要與 15 隻母鹿交配，交配季節過後鹿角就會因精力耗盡而脫落；而母鹿則在隔年產下小鹿後、鹿角也會掉落。脫落鹿角會腐化為果凍狀，又重新成為馴鹿補充鈣質和維他命的食物，真令人感嘆自然界生生不息的循環！

I N F O

馴鹿雪橇預約：
https：//visitinari.fi/activities/arctic-winter/
馴鹿賽跑活動資訊：https：//porokilpailijat.fi/

馴鹿雪橇預約　　　馴鹿賽跑活動資訊

Must Do /01
住宿馴鹿牧場

住宿馴鹿牧場,可體驗當地薩米人的真正生活。馴鹿牧場不一定在特定地點,以往游牧生活的薩米人,通常是向人借地、暫時圈養,便在一旁搭起帳篷住宿照料;現代已習慣定居的薩米人,則是在湖畔郊外蓋起木屋和圍欄長期放養。

牧人生活一日體驗在清晨展開,早起上工第一件事就是掃灑整潔、清理雪地中的糞便。馴鹿不須時時呵護,但冬季圈養缺乏豐美水草時也需人工餵食;寒冷的季節中,馴鹿的主食從青草變為苔草地衣,牧人要趁大地冰封前就收割地衣、儲藏起來,每天定量餵食、滿足馴鹿整個冬天的食物需求。另外,牧人

平均一週會殺一頭鹿,鹿肉僅供自給自足,市面上賣的肉品則須送至歐盟認證的屠宰場宰殺。即便是現代,薩米牧人殺鹿也不假他人之手,很難想像薩米幼兒園中就開始教導孩童用刀刨割鹿肉的技巧,但對每位牧人來說這都是必備身手。

在網路上搜尋可以發現伊納利有幾個開放觀光的馴鹿牧場,有些較商業化專接團體參訪,有些則是閒暇之餘願意與遊客分享養鹿生活、教導製作薩米鹿皮鞋及鹿骨餐具。馴鹿牧場通常都距城鎮中心車程 20 分鐘以上,牧場主人不一定提供接送,可自行以電話預約計程車前往。

Must Do / 02

乘坐馴鹿雪橇

馴鹿雪橇是薩米人傳統的交通工具,現代雖已被雪地摩托車取代,但來到拉普蘭絕對不能錯過這項傳統;無論是請牧場主人安排,或直接向活動公司報名行程,都可體驗特別的馴鹿拉雪橇。一隻成年馴鹿大約可拉載 130 公斤左右的負重,北極圈惡劣的氣候和環境讓馴鹿進化出了強壯的體格和鹿蹄,可以在深雪密林中長途跋涉,因此成為極地移動的最佳幫手。體驗式的馴鹿雪橇隊伍由薩米族人領頭,我們則躺臥在鋪滿毛毯的木製雪橇中享受片刻寧靜,雪橇行進平穩、速度緩慢,大約與人類步行的速度無異,很難想像馴鹿最快速度竟可達每小時 80 公里左右!

每年 3 月底極光季尾聲,伊納利會舉辦一場盛大的馴鹿賽跑,是芬蘭全國總決賽,別看馴鹿平時動作緩慢慵懶、拉著車也是緩緩徐步,但在專業騎士的駕馭下真正奔跑起來可是既勇猛又迅捷。賽跑會場周邊則提供當地薩米小吃,如鹿肉乾、肉桂捲、奶酪咖啡等等,宛如一個熱鬧的冰上園遊會。

📍 Tuua Airamo 馴鹿牧場官方網頁:
https://tuulasreindeer.weebly.com/
伊納利計程車預約:+358 400982477

Must Do /03

極簡生活靜待極光

選擇住宿在 Tuula Airamo 牧場，方圓幾里除了森林和湖泊以外、什麼都沒有！找不到商店、沒有電視、網路龜速，脫離文明的生活只能一切從簡。從餐食開始，最標準的早晨活力來源只有一杯咖啡加一片巧克力；中午煮些溫熱的莓果麥片粥，搭配牧場主人醃製的蘑菇一起食用；晚餐則是麵包、馬鈴薯，偶而有些馴鹿香腸或魚肉。

牧場的一切都自給自足，照顧鹿群之外，先生負責砍樹劈柴、太太擔綱家事做飯。想像住宿在牧場生活必定很無聊，但隨意散散步、餵餵鹿、堆堆雪人、躺在床上看本書，一天竟也就寧靜順遂地度過。黑夜升起時，牧場女主人熱心地指導我們如何尋找極光！她說極光通常在天剛暗時、從北方的天空中浮現，一開始它會泛白、讓人以為是雲朵，但漸漸地顯出絢爛、開始舞動。身經百戰的牧場女主人自願當我們的極光觀測員，並不厭其煩地帶我們多次出門、小跑步衝向結冰的湖心，幸運地讓我們欣賞到難能可貴的極光大爆發！雖然手腳在零下 30 度凍到失去知覺，但被大自然女神包圍的幸福感難以言喻，真心認定這就是一輩子值得追求一次的目標！

冰上移動玻璃小屋

伊納利湖畔有幾棟知名的冰上移動小屋，每年湖水結冰季，小屋主人便會用冰上摩托車、每晚拉著移動小屋抵達伊納利湖中央，遠離塵囂、拒絕光害，在伸手不見五指的湖心等待極光到來。

一到達臨湖而建的營地，就看見數座不同大小的移動小屋羅列佇立，方正造型像在白雪大地中散落的幾塊積木。屋內空間不大，雙人床佔據了一半坪數，但生活機能健全，有 24 小時的暖氣，有電力可充電和提供微弱燈光，也有露營用的攜帶式馬桶和乾洗手可暫時解決三急。移動小屋停駐在營地主屋前，主屋設有餐廳、廁所浴室、洗衣間，提供基本所需，也可在此與世界各地的旅人談天交流。

每晚 8 點，民宿主人 Esko 會駕著雪上摩托車，類似拖吊違停車一般，把每座小屋連人帶房一一送至湖中央。拖曳過程是前所未有的體驗！像待在地震測試實驗室裡，整棟房子劇烈振動搖晃，抖得東西也散落、人也站不穩，偶而還會卡在雪中停滯不前，還好大約 10 分鐘路程，在暈車前順利抵達目的地。除了讚嘆移動小屋麻雀雖小五臟俱全，也為它的堅固耐震深感佩服！

I N F O

冰上移動玻璃小屋
地址：Sarviniementie 114, 99870 Inari
前往方式：提供免費接送往來於營地和公車站「K-market Inari」之間，步行則約 25 分鐘。
官網及預約：https://www.lakeinari.com/

地圖　　　　官網

{ 北歐現象 }

設計即生活

民宿主人 Esko 白天是消防員，業餘自行研究如何用木材設計建造一棟小屋？如何裝上玻璃屋頂？如何把雪橇裝在屋下使其能移動？如何充電並儲電供暖？如何解決廁所排泄問題？

老闆與我們分享他的靈感來源：他曾在夜晚的伊納利湖冰上滑雪，黑暗而靜謐的空間讓他感到放鬆，幸運遇上極光時更令人驚嘆！他總想在湖中央待很久，但刺骨的寒冷總是把他驅離，於是他想著乾脆建造一個小型、方便攜帶的房子，可以將它移到湖冰上舒適地享受寧靜氛圍。2014 年春天他開始打造小木屋的原型，Esko 向我們展示著從第一代到第三代，每間小屋大小不一、各有改良和特色，並且每年推出新款。

我們常欣賞北歐風設計、羨慕北歐人豐富的創造力，來到當地才發現：設計就在他們的生活當中！人人都會水電、各個都能劈柴造屋，不用專研學位也可透過日常興趣展現驚人的設計成果。小學生總立志當發明家，但是生活在便利台灣的我們曾幾何時想過自己發明些什麼？創意來自於生活中實踐的態度！很開心北歐人讓我在冰湖中獲得這個啟發。

Must Do /04
躺著看極光

燈光微弱不能看書，電力有限必須節約使用手機，湖中央也絕對沒有網路，唯一能做的事，只有望著天空、專注等待。移動小屋的屋頂及側面，全是玻璃和壓克力製成的透明結構，躺在床上即可將天空和冰湖一覽無遺。

極光最大殺手是雲層、其次是光害，專業極光獵人追逐的最佳位置絕對是遠離建築、伸手不見五指的冰湖中央。但對一般遊客來說人生地不熟，很難真正在大半夜待在冰湖中等極光，移動小屋就是最棒、最安全、又最溫暖的方式！躺著追極光的幸福，不用仰著頭導致脖子痠痛，不用站在冰天雪地的戶外發抖，不怕錯過任何時刻。待極光一探頭便可衝出小屋，在全無遮蔽的浩瀚天地間，享受神秘宇宙帶給我們的自然驚喜。

Must Do /05
等待地平線的日出

伊納利的永夜期間通常在 12 月 3 日到 1 月 11 日之間，極光季大多數期間仍能擁有白天、擁抱日出。日出時間可能在上午 7 點到 11 點之間，隨著月份時節不斷移轉。

清晨起床步出移動小屋，放眼望向四周白茫茫的平坦湖面，當真有一種「世界是平的」感受。望向東方地平線，幾乎失去熱能的太陽，從天與地的交界處緩緩爬起，在零下 30 度氣溫下散發金黃微光、努力釋放著溫度。北極圈的寒冬日出難能可貴，太陽不會升空高掛、只含著地在天穹邊緣游移，這是我們身在亞熱帶難以體會的特殊景致。

📍 日出時間參考：https://www.gaisma.com/en/

Must Do /06

來場芬蘭浴

全芬蘭只有 550 萬人口,但有 220 萬個桑拿浴池。桑拿不但讓芬蘭人在嚴寒的天氣中增添溫暖、活絡血脈,更是生活及社交的一部分。工作後桑拿、運動後桑拿、朋友相聚時桑拿、甚至連公事也可在桑拿中一併談完。

傳統芬蘭桑拿是在木造烤箱中,燒柴加熱火爐上的石頭,再淋水在滾燙石頭上產生高溫蒸氣,以此升高體溫、逼出汗水。其實原理跟台灣三溫暖或韓國汗蒸幕類似,有些芬蘭人還會使用白樺木樹枝拍打身體,來促進新陳代謝。逼出汗水的下一步驟則要冷卻,冷卻的方法有很多:沖冷水、坐在寒冷戶外、敷上冰雪,許多芬蘭人甚至沉迷在熱氣騰騰的蒸氣浴過後,跳入冰湖中冬泳、享受冰火五重天的威力!他們認為這樣不但可促進血液循環、有益健康,更能增加活動力!

許多觀光客來到芬蘭會前往桑拿浴場體驗,但在北極圈大部分居民家中都設有桑拿,因此當地人反而不上澡堂。Esko 的移動小屋營區就有一棟桑拿,可以從劈木燒柴開始自己動手,在 80 度的烤箱中把身體暖得通紅後,更可在雪中打滾、或奔入湖中,來場最道地刺激的芬蘭浴療癒身心。

薩米博物館——體驗薩米生活文化

伊納利有三分之一的人口為薩米人，但如果你與他們相遇，會發現雖同樣自稱薩米人，各自長相卻截然不同：有些黑髮棕眼、有些紅髮藍眼，有些單眼皮高顴骨、長相與蒙古人類似，有些卻臉寬鼻樑低、與東南歐的種族相似。其實薩米族的人種起源在科學上仍待考證，僅知他們的祖先可能遠從石器時代就聚居在芬蘭及俄羅斯西北部，過著游牧、捕魚和以物易物的生活，遺傳基因裡則涵納了歐亞和印度人種的血統。薩米人擁有自己的語言，其中形容雪的字詞竟有 200 種，包括正在落下的雪、積在地上的雪、硬得像球一般的雪、迷濛像雲霧一般的雪……各式各樣的雪況只要說一個字便能讓彼此理解；另外跟馴鹿有關的字則超過 1000 個，可見薩米人的生活就是無時無刻與雪和鹿為伍。

在伊納利城鎮周邊最熱門的地點無疑是被稱作「Siida」的薩米博物館。博物館面積雖不大，卻詳實呈現著薩米人的歷史、文化和居住地區的生態。主要展覽廳像一個時光通道，把薩米人古今生活的點點滴滴都濃縮匯聚，於是我們可以看見馴鹿雪橇和雪地摩托車並駕齊驅、傳統服飾和烹飪美食都不斷演變進展。最驚喜的是看見許多栩栩如生的極地生物標本：冬眠的熊媽媽、雪地奔馳的白狐、天際翱翔的獵鷹，無論是薩米族人或動物都能在冰寒雪冷的嚴苛環境中找到生存之道。

Siida 的劇院中每天播映當地捕捉到的精彩極光影像，推薦給喜愛拍攝極光的旅人；戶外則有露天博物館，展示著薩米傳統帳篷、狩獵捕魚工具、考古遺跡、和農舍或倉庫等芬蘭原始聚落建築，不過露天博物館僅有夏季開放。館內的咖啡廳被當地人譽為值得前往的美味餐館，城鎮上的餐廳選擇

其實並不多，如果想吃點炒鹿肉或燉鹿肉簡餐，可以考慮花 15 歐元來此嚐嚐鮮。

與 Siida 一河相望的對岸，有座由深色松木和玻璃構成的醒目建築「Sajos」，這是薩米文化和行政中心，芬蘭的薩米議會、薩米教育中心、薩米檔案資料館、拉普蘭省辦事處，以及其他一些相關協會都設立在此，它同時也是拉普蘭北部最大的藝文活動場所，最負盛名的芬蘭原住民音樂節便是每年 8 月都會在這裡舉辦，是個適合散散步、拍拍照、感受薩米風情的景點。

INFO

薩米博物館 Siida
地址： Inarintie 46, 99870 Inari /
Mene-sjärventie 2, 99870 Inari
前往方式： 由城鎮中主要巴士站「K-market Inari」沿著
E75 公路步行 15 分鐘。E75 公路沿路有兩家超市、加油站、
紀念品商店可供日用採買。
Siida 官網： http : //www.siida.fi
Sajos 官網： http : //www.sajos.fi

Siida 官網

Sajos 官網

薩米博物館地圖

Must Do /07

手作薩米工藝品

薩米人因為經過長時間的種族融合，外表已非一眼就能輕易辨識，但他們至今仍熱愛傳統的鹿毛靴、習慣揹著一個鹿皮腰包、身上帶著一把彎刀，因此穿著和飾品也許是最容易認出薩米人的方式。

其中像小丑鞋一般尖尖的純手工鹿毛靴最令我好奇！前往北極追極光，我們的配備絕對是專業雪靴加上幾層厚毛襪，但卻親眼見證薩米人只要在毛靴中塞些乾草，就能抵禦零下40度的天寒地凍，且鞋尖鉤子設計能讓靴子固定在雪橇上，更利於雪中行走。看著

馴鹿牧場主人每天穿著鹿毛靴忙進忙出餵養群鹿；在路上遇見為我指路的薩米奶奶，更向我展示她親手縫製準備送給孫子的一袋鹿毛靴。千百年傳統延續至今日，這種由鹿頭皮毛製作而成的保暖功臣仍是薩米人最愛。

來到伊納利，可以考慮買雙鹿毛靴當作紀念，薩米傳統工藝的刀叉餐具、樂器、日用工具也適合打包帶走。自己動手製作更是樂趣無窮！伊納利當地有些薩米人家提供手工藝坊的活動行程，不但親自示範鹿毛靴製作穿搭，也讓遊客親手體驗，舉凡馴鹿皮毛、皮革、鹿骨、鹿角都可當作材料，自己縫製腰包或簡單製作項鍊手環等首飾，是體驗薩米生活的最佳紀念品。

官網及預約：
https://www.reindeerworkshop.fi

Must Do  /08

買些極地零食

人跡杳然的北極圈，可不是處處都有便利商店，因此隨身儲備糧食是一件重要的事。逛逛極地超市，常見的洋芋片、巧克力等價格稍貴，仍然種類多元一應俱全；但屬於極地特產的零食則是此處絕有。最特別的是動物零食：包括麋鹿肉乾、馴鹿脆餅、熊肉罐頭。芬蘭全國有 30 萬人擁有打獵執照，只要符合狩獵季節，棕熊、馴鹿、麋鹿、狐狸等極地野生動物都可合法獵捕，也製成攜帶方便又可補充熱量的零食。不過這些零食的售價可不親民，一個熊肉罐頭將近台幣 1 千元、一小包鹿肉乾也是 8 塊歐元起跳，對於我們這些盤纏不多的背包客來說只能淺嚐則止。

另一種極地零食是夏季時滿山遍野離離蔚蔚的野莓和菇蕈。極地野莓種類繁多盛產，商店中常見的就有蔓越莓、雲莓、覆盆子、藍莓、越橘莓等等，果乾、果醬、加工糖果巧克力都是便宜又常見的食品，冷凍鮮果更讓我們在極光季仍可吃到原汁原味的鮮甜。菇蕈則常製成醃菜罐頭，搭配麵包或肉類食用。

而最吸引目光的零食莫過於「馴鹿糞便」！乍看這幾個字嚇了一大跳，雖然也見聞過大象糞便作成草藥、麝香貓糞便烘焙咖啡，但從沒聽說馴鹿排泄物也可食用？！仔細研究才發現原來僅是外型很像馴鹿糞便、芬蘭人稱甘為「Salmiakki」的甘草糖！有北歐國民糖之稱甘草糖是北歐人極愛、亞洲人卻覺得極其詭異的糖果，除了高度濃縮的甘草和八角味以外、還常添加茴香油，口味不是特甜、就是特鹹，好像把醃漬過度的中藥當糖果在吃的感覺，當地人說吃久了會回甘、但我們真的只有皺眉和哀號！只是看在一包只要 2 歐元、帶回國又可惡整朋友的份上，「馴鹿糞便」的確是種不錯的伴手禮！

被稱為馴鹿糞便的乾草糖

常見的極地零食馴鹿肉乾

琳瑯滿目的熊肉罐頭、鹿肉罐頭

瑞典基魯納

Kiruna 67° 51′ N 020° 13′ E

📍 雪橇狗農場

Kiruna

Sweden

Stockholm

📍 基魯納教堂

📍 LKAB 礦產中心

基魯納（Kiruna）這個字的原意是生長在北極凍原帶的「岩雷鳥」，可想見在這生活得有本事和岩雷鳥一般常年適應冰雪嚴寒才行。這個位在極圈以北 145 公里的聚落屬於拉普蘭省，居民不到 2 萬人，是瑞典國境最北的城鎮。

抵達基魯納的第一印象是被一座鐵灰色的岩山環繞，山面一層層的階梯像神殿般往上延伸、使它看起來格外巨大。這片由山脈和湖河環繞的區域自古以來都是薩米人游牧生活的家園，但從 19 世紀開始鐵礦成為這個城鎮的經濟發展命脈，人口也隨之遷移定居。然而較少人知道，現代的基魯納是以太空科技聞名，1960 年代雅斯蘭吉航天中心（Esrange Space Center）成立後，結合歐洲航天總署及周邊大學城，主要研發高空氣球、火箭，以及衛星追蹤的太空探測，當然也少不了極光研究！一進基魯納公車總站，就可看見高大筆直的一座火箭矗立眼前，代表著這個城市的驕傲。

而原本基魯納周圍的兩座山 Luossavaara 和 Kiirunavaara 都是礦坑，後來前者停止開採、改建滑雪場，基魯納便因為地形卓越、長而穩定的積雪期、位處交通樞紐等優勢，成為越野高山滑雪、狗拉雪橇、雪地摩托車、滑冰等冬季運動的熱門地點；每年 1 月的最後一週還有為期 5 天的冰雪節（Snow Festival），舉辦雪雕、冰上遊樂園、雪橇競賽等適合全家同樂的活動。1990 年起，基魯納東邊 15 公里的河畔築起了一座冰旅館，加上追逐極光的夢幻魔力，更使這裡成為瑞典北部最受歡迎的觀光勝地。

◆ 抵達方式

❶ 從首都斯德哥爾摩搭乘 SJ 火車抵達基魯納火車站需 16 小時左右，直達車並非每日有班次、且僅有夜車，票價是每日浮動的，二等車廂（座位）票價約 1000 瑞典克朗（折合台幣約 3000 元）、最便宜的六人臥鋪票價約 1150 瑞典克朗（折合台幣約 3500 元）。

瑞典國鐵訂票

❷ 從首都斯德哥爾摩搭乘飛機需 1.5 小時抵達基魯納機場，挪威航空及北歐航空皆直飛，優惠機票約台幣 2000 元起跳；再轉乘公車（上車買票 / 可刷卡）約 20 分鐘車程可抵達市中心。

挪威航空訂票

❸ 倘若一次遊歷北歐極圈各國，可從挪威邊境城市 Bjørnfjell 搭乘 2 小時車程的瑞士國鐵 SJ 火車來到基魯納、票價約 500 元台幣；或從芬蘭邊境城市 Tornio（同一城市在瑞典稱作 Haparanda）搭乘 6 小時的公車來到基魯納、票價約 1500 元台幣。

北歐航空訂票

● 瑞典國鐵訂票網頁（英）：https：//www.sj.se/en/home.html
● 挪威航空訂票網頁（英）：https：//www.norwegian.com/en/
● 北歐航空訂票網頁（中）：https：//www.flysas.com/cn-zh/
● 瑞典長途巴士時刻表網頁（英）：https：//ltnbd.se/en/plan-trip/

瑞典長途巴士時刻表

＊瑞典國鐵訂票網頁會阻擋外國人的 IP，當地人連上網頁沒有問題。在台灣使用 app 可正常使用。

◆ **最佳極光欣賞方式**
❶ 狗拉雪橇前往森林看極光,遠離市區光害。
❷ 住宿冰旅館,夜晚時分站在門外等候。

◆ **建議漫遊方式:步行 + 公車**
位在城鎮中心的景點、商場或遊客中心以步行距離可抵達;
火車站或郊區主要景點皆有公車抵達。參加所有雪地活動皆
有專車接送。

INFO

基魯納遊客中心 Kiruna in Swedish Lapland
地址:Lars Janssonsgatan 17, 981 31 Kiruna
營業時間:週一~五 10:00 ~ 15:00
基魯納觀光局官網(英):https://www.kiruna-lapland.se/en
基魯納冰雪節資訊(英):https://www.snofestivalen.com/kiruna-snow-festival-1

地圖　　　官網　　　冰雪節相關資訊

{ 在地人推薦必吃 }

醃鯡魚 Surströmming ／ Pickled herring

「醃鯡魚罐頭」號稱世界上最臭的食物！開罐時的噴汁，和隨之而來的發酵味都讓人聞之色變，許多機場、航空公司和飯店甚至下令禁止攜帶此種食品。然而真正的醃鯡魚竟是擁有百年歷史的瑞典傳統美食。

瑞典東臨波羅的海，每年春季 4 月至 5 月是鯡魚盛產期，波羅的海鯡魚雖體型較小，但肉質鮮嫩、加上價格便宜，一直以來都是瑞典平民美食。新鮮鯡魚會片成魚排，用烘烤、油煎方式料理，市場熟食區許多攤位都現烤現賣，撲鼻香味很難忍住嘴饞、必定會點上一份。至於產量過盛的鯡魚，則使用鹽巴發酵或各種醬料醃製防腐，以便全年享用。

醃鯡魚本是家常料理，瑞典北方各家都會製作、且食譜人人不同，但後來製作成罐頭廣為販售後，竟讓它聲名大噪、「逐臭」全球。倘若讓我單吃罐頭，我可能也是冒著挑戰精神、捏著鼻子淺嚐則止！但真正來到北極圈餐桌上，才發現這道料理不但不恐怖、且變化多樣！醃鯡魚肉會拌入優酪、奶油、芥末等醬料，再加入韭菜、紅洋蔥丁、番茄、蒔蘿等等佐料，吃起來味道不但不腥臭、口感更介於生熟魚片之間的軟脆滑嫩，搭配著水煮蛋、馬鈴薯、麵包、或北歐脆餅一併享用，營造著記憶中專屬於瑞典的美味，值得推薦！

如果想要嚐嚐這道瑞典國菜，建議找家 buffet 自助餐廳，當中令人嘆為觀止的醃鯡魚百匯（sillbord）不但能一次品嚐多種口味，更體驗每年鯡魚季瑞典人分享不同醃製法的美食傳統。

冰旅館

世界上第一家冰旅館（Ice Hotel）就座落在基魯納東方的 Jukkasjärvi 小鎮中，它的濫觴其實是一場陰錯陽差：這原是薩米市集的聚落，因鄰近結冰的托納河（Torne River），不時有冰雕藝術家就地取材在此創作策展。1989 年一位法國藝術家在當地打造一座圓柱形的冰屋展覽室，正巧某晚鎮上旅館沒有空房，一些遊客要求在這冰屋中過夜，於是他們睡在馴鹿皮和睡袋中，成為冰旅館的第一批客人。

1990 年 12 月冰旅館正式開幕，旅館建物、內裝、床鋪、桌椅全用冰雪製成，整座旅館共有近百間客房，並設有酒吧、教堂、接待大廳等公共區域。一磚一瓦、各個角落的精心設計，都是募集全球冰雕藝術家的提案創意，每年評選出 50 位藝術家前來建造，每間房都是創作者的心血、獨一無二無法複製的藝術品。

I N F O

冰旅館 Ice Hotel
地址： Marknadsvägen 63, 981 91 Jukkasjärvi
門票： 參觀門票於冰旅館門口的紀念品店購買，成人票 349 瑞典克朗（將近台幣 1050 元）。
開放時間： 10：00 ～ 18：00。每日有 2 場 45 分鐘左右的英文導覽。
住宿資訊： 僅開放每年 12 月中到 4 月中可入住，最早入住時間為 18：00，退房時間為隔天上午 8:00 以前，房價是每日浮動的，淡季特價房型最低房價約 7000 瑞典克朗（折合台幣約 2 萬 3 千元左右）起跳。
前往方式： 從基魯納公車總站搭公車直達「Jukkasjärvi Icehotel」，一天約 7 個班次，車程 30 分鐘，票價約 47 瑞典克朗（台幣 140 元左右）。
官網及預約： https://www.icehotel.com

地圖

官網

雖然冰旅館的建造期是每年 11 月，但真正採集冰磚卻是冬末的 3 月份。經過一整個冬季，此時的河水已結冰得十分厚實，走在冰旅館河畔看著機具切割 2 公尺高的巨大冰塊，逐一吊掛載送搬運上岸，再儲存至冰庫中，會驚嘆這實在是個了不起的建築工程！直到春天來了、一切都融化，一棟棟建築物像海市蜃樓般夷為平地，全數回歸到托納河中，若說這是世上最環保的建物也不為過吧！僅存在於 12 月到 4 月的一座「會消失的旅館」，還被列為瑞典的七大奇蹟之一呢！

不過自 2016 年開始，冰旅館推出了常設建築 Icehotel365，位於低溫室內有 20 間永不融化的冰雪房，即使不住宿也可以購買門票入內參觀，讓遊客一年四季都可以體驗睡在冰宮中、化身冰雪女王的樂趣。

Must Do  /01

躺上寒玉床

西方遊客進入冰旅館中，各個覺得來到《冰與火之歌》場景、或總擺出《冰雪奇緣》的愛爾莎 pose 來拍照；我們則不由自主把這裡與武俠小說的小龍女聯想在一起；畢竟整片冰床與從小在電視上看見的寒玉床一模一樣，且躺在上面也同樣「奇寒難熬」呢！體驗臥在「極北苦寒之地的數百丈堅冰」，即使床上鋪有馴鹿皮毛仍是冷得打哆嗦，真希望一覺醒來就能練得一年抵十年的功力！

冰旅館從天花板到地板都是冰雪打造而成，微弱燈光打在透明冰面，澄清剔透有如幻境；房中冰雕各自訴說著不同故事，從外太空到深海底、從魔幻風到極簡創意，進出一間間冰魂雪魄打造的美術展間，處處藏著驚喜！鑲著片片雪花的浪漫教堂，甚至吸引許多情侶到此舉辦婚禮，聖誕節也特地舉辦冰雪彌撒讓大家在唯美的氣氛下祝禱來年。不過室溫維持零下 5 度，不耐寒的我們很快就跑去餐廳尋找暖氣了，雖然住宿會提供極地睡袋，但還是很難想像如何在此換得一夜好眠？難怪連旅館官方都不建議連續住兩晚、且要求住客 12 小時左右就得退房呢。

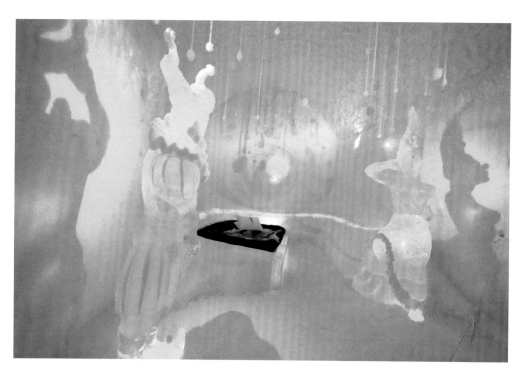

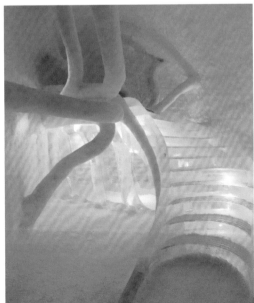

Must Do /02

喝冰杯雞尾酒

電子音樂彌漫、酒瓶陳列繽紛，讓人頓時以為來到夜店，冰旅館中的冰酒吧同樣在晶瑩夢幻中帶來透心涼的特別體驗；桌子、椅子全是冰塊打造，酒吧的玻璃是冰、吧台的中島也是冰，連每一杯飲料都用冰杯盛裝。防寒配備全副武裝的酒保親切接待我們，他說一天要在這冰窖中工作 8 小時，但他是習慣嚴寒的拉普蘭本地人，相較於戶外動輒零下20 度，負 5 度的冰酒吧其實還算溫暖，熱情話家常的同時，當然也極力推薦我們喝杯酒怯怯寒。

酒單上有一道「熱巧克力」讓我極度好奇！懷疑它如何裝在冰杯裡？是冰火五重天的概念嗎？本想點一杯來大開眼界，但酒保澄清只有這一項不是使用冰杯，及時阻止我花大錢傻傻點一杯再普通不過的巧克力。酒保推薦瑞典知名伏特加品牌 ABSOLUT 的特調雞尾酒，一杯 145 瑞典克朗（約 440 元台幣）不算過分昂貴，喝完大致有以下感想：第一、很冰；一直捧著冰杯會凍僵手指。第二、很滑；冰杯非常溜手，隨時可能把飲料打翻或把杯子摔破。第三、很凍；以口就杯啜上一口，嘴唇含在冰上，霎時有種凍傷的錯覺。第四、很快消逝：每喝一口，杯緣就因嘴巴的熱氣而融化一小缺口，要比飲料喝得快、還是杯子融化得快？得把握時機好好品嚐。第五、很環保；冰杯都是特製且無法重複使用的，喝完酒就把杯子砸破，全不製造垃圾。

Must Do /03

冰旅館等候極光

相較於基魯納城鎮，位在托納河畔的冰旅館周邊的空曠平坦、光害稍少，較有機會見到極光。不過等待極光有時像種漫長的酷刑，若在冰旅館這種室內室外都是冰、長時間低溫的環境，真的難有耐力支撐下去。還好冰旅館其實有「暖房」可住宿，價格大約都在3500瑞典克朗（折合台幣約10500元左右），不但比冰寒四面的房間更加便宜，也更適合蹲點期待極光。也許在門前、窗邊，窩在暖氣旁抬頭仰望觀察，待極光出現後再奔跑到清瑩秀澈的冰塊建築前與極光一同合影，留下童話般奇幻的相片。

冰旅館本身也提供雪上摩托車隊追極光的活動，備有保暖的極地專用外套，可載送住客至河中央、曠野間等待極光，並在途中提供熱茶和暖呼呼的餐食，畢竟晴朗天空、遠離光害是狩獵北極光的不二法門，剩下的就是耐心等待和一些好運囉！

雪橇犬 — 雪地最熱情的動物夥伴

自古以來許多極地民族都有養狗傳統，一來狗能協助打獵，二來狗能準確辨認方向、以免在白茫茫的雪地中迷路。這些忠誠的獵犬除了冬天拉雪橇、夏天馱重物，還會為主人預警危險、甚至願為救主人而犧牲生命。難怪說狗是人類最忠實的朋友，也是冰雪中最熱情的夥伴。

傳統的雪橇犬通常是哈士奇，牠們具有極地狼的血統，體型巨大，且濃密的雙層皮毛非常耐寒，寬厚的腳掌讓牠們利於行走於雪地，豎立的耳朵、捲曲的尾巴都顯示牠們天生擁有健壯體魄。在過去，從極地生活的狩獵遷移、到科學家的極地探險，狗拉雪橇都扮演重要地位。曾看過一百年前北極探險的紀錄片，即是將成群的哈士奇犬帶上航向北極的汽船，待靠岸後再用繩索將狗兒一隻隻吊掛垂降登陸，展開組隊拉車、奔向極心的旅途，十分有趣。又想起賺人熱淚的電影《極地長征》，看著在冰雪風霜中奮力求生、團結互助的 8 隻雪橇犬，教人怎能不愛牠們呢？

時至今日，飛機車輛已取代雪橇犬在極地交通扮演的重要性，但雪橇犬競賽反倒成為北歐非常受歡迎的冬季運動，有競速、也有耐力賽，許多世界級隊伍常年訓練只為在冬季大展身手；而「狗拉雪橇」（Dog Sledding）更是極圈中熱門的旅遊活動。在基魯納有數家活動公司提供狗拉雪橇體驗，相關資訊可以在遊客中心找到；最陽春便宜的行程是乘坐 1 至 2 小時、費用約 900 瑞典克朗（折合台幣約 2700 元）。不過我實在不甘願當個只搭雪橇的觀光客，又正巧得知基魯納周邊有許多雪橇狗農場，因此決定前往住宿，了解這些雪橇犬和養犬人的生活。

Must Do /04
雪橇犬飼主體驗

一個農場通常擁有上百隻雪橇犬，不僅有毛色漂亮的哈士奇，沒有血統登記的米克斯也不在少數，農場主人說雪橇犬競賽是團隊戰，就跟打籃球需要高大的中鋒和敏捷的後衛一起合作，一隊雪橇狗也要安排不同品種、擔任不同功能，才能提升戰力。

照顧雪橇犬除了飲水餵食、清掃環境等日常打理以外，最重要的是訓練。一般雪橇犬都是從小開始訓練，因此農場教練帶著我們花費一個下午的時間訓練四個月大的小狗，包括喊指令後給予食物獎勵、訓練牠們團隊行動、訓練跳躍等等，最累的是跑給牠追、或追著牠跑，讓牠們盡情發展肌力、將來長成優秀迅速的雪橇犬。

傍晚時分，農場主人的三個小孩，對我說著我不懂的瑞典語，揮揮手要我跟著他們的腳步來到狗圈。像在表演、或者炫耀，小朋友爬進狗屋當中，與站直身比他們還要高大的雪橇犬抱抱、親親、擊掌，並且希望我用攝影機拍下他們。無論重複幾次，狗狗都無條件配合，人狗相處如此親近和諧在我的觀景窗中一覽無遺。

其實，住宿雪橇狗農場就是睡在一般木屋民宿，但最大的差異是不用鬧鐘！一早就會被此起彼落的嗚咽聲吵醒，這些狗狗不熱衷汪

汪吼叫，反而像唱歌一樣喜歡嗚嗚叫，而且整個農場簡直就是合唱團，不但有高中低音，還會對唱、輪唱、互相合唱，各個表情有戲、十分投入，看著牠們陶醉的表情實在很搞笑，能用開懷的心情迎接早晨。

雪橇狗農場官網及預約：
http://www.sleddog.se

狗拉雪橇自駕遊

搭乘狗拉雪橇不稀奇，你想過有一天能自己駕駛雪橇嗎？在基魯納你就可以實現這個願望！一支隊伍有 4 到 6 隻雪橇犬，按照不同功能列隊：最有方向感的會成為領頭隊長，牠跑大家就跑、牠停大家也跟著停；中間會挑選配合度高、體力好的狗兒，殿後則是後腿健壯又爆發力十足的狗兒。大家各司其職，整隊速度才能一致。

第一次指揮一群活潑好動的小狗拉車，實在有點擔心牠們不受控。因此教練會希望你先花時間與狗親近，一隻隻呼喊名字、摸摸抱抱牠們。但真所謂狗眼看人低呀！如果狗兒看你膽怯好欺負，就會設法把你的手套偷走、叼走、搶走，而且牠們下顎力量之大、無論你怎麼拉扯搶救都無法奪回手套，但主人一喊牠名字，馬上乖乖鬆口了。結論是：若要自駕，先想辦法討好你的領頭狗，並且看好你的手套！

實際站上駕駛座後，發現自駕雪橇並不如想像中困難，一方面出隊通常有固定路線、天天都跑，領頭狗十分清楚方向；再加上自駕時通常是好幾隊雪橇一起出發、一隊接著一隊，最前方隊伍由教練控制，因此後方狗隊會自動跟著前方走，駕駛者不須指揮左右，只要保持行車距離、在兩隊太靠近時適時踩煞車即可。奔馳在銀白大地中有動物們相伴，雖然迎面而來的寒風仍足以刺骨，但駕馭的感覺真的很棒！

Must Do /06

狗拉雪橇看極光

乘著狗拉雪橇看極光的好處是可以不斷移動,在森林、在荒野、隨時前往不同位置欣賞極光的變換;此外,在雪地裡讚嘆大自然的時刻,有一群溫暖熱情的小狗夥伴陪著,也是另一種浪漫。

因為追極光時天色全暗,因此狗雪橇一律必須由教練駕駛。行程大約 2 至 3 小時,中途會停在一個帳篷中,讓遊客烤火、暖和一下身體,也順便烤熱狗、煮咖啡,補充熱量後再踏上回程。

趁著帳篷烤火時與我們的教練聊聊天,他是位義大利人,為了成為雪橇狗職業選手而離鄉背井,7 年前搬到瑞典來展開與狗為伍的職涯。我隨意問起「讓狗拉雪橇是不是殘忍的觀光活動呢?」他說其實這些都是職業雪橇狗,牠們每年參加比賽,一路翻山越嶺、往返距離長達 110 公里,賽程最快也要跑上一個禮拜,所以每天讓牠們跑 10 公里以上都是正常的訓練;且一年四季都得跑、就連夏天無雪期也要拉著輪車跑,以免太久沒運動會肌肉萎縮。教練還說這些雪橇狗不習慣被關在狗屋,喜歡戶外、不跑不爽快,所以每次一要出隊都雀躍不已。當我們準備啟程,牠們真的每隻都興奮得又叫又跳,我再度一一抱抱牠們,謝謝牠們一路的乘載與陪伴,讓我度過一個特別的旅程。

礦產中心 —— 地底探險尋找礦脈

早在 18 世紀前，游牧在基魯納周邊的薩米人便知曉這裡藏有豐盛珍貴的礦石，但由於位置偏遠、氣候惡劣、又僅能使用馴鹿和馬匹來運輸，因此一直無法真正進行開採，直到 19 世紀因為鐵路交通的完善，才興起這個城鎮的經濟命脈。隨著鐵礦的開採，地質學家、工程師、礦工、牧師、商人等都紛紛湧進這塊寶地，各行各業興起、建設與社區逐漸成形，工礦城鎮基魯納也於焉誕生。

從基魯納沿著鐵道一路到挪威北部都可看見「LKAB」這四個大寫字母，這是瑞典國家礦業公司的名字，L 和 K 即是基魯納城鎮上的 Luossavaara 和 Kiirunavaara 兩座礦山，AB 則是瑞典文「有限公司」的縮寫。LKAB 有「歐洲鐵礦搖籃」的稱號，一天產出的鐵石就相當於 6 個艾菲爾鐵塔，經由鐵路運至挪威不凍港納爾維克（Narvik），再由貨輪運輸到德國、芬蘭、法國、遠東、中東、非洲等地，每年為瑞典帶來大筆外匯。

俯瞰這個街道整齊的礦產中心，擁有市政廳、車站、教堂、住宅區、大賣場等生活機能一應俱全，表面上看起來跟一般城鎮沒兩樣；但其實地面的公共建設大多是 LKAB 建設，地下一千公尺更蘊藏著另一個驚人的礦產世界，如果有機會來到這裡，千萬別放過勇闖地底的機會。

Must Do /07
化身礦工勇闖地底

LKAB 的鐵礦之旅曾被國際旅遊指南《Lonely Planet》評價為瑞典最好景點之一，遊程以基魯納遊客中心為起點，搭著 LKAB 的巴士，不僅載著大夥穿越市區開向礦坑口、更連人帶車駛入神秘的地下礦坑道，昏暗的燈光、永不見底的洞穴隧道，讓人有種不安卻刺激的感受。

向地心行進至地下 540 公尺的參觀礦坑（Visitor's Mine），這是真實的採礦環境，戴上工程安全帽，一邊跟著導覽人員操作五花八門的重型機具、一邊了解鐵礦是如何開發生產的。與大家想像不同，現代化的礦坑已不再需要人力密集的勞動、幾乎完全自動化，礦工也不再全身髒兮兮在環境惡劣的坑洞工作、只要坐在辦公室裡靠著電腦和遙控器即可採礦！對比著一旁鐵礦博物館展示的鐵鍬、鑿子、頭燈、礦車等各式各樣的復古採礦工具，彷彿看見今昔對比的歷史軌跡，著

實增添不少有趣又顛覆的新知識。

遊客所在的位置地下 540 公尺，其實是在 1980 年代就已挖掘的深度，目前 LKAB 採礦作業已深至地底 1365 公尺。猶記讀過探討「地底人」的文章，都會提到所謂「地溫梯度」：往地下每深入 1 公里就會增加攝氏 20 到 30 度。實在很難想像高溫又高壓的地底礦坑會是什麼樣貌？但在讚嘆科技高竿之餘，也矛盾地想起人類對地球資源的開發已無所匹敵，就算真有地底人也阻止不了，也不知是好是壞。帶著一些疑惑來到「地下咖啡廳」，導覽就此結束，遊客可在此享受熱騰騰的咖啡點心，還可帶點紀念用的鐵礦石回家珍藏。

INFO

參觀礦坑 Visitor's Mine

行程資訊：行程於基魯納遊客中心（Kiruna in Swedish Lapland）出發和解散，時間約需 2 小時 45 分鐘，極光季只有星期二、四、六有英語導覽行程，僅能在遊客中心官網預約、或現場親自報名。

票價：成人票價 450 瑞典克朗（折合台幣約 1350 元）。

基魯納觀光局（遊客中心）官網（英）：https://www.kirunalapland.se/en

基魯納觀光局
遊客中心官網

Must Do /08

基魯納教堂：百年木教堂拍張照

基魯納最具代表性的建築物絕對是基魯納教堂，這座歌德復興式的百年木造教堂建於 1912 年，靈感來自於「薩米帳篷」，象徵遊牧民族的自由。這是瑞典最大的木製建築之一，也被評為瑞典最受歡迎的 20 世紀初期建築，教堂與這個鐵礦最重要的關係，因為它是 LKAB 礦業公司贈送給當地居民的禮物。19 世紀後隨著礦業興起，基魯納湧入大量勞工，LKAB 開始快速興建住宅，也建設起生活相關的街道、教堂、更多周邊設施。

然而過去百年的挖礦竟已造成基魯納的地層不穩，部分地基已開始下陷，為了安全顧慮，2007 年開始政府已展開「遷城」計畫，由 LKAB 提供優惠的收購及搬遷補助，凡在礦場周圍的建築物都必須往東 3 公里搬移至 Luossavaara 山腳下一處重劃區，預計花費 15 至 20 年完成遷徙。目前市政廳和鐘樓已於 2019 年夏季拆除搬遷，基律納的新市中心已在 2022 年 9 月開幕。百年木造教堂也在搬遷範圍內，市政府預計在 2026 年將整座 600 噸重的木結構建築裝上拖車，搬到新地點，但顯然這項工程十分浩大、任務相當艱鉅。在它尚未改變樣貌、遠離市中心前，記得跟這歷史建築拍張照吧！

INFO

基魯納教堂 Kiruna Pastorat
地址：Finngatan 1, 981 31 Kiruna
營業時間：週一至週日 10:00 ～ 15:30 開放
前往方式：由基魯納遊客中心步行約 15 分鐘

地圖

{ 北歐現象 }

喜歡一致、不特立獨行？！

搭著巴士從芬蘭跨越國境來到瑞典，一路車窗外的景致頓時從繽紛溫馨變成深沉單調，厚雪間佇立的總是暗紅色斜瓦木屋，僅有少數點綴著鵝黃、深藍，不禁令我懷疑：這國家難道有規定房舍的顏色嗎？為何全像穿制服般漆滿紅色？

遇到一位瑞典司機，忍不住向他提出我的疑惑：「請問瑞典人很喜歡紅色嗎？」「喜歡啊。」他簡短回答，我接著追問：「因為喜歡紅色，所以家家戶戶都把屋子漆成暗紅色嗎？」他說：「對呀，隔壁鄰居漆紅色、我就跟著漆紅色。」我非常驚訝地問：「為什麼？」他理所當然地說：「因為瑞典人、尤其是我們瑞典北部人，不喜歡跟別人不同！最好大家都整齊一致，沒有誰看來突出或特別。」這樣的思維令人訝異，我以為設計聞名的北歐應該喜好天馬行空、推崇個人特色才是？！司機繼續說：「所以瑞典才有 IKEA 啊！別人設計好了，我們就把整套搬回家，每個人家中布置都一樣，不特立獨行！」

我後來認真查了暗紅色屋子的資料，發現它是來自瑞典中部的「法倫紅（Falu red）」油漆，且也與礦業有關：這座知名的法倫銅礦是具千年歷史、全世界最早的礦產區，也是瑞典重要的工業遺跡；2001 年甚至被聯合國教科文組織列為世界文化遺產。法倫紅漆是銅礦石提煉鍛燒後的副產物，與亞麻籽油和黑麥粉混合後形成了一種效果極佳的抗風化塗料，於是在 16 至 17 世紀風靡一時，廣泛用於粉刷木屋和穀倉；即便曾一度遭政府當局制止流行，但因價格便宜，19 世紀後貧窮的農村仍大量使用法倫紅漆，使它成

為瑞典鄉村標準的風格景致。

雖然證實暗紅色屋子是起源於國產油漆便宜耐用，但我似乎也無法否定瑞典司機說「喜歡一致」的觀點，畢竟買 IKEA 家具就是很可能跟別人家一模一樣！這段有趣的對話，讓我對瑞典文化又有更深一層的認識思考。

瑞典阿比斯庫

Abisko 68° 20' 57.65" N, 18° 49' 52.67" E

阿比斯庫是極圈以北 195 公里、靠近挪威邊境的一個小村落，村民不到 100 人，它之所以聞名遐邇，是因村莊以西有個知名的「阿比斯庫國家公園」。1909 年由瑞典科學家們提倡建立的阿比斯庫國家公園，是瑞典最早的國家公園之一，目的在保護北部地區的原始狀態、助益科學探索，至今一百多年這裡仍是動物、氣候、生態、環境、地質等研究的重要基地。

阿比斯庫臨著瑞典最大湖泊、面積 330 平方公里的托納湖（Torneträsk），從湖畔望見的 U 型山谷（Lapporten）則是這裡最特殊視覺印記；更因為天氣較沿海地區穩定、環境純淨杜絕汙染、地處偏僻全無光害，號稱全年有 300 天都可看見極光，成為追極光旅人的夢想聖地。

但這個小村莊算不上旅遊名勝，全村僅有 4 間旅館、國家公園中有 1 間青年旅社，全數約 500 個床位在旺季時節可能半年前就滿房了，所以想來阿比斯庫得盡可能提早規劃。另外，村中沒有餐館，除了偶爾開張的鹿肉漢堡餐車以外，只能在旅館附設的昂貴餐廳用餐，或在唯一一家超市購物、自行烹飪，若住在無法開伙的旅館中，只好像我一樣時時與泡麵為伍了。

◆ **抵達方式**

❶ 從首都斯德哥爾摩搭乘 SJ 火車抵達阿比斯庫火車站（Abisko Östra）、或國家公園中的阿比斯庫遊客中心（Abisko Turiststation）需 17 小時左右，直達車並非每日有班次、僅有夜車，二等車廂（座位）票價約 1050 瑞典克朗（折合台幣約 3200 元）、最便宜的六人臥鋪票價約 1200 瑞典克朗（折合台幣約 3600 元）。

瑞典國鐵訂票

❷ 從首都斯德哥爾摩搭飛機約 1.5 小時抵達基魯納機場（Kiruna Flygplats），轉搭一天一班的直達巴士前往阿比斯庫火車站（Abisko Östra），車程約 1.5 小時，票價約 231 瑞典克朗；或從機場搭計程車前往基魯納火車站，再轉搭一天二至三班的瑞士國鐵，車程約 1 小時，票價約 137 瑞典克朗。

瑞典長途巴士時刻表網頁

❸ 從挪威邊境城市 Bjørnfjell 搭乘瑞士國鐵 SJ 火車至阿比斯庫火車站，車程約 50 分鐘，票價約 72 瑞典克朗。

● 瑞典國鐵訂票網頁（英）：https：//www.sj.se/en/home.html
● 瑞典長途巴士時刻表網頁（英）：https：//ltnbd.se/en/plan-trip/

* 瑞典國鐵訂票網頁會阻擋外國人的 IP，當地人連上網頁沒有問題。在台灣使用 app 可正常使用。

◆ **最佳極光欣賞方式**

❶ 夜晚時分站在門外或走到湖邊等候。
❷ 參加當地的極光團。

◆ **建議漫遊方式：步行＋專車**

阿比斯庫火車站是一個無人服務的車站，小村莊座落於湖邊及火車
站周邊，民宿、超市都可由火車站步行抵達。冬季湖面結冰後，亦
可步行前往湖中央進行各項冰上活動，無光害污染的湖面也非常適
合觀看極光。國家公園位在村落以西 4 公里，可搭乘一站火車、於
Abisko Turiststation 下車後，步行至國家公園，國家公園總面積 77
平方公里，冬季僅部分步道開放。阿比斯庫周邊大眾運輸，只有火車
和班次稀少的巴士以外，因此參加所有雪地活動皆需有專車接送。

{ 在地人推薦必吃 }

瑞典肉丸 Köttbullar

世界各地的 IKEA 都能吃到瑞典肉丸，絞肉加上麵包粉、牛奶、蛋、洋蔥等調料製成，嚴格說來跟台灣的獅子頭做法很相似，只是尺寸比較迷你精巧。瑞典肉丸一般是用牛肉、豬肉或雞肉製作，但隨著地域不同也有羊肉、鹿肉各種變化。肉丸和排餐一樣是正餐主菜，一盤約有 8 到 10 顆肉丸，佐莓果沾醬、配著馬鈴薯泥和肉汁一起食用，是最正統的瑞典滋味。

但瑞典官方的推特在 2018 年 4 月的某天，竟推文說：「瑞典肉丸其實是根據查爾斯 7 世國王 18 世紀初從土耳其帶回來的一份食譜製作而成。我們要搞清楚事實。」國菜肉丸居然並非源自瑞典？！連瑞典人本身都大吃一驚，有人甚至說「原來我的一生都是謊言。」社群網站上的幾行字成為瑞典大街小巷議論的一件趣事。但不管起源於哪裡，瑞典人仍不減少對肉丸的喜愛，不僅將它當作傳統，也透過連鎖商店向全世界發揚光大；根據統計，全球 IKEA 顧客一天之內就能吃掉 200 萬顆肉丸，數量驚人令人乍舌。

根據我個人從瑞典北部吃到南部、再加上各地 IKEA 的肉丸經驗，發現這項產品的品質不易太離譜或走味，反而是周邊的果醬不能太酸、肉汁不能太鹹、薯泥不能太乾，就可一切到位。所以在阿比斯庫雖然沒有餐館，但你還是可以吃到肉丸：旅館附設的三餐當中都有肉丸、漢堡餐車可點一份羊肉丸漢堡、甚至超市也可買到味道不錯的肉丸加熱食品！如果在阿比斯庫不想餐餐吃泡麵的話，推薦肉丸是個 CP 值高的好選擇。

阿比斯庫國家公園──冰雪中的越野活動

阿比斯庫國家公園 (Abisko National Park) 是一片自然至上、杜絕文明的淨土，因此非常適合以越野方式進行探索，夏季健行和冬季滑雪都是這裡最熱門的活動。在極光季來到阿比斯庫，村中旅館 Abisko Mountain Lodge 就有專業滑雪教練可領隊體驗初級滑雪；滑雪達人則會專程來此嘗試直升機滑雪，飛向纜車無法到達的山頂之巔，從鬆軟的天然雪地感受急速下滑的刺激。

如果對滑雪沒興趣，在冬季也可短程徒步健行、或穿上雪鞋健行，在專業領隊帶領下，可穿梭在古老的北極白樺林中、或沿著冰凍的湖岸線漫步，欣賞阿比斯庫冰川峽谷的壯麗、驚嘆瑞典最高峰的遼闊；沿途還可能看見馴鹿、麋鹿、北極野兔、狐狸、雷岩鳥等各種野生動物。健行路線通常從阿比斯庫遊客中心（Abisko Turiststation）啟程，從村中出發可坐火車搭乘一站、或步行 2 公里抵達，若請教練領隊則有專車於村中接送。不過因極光季白天時光較短暫，因此雪地健行通常僅安排 1 至 2 公里路程、在 2 小時內結束為宜。

INFO

阿比斯庫國家公園 Abisko National Park
地址：Kiruna, Sweden
營業時間：全天開放
前往方式：搭乘 SJ 火車抵達阿比斯庫遊客中心站（Abisko Turiststation），以此站為起點探索國家公園
官網（英）：http://www.nationalparksofsweden.se/choose-park---list/abisko-national-park/

官網

Must Do /01
國王小徑：世界最美健行路徑

國王小徑（Kungsleden Trail）是瑞典最有名的一條健行路徑。穿越極圈南北全長有 440 公里，縱貫 4 個國家公園及自然保護區，全程經過苔原冰川、森林湖泊、沼澤濕地等各種自然地貌，被譽為世界最美的十大徒步線路之一。這條健行步道是由瑞典旅遊協會（STF）從 1900 年就開始興建，瑞典旅遊協會主要成員多為科學家，當初是為了方便進入拉普蘭山區進行研究，所以從 19 世紀末就有建立皇家公路和登山步道的想法，後來也一點一滴逐步完成，構築起整個步道網絡。

國王小徑最北端起點即是阿比庫斯，小木屋造型的入口看來溫馨樸實，沿途每隔 20 公里左右就設有青年旅館，全程走完要花費將近一個月。追極光的冬季雖無法健行，但在小徑上滑雪或雪鞋健走倒是流行的活動。若僅想稍事體驗，可到遊客中心租借雪鞋，沿著國家公園裡到處可見的紅色大叉叉符號前進，這個符號是「冬季路徑」的意思；但若要長時間活動建議仍須參團、由教練帶領以策安全。

 健行路徑活動預約網站
http：//abiskomountainlodge.se
https：//www.visitabisko.com

Must Do /02
雪地摩托車越野

雪地摩托車是探索極地荒野的最佳方式，畢竟有許多車子無法駛入、人類無法行走的路段，無論在冰湖上、深雪中都阻擋不了它。在阿比斯庫乘坐雪地摩托車的主要任務，就是帶著你進入曠野，穿越各種冰凍景觀、往山區更高處前行，便可居高臨下俯瞰整個國家公園、享受群山環抱的饗宴。

通常在 12 月份過後，托納湖水結凍的冰層就已夠厚，摩托車也可在冰湖上奔馳。在湖面上你會發現各式各樣的有趣活動，看看躲在移動小屋中冰釣的人們、或是向拖著雪橇玩滑冰的小朋友打聲招呼，即使冰天雪地、當地人仍用自己的方式愜意生活。

雪地摩托車也可以自駕！只要攜帶國際汽車駕照，就可享受在冰封之境奔馳的快感；若沒有駕照就乖乖當乘客吧，少受一點迎面而來的刺骨風寒也好。倘若不沉溺速度感，也可選擇蓋著毛毯、舒適地坐在雪地摩托車拖拉的雪橇中，以另一種更悠閒緩慢的方式欣賞北國風光。

Must Do /*03*

蜘蛛人攀登冰瀑

冰瀑像大自然展現才華的佳作，萬箭穿心的尖銳、嚴峻冷漠的峭直、晶瑩剔透的瑰麗，不論哪個角度都如同昂貴藝術品般教人只可遠觀、不敢褻玩。一直傻傻以為冰瀑就是像電影「急凍人」演的那樣：在河水奔流下來瞬間全都急速結冰了。但在瑞典教練解說下才知道並不是變魔術般霎時結凍，而是需要氣溫夠低、風力夠大、水量夠小等天時地利人和的因素，才把涓涓滴流一層一層地結凍成冰柱、再慢慢累積疊加成大面積的冰瀑。

這般解說讓我想起阿比斯庫的瞬息萬變，明明天清氣爽，但穿越一個山隘馬上感受天氣驟變，疾風毫不留情地刮拂，地面上積雪都被吹得群起攻擊、打在我們臉上身上刺痛難耐；可是過了隘口又一切風和日麗，有種方才一切都是幻象的錯覺。難怪這樣的特殊地形和氣候，能形成一座座美麗壯觀的冰瀑。

總覺得冰攀是遠征高山的專業技能，沒想到我這種全無經驗的菜鳥竟也可體驗。站在高

大寬展的冰瀑前顯得自己好渺小，教練卻一
溜煙就登上瀑布頂端，將確保繩索緩緩垂
下。穿上冰爪靴、拿起冰斧，按照教練指示
「三點固定、一點移動」的原則，手腳並用
垂直向上攀登；平常欠缺鍛鍊、力氣根本不
夠，冰鑿得不夠深、腳踩得不夠實，只能被
確保繩懸著、盡可能找支點暫歇，不讓自己
向下滑。

突然想起看過一位網友的論點：「攀冰是靠
精神為基礎的運動，畢竟你得先問問自己：
為何要跑到荒郊野外、頂著割臉的寒風、對
抗凍僵的手腳，在一條幾層樓高的冰瀑間爬
上爬下？」當初讀到這段話時我哈哈大笑，
現在卻笑不出來、只覺說得真對！我就是精
神不夠堅定，所以確信自己無法攻頂，只好
轉身跟教練說：「我放棄了、請讓我下去。」
沒想到精神堅定的卻是教練！他說我絕對爬
得上去，堅持不讓我下來！我沒有退路了，
總不能吊在那裡高不成低不就，於是打起精
神繼續往上，腦中默念教練教我的技巧、讓
自己省點力氣。

經歷了幾番痛苦掙扎和幾次一鼓作氣後，我
真的成功攀到頂端了！重新回到地面時，教
練驕傲地說：「你看吧！我就說你可以！」
真心謝謝教練相信我！即使手腳肌肉發抖、
膝蓋碰了好幾次壁早就瘀青了，但是成功的
感覺還是很棒！然而不知是凍傻了、還是累
歪了，當教練乘勝追擊地問我「再爬一次？」
時，我竟然毫無抵抗地說「OK」？！天哪！
不知自己為何答應，難道只為冒險是向自我
挑戰的勇氣嗎？雖然第二次也很幸運地成功
了，但回到旅館只有躺平的份了呢。

📍 攀登冰瀑活動預約網站：
https://abiskoadventure.se

五花八門的極光團

阿比斯庫是光害極少、空氣又清新的小村落，因此無論住宿何處都很適合看極光，天氣不錯時站在門外是最輕鬆的等待方式；也可步行到托納湖畔，享受天地遼闊的無死角視野。不管去哪都要記得攜帶頭燈，因為「伸手不見五指」在這裡可不是誇飾法。

另外一種官方推薦的賞極光方式，是從阿比斯庫遊客中心前搭纜車，前往位在山頂的極光天空中心（Aurora Sky Station），在溫暖的室內咖啡廳等待迷幻亮光。這個方案聽起來夢幻，只是纜車是僅有座椅的滑雪纜車，雖然會提供防寒保暖衣和毛毯，但在零下二、三十度的夜晚迎著寒風吹彿、緩緩上山，體驗過的遊客都說其實不是特別舒適的一種選擇。

對於喜歡熱鬧和多元體驗的旅人，阿比斯庫有更多五花八門的極光團可以參與。在這裡之所以適合參團，是因為周邊交通不便，走路步行以外、哪兒都去不了；二來周邊沒有商店、沒有娛樂，除了待在旅館實在無處可去，所以各項活動行程也特別受歡迎。每項活動的費用大約都介於台幣 3000 ～ 5000 元之間，可視自己的預算斟酌安排。

INFO

極光天空中心 Aurora Sky Station
地址：Abisko Turist Station, 981 07 Abisko
門票：995 瑞典克朗（折合台幣 3000 元左右）
營業時間：冬季 11 至 3 月晚間夜觀極光時間為 11：00 至凌晨 1：00。訂晚餐者可提前至 18：00 搭纜車上山，2 至 9 月白天 9：30 ～ 16：00 亦可搭乘纜車
前往方式：由阿比斯庫遊客中心步行至纜車站約 10 分鐘
官網（英）：https://auroraskystation.se/en/welcome-to-aurora-sky-station/

地圖

官網

Must Do /04

極光燒烤

位在托納湖畔的燒烤小屋，既溫暖又適合等待極光。燒烤小屋（BBQ Cabin）在北歐各國很常見，實木打造的尖頂圓屋中央燃著熊熊柴火，炙燒著大圓盤鐵板以及水壺，隨時可以燒烤佳餚、煮熱咖啡。這種木屋通常當作餐廳或交誼廳使用，因此內裝只有簡易的桌椅或板凳。

燒烤小屋常會提供傳統拉普蘭烤肉（Souvas），這是把馴鹿肉加鹽巴醃製、並掛在屋頂煙燻 8 小時後，切成薄片用鐵板烤熟，並加入少許蔬菜和越橘莓果醬，夾在烤餅當中一起食用。醃過的鹿肉羶味已大減，燒烤後口感香脆酥爽，望著窗外的白雪，有一種大地中享受野味的豪邁感。大夥兒圍著筆直煙囪、繞坐在爐火旁的馴鹿毛皮上，邊取暖享受佳餚，有人聊天、甚至有人唱歌，體驗北極圈式的圍爐，在火熱間等待極光女神降臨。

 極光燒烤活動預約網站：
https://www.abiskoguesthouse.com

Must Do /05

極光攝影團

出發到極圈以前你可能已經看過北極光的影片或照片了，猶記極光如何在天空中以各種舞技召喚你，扭動、延展、漲退、翻滾，萬般姿態除了令人想親眼見證，更希望可以永恆存在自己的相片中、帶它回家；若能與極光來張大合照那就再完美不過了！如果這是你的心願，那一定不能錯過極光攝影團。

前文已將極光攝影要準備的器材和注意事項皆載明，但老實說，要扛著這麼多裝備前往極地不是件輕鬆的事，若是平常沒有涉獵攝影，更難為了一趟極光之旅就花大錢準備各項器材。然而來到阿比斯庫，極光攝影團已將每人一套的數位單眼相機、腳架、燈光、

防寒衣物全都備齊，只需帶一張 SD 記憶卡，專業攝影師便從頭到尾親自指導，提供拍攝重點、讓初學者也能快速學會極光攝影技巧；並專車載著大夥翻山越嶺、尋找最適合取景的位置。

我參加的極光攝影團領隊，是一位來自挪威的專業極光攝影師，他秀出的過往作品令我們驚嘆不已：他的極光，有與月光相互輝映、有與銀河長覽天際、有在湖面反射照映、還有山巒環抱相倚。但當他向我們描述他在多冷、多苦、多荒涼、多恐怖的環境等了多久、熬了多少個季節時，真心佩服他這樣達人精神的堅持和專注，才能拍出藝術等級的作品。行程最後，還是忍不住請專業攝影師為我和旅伴拍攝「到此一遊照」，全團只有我們 2 個亞洲人提出這可笑的要求，其他歐美人士對與極光合照完全不感興趣。但我們可是飛了遙遠 8 千公里才追到這極光，勢必要厚著臉皮拍這張照片，當作一生珍藏的回憶才是。

Must Do /06

極光獵人團

追極光除了需要運氣以外，有時更需要經驗累積；特別是回國前夕卻尚未看到極光、而當晚各項條件又充滿變數時，當機立斷報名極光獵人團絕對比自己瞎碰運氣來得十拿九穩。因為獵人團是根據衛星雲圖、科學數據、觀天象的方位、當地地形變化、氣候經驗等不同狀況，並時時刻刻更新資料，來整體判斷何處最容易追到極光。

領隊載著大夥前往阿比斯庫國家公園的幾個壯觀地點，例如托納湖西北端的美麗海灣、瑞典和挪威邊境的壯麗山頂、托納湖畔的寧靜小漁村等，這些都是過往紀錄良好、觀望極光成功率很高的地點。但在見到極光本尊以前都無法駐足太久，遠端的極光專家會一直以電話連線、逼迫大家轉往下一個最佳地點。於是整團人馬匆匆忙忙下車又上車、停駐又拔營，領隊以100公里的時速駕車奔馳，很像在黑暗中探險、又真的像在打獵，深怕極光倏忽溜走、功虧一簣。

必須為獵人團按個讚，因為我參加的那一晚其實雲層很厚，本來已經不抱希望。但就是這麼奧妙地拐過幾個山頭，雲層就散開了，我們從遠方地平線望見一絲浮起的白霧，領隊說：「那就是極光！」我們原本以為只是玩笑話，卻在數十秒間看見那道泛白漸漸轉

化為螢光綠色，集合成一道光束、銳利地直射天際。除了吶喊「太神奇了！」實在不知還能如何表達內心的激動。

📍 極光獵人團活動預約網站：http://www.abisko.net/northern-lights-tours/

挪威特羅姆瑟

Tromsø 69° 40' 00" N 18° 56' 00" E

Tromsø

世界戲院　極地博物館

特羅姆瑟大教堂

北極大教堂

Norway

特羅姆瑟水族館

纜車觀景台

Oslo

　　特羅姆瑟對於台灣人來說是個十分陌生的城市，在抵達之前我甚至連 ø 怎麼發音都讀不出來，但這座極圈以北 300 公里的港口卻是歐洲的「北極門戶」。19 世紀末這裡已是北極狩獵的中心，海豹、狐狸、北極熊、鯨魚多在這裡集散貿易；其後北極探險家和科學家更以此為起點，招募船員、出發補給，環抱著雄心壯志立足特羅姆瑟、航向北極。雖然二戰時期這個城市曾因德軍的焦土策略而被摧毀，但戰後迅速復甦，躍升挪威北部最大的城市，也僅次於俄羅斯的摩爾曼斯克和諾里爾斯克、成為北極圈的世界第三大城。

在特羅姆瑟，許多建設都帶有「最靠北」的字樣：建於 1861 年的木造教堂是全世界最靠北的新教教堂，這裡是全球最靠北的大學所在地，植物園、天文館也是世界之最的靠北，甚至連最靠北 7-11 都是觀光客拍照打卡的景點。自古以來特羅姆瑟即被稱為「北方的巴黎」，除了大學城與博物館群散發著濃濃文藝氣息外，挪威人、薩米人、俄羅斯人、芬蘭人等多元種族匯流，也使這裡更跳脫原始荒涼的北極印象。

特羅姆瑟也被譽為全世界最適合追極光的地點，相較於其他知名的極光城鎮，這裡受北大西洋暖流行經的影響，成為一個不凍港，極光季的平均氣溫在零下 5 度左右，氣候更為溫潤和暖、不致酷寒。其次，特羅姆瑟的觀光發展完善，無論是陸上水上公共交通、或是參加極光團和各種雪地活動，皆選擇多樣非常便利，來到這裡追極光可以減少許多旅程煩惱。此外，特羅姆瑟的極光景觀與其它內陸城鎮迥異，擁有海洋、山脈、峽灣環抱的地形讓極光的表演舞台更風情萬種、綽約多姿。不過位在沿海地區的特羅姆瑟經常有雲層聚積，這兩年更因為氣候暖化造成北極圈沿海在冬季常發生暴風雨，天氣條件則更加考驗追逐極光的運氣。

◆ 抵達方式

❶ 從首都奧斯陸搭乘飛機需 2 小時抵達特羅姆瑟機場，挪威航空及北歐航空皆直飛，優惠機票約台幣 3 千元起跳；再轉乘公車（上車買票／只收挪威克朗）約 10 分鐘左右車程可抵達市中心。

挪威航空訂票

❷ 無論火車或巴士皆無挪威南部直達特羅姆瑟的班次，直達巴士最南僅從納爾維克（Narvik）出發，票價約 410 挪威克朗（折合台幣約 1200 元）。

北歐航空訂票

❸ 海達路德遊輪（Hurtigruten）每一週大約三班次，最遠可從挪威南部的卑爾根（Bergen）搭乘，航程約需 5 天。

- 挪威航空訂票網頁（英）：https：//www.norwegian.com/en/
- 北歐航空訂票網頁（中）：https：//www.flysas.com/cn-zh/
- 挪威長途巴士時刻表網頁（英）：https://www.tromskortet.no
- 海達路德遊輪官網：https://global.hurtigruten.com
- 特羅姆瑟旅遊局官網（英）：https://www.visittromso.no/tourist-information

挪威長途巴士

海達路德遊輪官網

特羅姆瑟旅遊局官網

◆ **最佳極光欣賞方式**

❶ 參加極光團遠離市區光害。

❷ 住宿近郊挪威森林，夜晚時分站在門外或走到峽灣旁等候。

◆ **建議漫遊方式：步行 + 公車**

市區公車發達，景點皆可以步行或大眾運輸方式抵達。

{ 在地人推薦必吃 }

鯨魚肉嗎？！ Whale Steak

之所以稱作在地人推薦，是因為特羅姆瑟是挪威少數能吃到鯨魚料理的城市，但事實上在地人幾乎不吃。對我來說，保育與嚐鮮的概念則總在腦中拉扯。

挪威一直將捕鯨視為傳統文化，早在 9 至 10 世紀挪威人就已開始從特羅姆瑟沿岸獵捕鯨魚，除了大量可食用的肉類以外，鯨魚脂肪可提煉生產肥皂、油漆、照明燃油等，鯨魚骨還可製作馬甲或雨傘。豐富的經濟價值，即便人力使用長矛刺殺鯨魚是件風險極高的工作，仍吸引許多躍躍欲試的北極獵人，甚至遠從英國和荷蘭來到北極冰洋捕鯨。

19 世紀時，蒸汽動力船和槍砲的發明，造成鯨魚大量濫捕、數量大幅減少。為了保護珍貴的海洋資產，國際捕鯨委員會終在 1986 年實施「全球商業捕鯨禁令」，除科學研究以外明文禁止捕鯨。但唯獨挪威、冰島、日本三國不顧全球反對，在海域鯨魚數量足夠的情況下，每年夏季仍堅持進行商業捕鯨。

挪威人認為這是漁民自古以來的生活支柱，且政府嚴格規定許可證和捕鯨額度，並不至於影響生態，因而挪威捕鯨數量至今仍是世界第一。但在全球輿論、和經濟效益不如以往的狀況下，捕鯨船已逐年減少，挪威政府每年配額捕鯨以 1 千隻為上限，實際捕殺數量則不到一半，當地居民也對鯨魚肉食品興趣缺缺，主要的消費者都是前來嚐鮮的觀光客，或是外銷至日本。

來到特羅姆瑟，你可在超市買到鯨魚肉乾；

也有少數餐廳提供鯨魚排餐，但因極光季並非捕鯨季節，排餐的材料都是冷凍肉品。我們進了餐廳、入了座，看著隔壁桌的鯨魚排上菜，外表跟煎牛排簡直一模一樣，嚐過的朋友說吃起來也像牛肉、但又更多類似內臟的粉嫩口感，因為半生不熟有些腥味，算不上珍饈玉膳。而我們看完菜單，最終還是決定吃鮭魚就好，如果當地人都不吃，這樣的文化我似乎也不必非體驗不可吧？

不凍港峽灣風光

「峽灣」總是在地理課本上反覆讀到的名詞，來到挪威終於可以親身擁抱它。與峽灣初相見是搭著內陸巴士翻越山巒後，乍見一片片崎嶇崖壁斜切入海，近乎黑色的深藍海灣被包圍在蜿蜒之間。地圖上曲曲折折的線條呈現在眼前反倒顯得有些不真實，冰河磨蝕而成的峽灣近看似山中湖泊、峽中河谷，又更加迂迴、水又更加深邃，點綴上斑斑積雪與搖曳枯枝，襯托出峽灣特有的滄茫壯闊。

特羅姆瑟的主城區位在峽灣間的一座小島上，周邊連接著跌宕起伏的冰河地形，造就一整個城鎮。白色山頭與靛藍海域是這座極光城市的美麗印記，因為來自墨西哥灣的北大西洋暖流沿著挪威海北上，使特羅姆瑟成為北極圈內少數的終年不凍港，讓我們有幸在追極光同時，還能享受被稱為「挪威靈魂」的峽灣風光。而欣賞峽灣有幾種方式，可佇立岸邊感受高山深海交界的壯麗、也可居高臨下欣賞破碎峻峭的鬼斧神工、更可直接出海沉浸在峽灣的環抱之中。

Must Do /01

一遊北極大教堂

臨峽灣而建的北極大教堂（The Arctic Cathedral）建於 1965 年，是特羅姆瑟的頭號地標，正面看來是三角形玻璃帷幕鑲著頂天立地的十字架，側面則像彈簧伸縮般由純白色斜柱高低排列，飛機降落時就可遙遙瞥見這座夢幻建築。教堂其實位在特羅姆瑟島嶼的對岸大陸，以長達 1 公里的跨海大橋連結著彼此，從市區望向純白色的北極大教堂，像看見一座漂浮在峽灣間的冰山，脫俗而令人嚮往，更是必須到此一遊的打卡聖地。

這是一個風格樸素簡潔的現代化教堂，橡木講壇、棱鏡吊燈和容納 600 人的長椅之外，沒有其他多餘的擺設，建築設計的天窗卻用時間更迭的光影為室內帶來不同變化。純白之外唯一的繽紛，是 5 層樓高的玻璃全以彩繪馬賽克花窗裝飾，圖型勾勒著上帝的手掌照耀出聖光、灑落在耶穌和男人與女人身上，透著窗外折射陽光呈現一種浪漫卻不失莊嚴的美感。

北極大教堂除了是宗教聚會場所，也是音樂表演勝地，建築本身製造的音響感、加上教會匯聚的溫暖氛圍，吸引許多國際或挪威本地的藝術家在此舉辦音樂會，2023 年夏季自 6 月中至 8 月底，每天中午 14:00 會固定舉辦時長半小時的音樂會，讓大家在彩色玻璃帷幕欣賞宗教音樂、古典音樂、薩米民謠等美妙樂章。以往極光季也會在午夜時分舉辦極光音樂會，但疫情期間停辦至今仍未恢復。

INFO

北極大教堂 The Arctic Cathedral
地址： Hans Nilsens vei 41, 9020 Tromsdalen
開放資訊： 極光季開放時間是每日 13：00 ～ 17：00（每週三延後至 14：00 開放）
票價： 入內門票 70 挪威克朗（折合台幣約 205 元）。
前往方式： 市區搭乘 20、24、28 號等多班市區公車皆可到達，車程約 7 分鐘，單程票價約 41 挪威克朗（折合台幣約 120 元）。
官網（英）： https：//www.ishavskatedralen.no/en/

地圖

官網

Must Do /02

搭纜車鳥瞰峽灣

鳥瞰峽灣的最佳位置，是在北極大教堂後方的山坡上。這座名為 Storsteinen 的丘陵海拔高 420 公尺，觀景台不但可以俯視整個特羅姆瑟島嶼，更可用超過 180 度的全景視角環顧周邊壯觀的峽灣與山脈，從北極光到午夜太陽，都可用不同角度把北極門戶的美景和天象盡收眼底。

登上坡頂可搭乘近 60 年歷史、且終年行駛的纜車。纜車系統是由當地知名的船隊興建，船隊常年以特羅姆瑟為起點，進行狩獵、捕魚和北極探險活動，希望透過纜車讓旅人更了解這座城市。上下對駛的纜車可容納 28 人，取名為「北極熊」和「海豹」特別彰顯此地特色，僅需短短 4 分鐘就可到達。

此外，這座山上也有多條特羅姆瑟知名的健行路線，雖然極光季並不適合健行活動，但由 1300 步台階構成的雪巴步道（Sherpa Steps）一年四季開放。這條步道是由來自尼泊爾的山區路徑專家負責設計鋪設，因為他們是世居喜馬拉雅山腳的雪巴人、因而以此命名。步道可從海拔 85 公尺一直爬到坡頂觀景台，靠著自己的雙腳從低處漸進、逐步登高遠眺也是欣賞峽灣的另類方式。

INFO

纜車觀景台 Storsteinen
地址： Solliveien 12, N-9020 Tromsdalen
開放資訊： 極光季開放時間 10：00 ～ 24：00
票價： 纜車單程票價 225 挪威克朗（折合台幣約 660 元）、來回票價 345 挪威克朗（折合台幣約 1012 元）
前往方式： 市區搭乘 26 號公車可直達，車程約 10 分鐘，單程票價約 41 挪威克朗（折合台幣約 120 元）
官網（英）： https://fjellheisen.no/en/

地圖

官網

Must Do /03

搭渡輪遨遊峽灣

島嶼、半島、深水峽灣相互交錯星羅棋布的挪威，水上運輸是重要的基礎建設，特羅姆瑟也有完整的公共交通網絡，快艇和渡輪往來於大小港口，不但便利居民生活，更提供旅人從海上欣賞峽灣的不同視野。

船遊峽灣最省錢的方式，是免費搭乘可以運載汽車的雙層渡輪（Ferry），這類渡輪僅向車輛收取船票，旅客搭乘完全無須付費！極光季主要行駛的是 191 號路線 Breivikeidet-Svensby，單趟船程時間約為 20 至 30 分鐘，足以好好一覽峽灣風光；不過缺點是乘船碼頭距特羅姆瑟市區很遠，雖有 150 號公車直達，但車程需 50 分鐘。此外，也可在特羅姆瑟市區港口搭乘方便的快船（Express boat），其中 4 號路線 Tromsø-Lysnes 往返僅需 2 小時、來回票價 514 挪威克朗（折合台幣約 1500 元），是最適合遊覽峽灣風光的選擇。

當然，也可搭乘服務周到的觀光遊船出海，從刺激急速的橡皮快艇、海釣專用的小型快船、到溫暖舒適的雙層渡輪、甚至還可搭船追極光，各種類型應有盡有；2 至 3 小時包含接送、防寒保暖裝備、咖啡點心的完整行程，價格從 990 挪威克朗（折合台幣約 2900 元）至上千元不等，以北歐物價來看不算太貴。

乘船探索北極峽灣，有種緩慢悠閒的氣息，像是行船在水面寬闊的峽谷間，皚皚雪山聳立在兩旁夾道歡迎；但細細品味又感受到一絲冒險氛圍，周遭荒蕪冷冽的景緻像是帶著我們航向未知，體驗著探險隊向極地出發的茫然與執著。遨遊時刻總有海鷗隨行，運氣好的話還可能遇到海豹、海豚、老鷹和座頭鯨等，在峽灣中與大自然來場親密接觸。

事實上特羅姆瑟附近的 Skjervøy 海域因有大量鯡魚群聚，每年 11 月至 1 月期間會有 400 多隻虎鯨和 100 多隻座頭鯨迴游棲息，因此極光季出海賞鯨的活動也相當熱門盛行。

📍 渡輪及快船資訊
https://fylkestrafikk.no/menu/tickets-and-fares/
觀光遊船資訊可參考特羅姆瑟旅遊局網站
https://www.visittromso.no/booking-activities

特羅姆瑟——探索北極的第一步

特羅姆瑟是踏上北極的起點，雖尚無緣真正前進北極中心點，但在這裡可以體驗最北極的生活：也許吃吃鹿肉大餐、或是敗一頂狐狸毛帽、也可到遊客中心花 50 挪威克朗（折合台幣 180 元）領取一張「北極證書」（Polar Certificate），但認真逛逛這座城市能帶來更多穿梭北極古今的樂趣！

市中心造型夢幻的鵝黃尖頂木造教堂：特羅姆瑟大教堂（Tromsø Cathedral）是從 1861 年就矗立於此，你可以一邊參觀、一邊遙想這全世界最北端的新教教堂，160 年來是如何屹立不搖成為北極生活信仰的支柱；或者可以拜訪港邊那棟北歐最古老的電影院（Verdensteatret），從 1 世紀前就開始放映的無聲電影，為極地生活帶來難得的休閒娛樂，這個充滿故事的空間時至今日仍在營運，是世界上少數還能播映 35 釐米電影的劇院。

特羅姆瑟也舉辦許多活動，讓遊客更充分擁抱北極：每年 1 月初舉辦的永夜馬拉松比賽（Polar Night Half Marathon），讓與會者真正用雙腿追著極光跑，目前已成為挪威冬季的最大賽事。2 月初為期 7 天的薩米週，用瘋狂衝刺的馴鹿賽跑和準度無敵的擲套索比賽，來親近極地原住民生活。3 月底舉辦的雪鞋賽跑則是將北極的移動工具轉化為運動項目，從山坡跑向森林、穿越沼澤地、最終奔至滑雪場，徹底體驗冰天雪地的行動大不易。

📍 特羅姆瑟大教堂 Tromsø Cathedral
地址：Sjøgata 2, 9008 Tromsø
開放時間：每日下午 13:00 有志工值班時開放參觀，婚禮、表演、風琴獨奏會等特殊活動時視情況對外開放
前往方式：位於市區中心可步行，幾乎所有路線公車都會抵達

📍 世界戲院 Verdensteatret
地址：Storgata 93B, 9008 Tromsø
票價：成人 110 挪威克朗，可於官網購票
營業時間：按每日放映時刻
前往方式：位於市區中心可步行，幾乎所有路線公車都會抵達
官網：https://www.verdensteatret.no/

Must Do **/04**

極地博物館：與探險隊為伍

極地博物館（Polarmuseet）位在特羅姆瑟碼頭的一處舊海關倉庫內，暗紅色的狹長木屋是建於 1837 年的老古董、也是特羅姆瑟最古老的房舍之一。隸屬於挪威北極大學的博物館雖然窄門小戶，但是內部展示既豐富又驚奇，最感到有趣的是栩栩如生的海豹、北極熊標本，最令人動容的則是世上第一位踏上南極大陸的探險家阿蒙森（Roald Amundsen）的故事。

被稱為「制霸極地的男人」，阿蒙森是挪威家喻戶曉的名人，甚至連月球上的山脈都以他為名！他在 21 歲時從醫學院退學，決定把一生投入極地探險。100 多年前的南極對世人來說是空白未知，以當時科技征服南極更是不可能的任務，但阿蒙森憑著在挪威極圈的生活經驗，帶著 3 噸糧食、55 隻極地犬，領著團隊與英國探險家史考特（Robert Falcon Scott）展開一場「南極冒險競賽」。在經歷各種危機、於狂烈冰雪中跋涉三個多月後，阿蒙森團隊成功在 1911 年 12 月 14 日抵達南極點，在南極大陸中央插上挪威國旗；只是他的對手史考特在回程時全隊罹難，這場

可歌可泣的冒險競賽至此畫下壯烈句點。阿蒙森自己最終也在 1928 年一項救援任務中，駕駛著飛行船與世界失去聯繫，2019 年挪威導演執導的電影《極地先鋒》將這段冒險犯難的傳奇人生真實還原，值得一看。

美國 CNN 將特羅姆瑟列為冬季旅遊的十大城市之一，其中必去景點就是極地博物館，推薦原因在於「特羅姆瑟作為北極狩獵的中心和北極探險的起點，博物館提供了對古代極地探險的重要觀點」。館中除了展示阿蒙森探險隊的照片和寶物以外，也介紹挪威捕鯨歷史傳統和捕鯨方法、百年前海豹狩獵船隊的珍貴影片紀錄、北極狩獵小屋的模型和生活樣貌，以及北極冰洋的變化和北極熊生存危機等等，好多精彩的極地故事都在照片、文字、展示品中一一浮現眼前，連挪威本地的幼稚園小朋友都熱絡參觀，麻雀雖小卻是魅力十足、令人難忘的博物館。

INFO

極地博物館 Polarmuseet
地址：Søndre Tollbodgate 11B, 9008 Tromsø
開放資訊：開放時間每日 11：00 ～ 17：00
票價：100 挪威克朗（折合台幣約 294 元）
前往方式：位於市區中心可步行，幾乎所有路線公車都會抵達。
極地博物館官網：https：//en.uit.no/tmu/polarmuseet

地圖　　　　官網

Must Do /05

特羅姆瑟水族館：拜訪冰洋生物

一進入特羅姆瑟水族館（Polaria），破冰船和北極熊雕塑便在兩旁熱烈迎接著遊客，場館面積雖然不大，但有幾個設計有趣展區不可錯過：全景電影院播放著「北極荒野：斯瓦爾巴群島」，讓我們以 270 度毫無遮蔽的角度身歷其境了解北極探險的嚴寒和艱難；如果嫌極光看得不夠，「北極光在挪威」更用全視野讓你把極光看好看滿。穿越北極走道，認識冰山在北極融化的狀況、如何影響生活在那裡的動物、以及全世界的氣候。接著進入海底隧道，眾多海底生物在四周或快

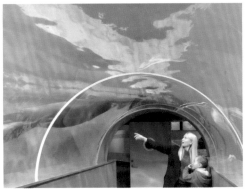

INFO

特羅姆瑟水族館 Polaria
地址：Hjalmar Johansens gate 12, 9296 Tromsø
開放時間：每日 10：00 ～ 16：00，冬季海豹餵食時間為每日 12：30 及 15：30
票價：220 挪威克朗（折合台幣約 645 元）
前往方式：位於市區中心可步行，公車 33 號、37 號、42 號等路線可抵達。
官網：https：//polaria.no/en/
通行券（PASS）：特羅姆瑟通行券分為半日、全日、文化套票、家庭套票，包括免費搭乘公車，以及北極博物館、水族館、北極大教堂等知名景點門票。
通行券網站：https：//www.visittromso.no/en/tromsopass/en

地圖　　　　官網　　　　通行券

或慢地浮游穿梭，好似自己也和牠們一起自在優遊；館方還貼心設計自拍點，可試著和海豹來張合照。最後來到大大的開放式水族箱，展示著北極海域最常見的魚類，與奇形怪狀色彩艷麗的海星、海葵、海膽一起上演海底總動員。

如果有興趣與海豹來場約會，還可花費 2250 挪威克朗（折合台幣 6596 元左右）成為海豹的全年贊助者，就可以體驗訓練和親自餵食髯海豹。髯海豹（bearded seal）是北極物種，眼睛圓圓大大又水汪汪，天性聰明、個性安靜、很懂得如何與菜鳥配合，不但會乖乖讓你餵食，幸運的話更可能得到牠熱情濕滑的吻。訓獸師特地向遊客們強調，北歐的水族館不會為取悅觀眾而

訓練海豹表演，但海豹仍會聽訓獸師指示練習做一些簡單動作，一方面可增加運動量、強化人類與動物的正向互動，另一方面也讓獸醫在做健康檢查時能順利進行。

特羅姆瑟水族館的外觀在視覺上與北極大教堂有異曲同工之妙，皆由純白色斜柱排列看似被推倒的骨牌，這棟建築的設計概念來自北極洶湧海浪將浮冰壓垮傾斜的情景。而水族館旁有一棟弧形的玻璃帷幕，裡面展示著北極星號（MS Polstjerna），這是一艘建造於 1949 年的海豹狩獵船，服役三十多載、獵獲過 9 萬多頭海豹，是特羅姆瑟現今保存最好的一艘船體，上船參觀可讓人們更加了解當年北極狩獵生活。

Must Do /06

梅克釀酒廠：來杯驅寒啤酒

相較於其他「無聊得要命」的極光小鎮，特羅姆瑟是北極圈中難得有夜生活的極光城市，夜晚充斥的倒不是五光十色電音嘈雜的夜店，而是溫暖精緻的啤酒吧。根據挪威官方統計，若以居民人口數除以酒吧數量，特羅姆瑟在全挪威是酒吧平均數量最高的城鎮，除了寒冷需要酒精驅寒以外，多元的人口匯聚讓這裡擁有一家 140 多年歷史的「世界最靠北釀酒廠」（直到 2015 年才被北緯 78 度斯瓦爾巴群島啤酒廠取代這個封號）。

梅克釀酒廠（Mack Brewery）於 1877 年在特羅姆瑟成立，創辦者是德國移民第二代，由於幾次前往巴伐利亞向親戚學習啤酒釀造，因此興起在挪威北部建造一家啤酒廠的念頭，產品不但以鮮釀供給城鎮酒吧，後來甚至進軍罐裝市場，北極熊標誌的純麥芽啤酒 Arctic Beer 即是世界上第一批登上北極點

（North Pole）的啤酒，小罐裝 330 毫升裝大約要價 80 元台幣，是不錯的伴手禮。

釀酒廠是棟紅格窗黃粉牆的歐風樓房，在特羅姆瑟街頭算是醒目建築，百年來這裡不僅是把酒言歡之處、也是所有年齡層的聚會場所。每天有一至兩場參觀活動可供報名，了解啤酒廠的歷史和北極啤酒風味的特殊之處；也可進入古老酒窖小酌或豪飲，吧台提供 60 多種鮮釀啤酒讓人目不暇給難以抉擇。因為第一次品嚐，我選擇了經典的 Arctic Beer，金黃琥珀的色澤，融合著淡淡花香和麥香，細膩的泡沫和清爽的苦味，無論在慵懶短暫的冬陽下、或黑暗漫長的極光夜裡，都很溫潤順口帶來暖心。

📍 釀酒廠參觀資訊（英）：
https://www.mack.no/en/

奔向挪威森林追極光

台灣人對「挪威的森林」多少有莫名嚮往，也許印象來自伍佰的歌：「是我未曾到過的地方。那裡湖面總是澄清。那裡空氣充滿寧靜。雪白明月照在大地。藏著你最深處的秘密……心中那片森林何時能讓我停留？」有更多亞洲旅人因為村上春樹的小說而定義「挪威的森林」，書中一再引用披頭四的《Norwegian Wood》這首歌，雖然事實上歌曲唱的 Norwegian Wood 是指挪威的便宜木材、並非森林，但因日本長期翻譯錯誤，村上春樹便沿用森林的意境，如同小說中女主角直子說：「每次聽到這首歌就感覺好像迷失在深邃的森林裡、孤單一人又冷又暗。」

歌曲或小說都讓挪威森林顯得廣大遼闊、荒蕪孤單、藏著許多純粹的神祕感。實際查詢挪威森林的面積，僅佔全國面積的 29%，比起瑞典的 58%、芬蘭的 72% 其實一點也不算廣大，甚至在台灣都比挪威更容易遇見森林，因為小小的台灣竟有 60% 的土地都覆蓋著森林。挪威的森林之所以這麼稀疏，是因這個國家曾經大肆破壞，19 世紀供應歐洲木材的最大輸出國就是挪威；直到 20 世紀初，當地政府察覺到持續不斷砍伐最終會令境內森林完全消失，於是才著手大力保護，多年努力下挪威現今林木數量是 100 年前的 3 倍，目前也朝向世界上首個「森林零砍伐」的國家目標邁進。

雖然對挪威森林的浪漫幻想被現實打破，但既然踏上這國土，呼吸一下森林氣息、體驗一下森林寂靜，也算一圓美夢。特羅姆瑟的挪威森林並非特別茂密或壯麗，冬天自然也是筆直寂寥的枯木林，但卻是最適合追極光的地點。因為特羅姆瑟是北極圈的大城市，光害其實非常嚴重，除非真的人品爆發、運氣超好，不然在市中心看到極光的機率並不高；不如就奔向森林、在森林中過夜吧！在無人打擾的秘境可以找到屬於自己的北極穹頂，安心等待極光女神下凡。

Must Do /07

森林小木屋：森林極光 SPA

挪威有不計其數的森林小木屋（稱為 cottage、cabin 或 lodge），每年 6～8 月充滿陽光的夏季，挪威人會休假整整一個月，湧入森林和山區享受風景秀美的休閒時光；在森林小屋中度假已經成為挪威人生活中不可或缺的元素，甚至把它稱為一種「hyttekos」傳統，意即在小屋中消耗時光的舒適感受。

冬季是森林小木屋的淡季，卻也是把握低價追極光的好時機。在離特羅姆瑟不遠的近郊，有一些旅人極少的隱藏版住宿天堂，可與山林而眠、伴峽灣而臥，風景最好、看到北極光的機會也最高。近年更多小木屋時興建造戶外 SPA 浴池，跳進池水將身體埋在 40 度暖意中，頭頸則在 0 度空氣裡享受著新鮮清冷的呼吸，若幸運泡在極光夜裡，望著白色的雪、極光繽紛的夜空、凜然山脈擁著俊逸峽灣，彷彿融入一幅油彩中、自己也成為風景畫的一部分，人生夢幻莫過於此。

森林小木屋有些可單租房間、大多是整棟出租，極光季價格每晚 1 萬元台幣上下，若有多人旅伴一同住宿是最理想狀態；少數訂房網站上可預約，但大多都需個別以 Email 向木屋主人聯繫詢問。小木屋通常都距離特羅姆瑟市中心 30 分鐘以上車程，租賃前建議先與木屋主人討論交通問題，有些提供接送、或需自行搭計程車。一般住宿都不提供餐食，但木屋裡廚具齊全可自行烹飪，入住前可先前往超市購買簡單的食材、冷凍食品或乾糧泡麵。

📍 木屋住宿資訊（英）：
https://www.visittromso.no/en/book/accommodation

Must Do /08
林間薩米帳篷

最融入拉普蘭森林的方式莫過於在傳統薩米帳篷中度過一個美麗的夜晚，薩米帳篷的素材本身就來自於森林，是用木材和馴鹿皮革製成，神奇的是它僅用幾根長木條作為固定支架，就可在任何地形搭起、且耐得住冰雪風霜。由於薩米人夏季放牧馴鹿、過著游牧生活，這種被稱為「Lavvo」的帳篷最大優點就是拆裝容易、搬遷簡便，一小時內就能搭建起來，成為薩米傳統臨時居所。帳篷中央會設有烹調和取暖用的爐灶，尖頂則保留一開口讓煙霧可散出；爐灶的周圍鋪滿鹿皮或毛氈，或坐或臥圍在爐旁就是薩米人度過嚴寒的方式。在全無人造光線的暗夜裡，倘若極光乍然綻放，你可以從天窗清晰望見，也可走出距爐火不遠的帳棚外、在森林中盡情擁抱歐若拉，同時享受火焰的餘溫和極光的閃耀。

拉普蘭地區或多或少都有薩米帳篷住宿，但特羅姆瑟算是資訊最齊全、品質最有保障的地點，推薦可在此體驗。一般住宿會提供簡易的餐食，通常是一道燉鹿肉或鮭魚湯當作主菜、搭配麵包食用。最有趣的是看薩米人用爐火烹飪，他們總是把整把鍋子或整個水壺掛在火上燒，燒得像煤炭般烏漆抹黑也不以為意，最後再拿著焦黑的鍋子或水壺盛舀食物給我們，味道倒是不焦、但器具太嚇人！爐火是燃燒整夜不熄滅的，即便帳外氣溫零下，躺在睡袋和馴鹿皮上一點也不冷；

但能否一夜好眠就要看運氣了！因為半夜柴火會燒盡，若沒有哪位熱心室友不畏艱辛爬出被窩添加木柴，可能就只有冷醒的份了呢。

📍 薩米帳篷住宿資訊（英）
https://www.tromsolapland.no/
http://www.lyngsfjord.com/

{ 北歐現象 }

充滿泰國風情的特羅姆瑟

特羅姆瑟自古是多元人種匯集地，官方統計約有一百多國不同國籍人口在此定居，雖不覺得這是充滿異國風情的城市，但走在路上卻看見不少泰國餐廳、泰式按摩店，甚至超市中還賣著泰式天燈和泰國酸辣醬。我好奇地問了當地人，才知這裡也是「泰國老婆」的匯集地。

其實前幾年 BBC 就曾報導過「北歐剩男多、亞洲美女來幫忙」的現象，因為北極地區年輕人出走、造成人口銳減和性別赤字狀況，剩男只好去遠方尋妻，其中挪威男性娶泰國女子的人數最多，每年約產生 7 百對挪威 - 泰國佳偶。挪威電視台還為這樣的婚配狀況製作過專題報導：首先引用英國一項「最適合的結婚對象」研究調查，統計結果發現擅長家務、會照顧小孩、外型普遍高大帥氣的挪威男人，被世界列為最佳老公人選！但要和挪威男人展開關係卻不容易，因為氣候嚴寒人口稀疏、缺乏社交經驗的先天不足，加上社會風氣女權當道的後天影響，造成挪威男性大多害羞、被動，即使遇到心儀的女性也難以主動出擊。

而泰國女性勝出的原因可能有三：一來挪威人特別喜愛陽光，泰國是他們冬季熱愛的渡假勝地，在當地認識了主動的泰國女孩就把她們娶回家了。其二，許多不擅社交的挪威男迷上網路交友，在相親網站遇到熱情的泰國女生為之傾倒；泰國老婆來到挪威後，更積極為家鄉姊妹親友引薦作媒，因此嫁來挪威的泰國人便開枝散葉。第三，北極圈內工作機會稀少，許多受過高等教育的女子來此只能從事低階勞動工作，但這對吃苦耐勞的泰國女性來說並不是障礙，對比起家鄉貧困生活，她們更願意離鄉背井、遠嫁北極。

因此，若你在特羅姆瑟吃到道地泰式料理並無須意外，雪地活動造成腰酸背痛還可來場放鬆紓壓的按摩，也許「泰國老婆」不但成為特羅姆瑟的重要族群，更有機會為這城市創造另類的經濟奇蹟吧？！

挪威納爾維克

Narvik 68° 25' 14" N 17° 33' 36" E

北緯 68 度的納爾維克是一個很小的城鎮，人口僅有 1 萬 8 千多人，名氣來自於它是瑞典國鐵火車的終點站，也是瑞典鐵礦產出海口。「Narvik」名字來源在古挪威語中是指良好的天然口岸，港闊水深、終年不結冰，自古為海上民族維京人的聚居地。但它真正發展於 1898 年，瑞典國家礦業公司（LKAB）決定將納爾維克開發為基魯納鐵礦的輸出港口，因此花費 4 年時間橫越挪威瑞典邊界山脈，構築一條直通港邊的鐵路工程，從此它成為北極圈規模最大的口岸之一，一百多年來肩負著將北歐礦產運抵全世界的使命。

相對於港都，納爾維克更值得一遊的是它氣壯山海的風光！位在奧福特峽灣（Ofotfjorden）最深處，東部以海拔 2 千公尺的山脈與瑞典接壤，判若天淵的高低落差使得九彎十八拐的峽灣景觀更加磅礡。因為北大

西洋暖流行經，城鎮周圍的群山更為沿海地區的強風提供了庇護，冬季氣候溫和、不至極端嚴寒，近年成為日本觀光客新興的極光聖地。夏季的納爾維克則以戶外風光吸引全歐洲遊人，包括：夏季永晝的登山健行、探索戰爭遺跡的沉船潛水、峽灣或湖泊中溪釣鮭魚等等，都是赫赫有名的活動。地方政府更積極發展觀光，旅遊局網站建置完善得令人驚訝！不僅提供詳細資訊，更可訂房、訂票、甚至預約計程車，輕鬆便利就可在這城市盡情探索旅行。

◆ 抵達方式

❶ 從首都奧斯陸搭乘飛機需 1 小時 40 分鐘抵達伊佛斯機場（Harstad／Narvik Airport, Evenes），挪威航空及北歐航空皆直飛，優惠機票約台幣 5000 元起跳；機場距納爾維克市中心 75 公里遠，轉乘公車（上車買票或上網訂票，車資約 329 挪威克朗），52 分鐘車程可抵達市中心。

挪威航空訂票

❷ 瑞典首都斯德哥爾摩搭乘 SJ 火車抵達納爾維克火車站（Narvik stn）需 19 小時左右，直達車並非每日有班次、僅有夜車，最便宜的 6 人臥鋪票價約 1262 瑞典克朗（折合台幣約 3800 元）。

北歐航空訂票

- 挪威航空訂票網頁（英）：https：//www.norwegian.com/en/
- 北歐航空訂票網頁（中）：https：//www.flysas.com/cn-zh/
- 瑞典國鐵訂票網頁（英）：https://www.sj.se/en/home.html
- 機場巴士時刻及訂票網頁：https：//www.flybussen.no/
- 納爾維克旅遊局官網（英）：http：//www.visitnarvik.com/Home

* 瑞典國鐵訂票網頁會阻擋外國人的 IP，當地人連上網頁沒有問題。在台灣使用 app 可正常使用。

瑞典國鐵訂票

機場巴士時刻
及訂票網頁

納爾維克旅遊局官網

◆ **最佳極光欣賞方式**
❶ 搭乘北極纜車登上山頂看極光。
❷ 住宿北極穹頂等候極光。

◆ **建議漫遊方式：步行**
納爾維克城鎮沿著峽灣倚山而建、三面臨海，城鎮被火車鐵
軌一切為二，靠山這一側較熱鬧，大部分的景點、遊客中心、
車站、餐廳、旅館、商場都在這山腳下，地形雖偶有斜坡、
但步行即可踏遍所有景點。鐵軌另一側主要是住宅區、教堂、
學校等生活區域，雖沒有太多旅遊亮點，但沿著峽灣海港散
步風光明媚、寧靜悠閒，不僅可遠眺大型油輪和跨海大橋，
也有許多碼頭是拍美照的勝地。整個城鎮多蜿蜒小徑，適合
散步挖掘屬於自己的一片風景。

{ 在地人推薦必吃 }

魚子醬 Kaviar

挪威的魚子醬並非我們平常認知那種黑色透亮、顆顆分明的高級食材鱘魚卵，而是由糖和鹽醃製的鱈魚卵，經過煙燻、拌入美乃滋和香料後，製成夢幻的粉橘色泥狀物，最後再以牙膏軟管密封包裝，食用時就像擠牙膏般、壓出一束束一坨坨來吃。

有人笑稱挪威人有「把食物放入管中」的強迫症，如果你去逛超市可能會誤以為進了藥妝店，因為一根根類似牙膏或藥膏的東西，會整齊排列在你眼前，不要懷疑！它們可能是魚子醬、或蛋黃蝦醬、或焦糖乳酪、或番茄鯖魚、或火腿泥等各種食物；難道挪威人隨時做好上火星的準備、因此未雨綢繆先把日常食物製作成太空食物的狀態嗎？！

管狀食物出現在 1920 年代，最早內容物就是魚子醬，原意希望用更方便的包裝來儲存海鮮。挪威每年生產數百萬支魚子醬管，這是挪威人早餐桌上或野餐盒裡必備，通常擠在白煮蛋上一起食用，或用作三明治醬料。如果想吃吃看，飯店早餐吧台上一定找得到，或是去超市買一管超小號的嚐嚐鮮；因為需要冷藏，不太適合當伴手禮帶回國。各國旅人對這些管狀魚子醬的接受度不一，不少人覺得像嬰兒食品一樣噁心，以台灣人口味來說可能覺得有點腥，但甜鹹交融滋味其實還不算難吃。重點是管狀魚子醬攜帶方便，無論搭長途火車、山區徒步健行或乘峽灣遊船，隨時隨地都能拿出一片麵包和一管魚子醬把肚子填飽，挪威人對這項發明可是很自豪呢！

順道一提，挪威的三明治只需一片麵包，也就是一般所謂的「開放三明治」（open sandwich）。有人把開放三明治列為北歐必吃特產，但說穿了也沒太特別，僅僅是這種三明治並非上下各一片麵包夾住餡料，而只用一片麵包為底、像披薩一樣把餡料鋪在麵包上。因為北歐習慣食用的是裸麥黑麵包，質地比較硬、質量也扎實，因此只需一片就可飽足。

高山滑雪場——世界級峽灣滑雪勝地

納爾維克市區面著峽灣、倚著高山，山面上即是挪威北部最著名的高山滑雪場 Narvikfjellet，頂點海拔高度有 1272 公尺，擁有全北歐最高的垂直落差，也是世界級越野滑雪勝地，高手級的滑雪者可隨心所欲穿梭於小徑之上、樹林之間，享受自由自在的雪上疾行；最重要的是，邊滑雪還能邊欣賞奧福特峽灣的美景盛宴，從山頂往下眺望，簡直像可以直接從山坡滑入峽灣一般，擁抱震撼的視覺衝擊。

對於不會滑雪的人來說，來滑雪場欣賞各個大展身手的英姿，也是不錯的選擇。在挪威，滑雪不但是基本技能、也是老少咸宜的休閒活動，緩坡上有老太太在悠哉慢滑，跳台上有青少年在空翻耍帥，甚至連吃著奶嘴的幼幼班小朋友、都被爸媽夾在雙腿間從 600 多公尺高的陡坡向下溜，重視戶外生活的挪威人連在寒冬中也充滿活力。

INFO

高山滑雪場 Narvikfjellet
地址： Skistua 61, 8515 Narvik
開放資訊： 極光季開放時間週一～五 15：00～20：00、週末 10：00～17：00，纜車來回票價 315 挪威克朗（折合台幣約 924 元）；極光纜車團時間為 21：00～23：00，費用約為 795 挪威克朗（折合台幣約 2330 元）。
前往方式： 位於市區中心可步行。
官網（英）： https://www.narvikfjellet.no/en

地圖

官網

Must Do /01

搭纜車登頂看極光

三台列隊的迷你纜車橫越在峽灣高空，第一時間就吸引眾人目光！這座長度 1832 公尺的高山纜車建於 1957 年，是北歐最早落成的纜車之一，限載四人的迷你車廂採三台一組方式上下對駛，並行陳列於空中相當迷人醒目。搭上纜車更有一種值回票價的視野，無敵峽灣美景開展在眼前，隨著高度增加、華美宏偉的聲勢也愈加浩大！

纜車抵達海拔 656 公尺的觀景站，木棧平台擁有無與倫比的城鎮全景，崎嶇山脈像直接從海平面拔地而起，登高望遠有種把峽灣踩在腳底下的錯覺，堪稱北極圈排行 No.1 的景緻。可以選擇在不同角度的長椅或坐或臥，點杯咖啡、放鬆身心並欣賞美景；天黑時分搭纜車上山會是更棒的決定，因為你有可能在更接近天空的峰頂與極光相遇。

總在峽灣間望見極光的維京人，對這天象有不同想像解讀，他們認為極光是地球與維京眾神天國之間的橋樑，又認為在冬季不應該穿白色服裝、戴白色帽子，因為在極光下揮動這些白色衣物、就如同在鬥牛眼前揮動紅布一般，會觸怒天神、祂會降臨身邊把你帶走。一直到 20 世紀初，有些挪威北方人都還遵循冬季不穿白衣的禁忌。聽完維京故事也得親眼見見極光！極光纜車團更會帶你到海拔 656 公尺的山中餐廳、提供私房的拍照角度，讓人以獨特城市框架體驗北極光、拍出專業攝影師一般的照片。

挪威製造的北極穹頂

北極穹頂（Arctic Dome）是最新型的住宿體驗，也是令挪威人驕傲「Made in Norway」的發明。善用力學原理、使用輕型鋁架搭起的球狀小屋，不但移動方便、可無限循環使用，而且當中有壁爐和風扇、讓空氣既流通又溫暖，最厲害的當然是密閉堅固的建材能抵禦零下二、三十度的強風酷寒。為了不讓住客受外界打擾，北極穹頂搭建地點通常遠離文明，不但隱密寧靜，且景觀總是驚人，也許在高處可眺望峽灣、也許在林間與動物偶遇。透明的全景牆和大片天窗，無論任何姿態、各種方位都能輕易觀星和尋找北極光，處在一個身歷其境卻又溫暖舒適的空間，讓自己與大自然融為一體，感官和心靈都因此耳目一新。

由於北極穹頂與露營車類似，只要購買設備就可在自己的土地上經營，因此在特羅姆瑟或瑞典基魯納都可體驗此種住宿，但納爾維克特別聲名大噪即是因位在滑雪場上方，可毫無遮蔽地擁抱峽灣脈的百萬夜景。

北極穹頂住宿資訊（英）：
https://www.visitnorway.com/
listings/senja-dome/238726/

民宿老闆提供的北極穹頂

納爾維克海港——戶外活動的天堂

礦產和鐵路是納爾維克的興起、也是曾經的傷痛。本來只有幾個農場的峽灣半島，因為港口和鐵路的建成，不但成為北極圈內最大的礦產輸出港口，至今仍是瑞典和芬蘭北部地區貨物集散的重要關口。北部博物館（Museum Nord-Narvik）展示了這個城市過去一百多年的變化與轉型。小小一間博物館雖內容不多，但外觀卻是適合拍網美照的地點，建於 1902 年的黃色斜瓦磚房，4 根姿態優美的煙囪在皓白雪地裡顯得更加可人；從博物館花園可以欣賞整個海港風光，包括 LKAB 工程龐大的運礦設施、和城市與港灣相倚的親密。

不過也因為納爾維克海陸戰略位置重要、又直通礦產資源，第二次世界大戰時竟成為德軍與盟軍爭奪的主要戰場之一，戰後不但整座城市鎮付之一炬，直至今日峽灣當中也仍有許多沉沒戰艦、在夏季成為潛水客趨之若鶩的目標。市中心的戰爭博物館（War Memorial Museum）詳細紀錄挪威北部的戰爭歷史，包括 1940 年德國對納爾維克的襲擊、及其後 5 年的對峙和佔領，館中展示二戰中的歷史物品，並討論衝突和人權等問題。

今日的納爾維克仍是北極圈最重要的海港，更是戶外活動的天堂，並且發展新創科技研究，但當地居民一直紀念著這個城市的興起，因此每年 3 月上旬會舉辦納爾維克冬季節（Narvik Winter Festival），至今已六十多載，初衷是為了紀念鐵路開鑿工人和傳揚鐵路故事，後來成為挪威北部最大的文化慶典之一；為期 9 天的慶祝匯集 200 多場音樂、文學、藝術展覽、戲劇、舞蹈活動，特別強調與瑞典的跨境合作作品，每年吸引 5 萬名以上的遊客共襄盛舉。「黑」是這場盛會的 dress code，男士必須頭戴黑色紳士帽、穿黑背心與黑長褲，女士則穿黑長裙搭配黑披肩。除了濃厚的藝文氣息，也不乏有趣的笑點，熱鬧遊行隊伍中總穿插各種搞笑扮裝的小朋友，參賽者摔得東倒西歪的自製雪橇大賽更是一大賣點。

I N F O

北部博物館 Museum Nord-Narvik
地址：Administrasjonsveien 3, 8514 Narvik
票價：成人 80 挪威克朗
營業時間：每週一、週三、週五上午 12：00 ～ 17：00
前往方式：從火車站步行約 20 分鐘
官網（英）：https：//www.museumnord. no/en/narvik/

I N F O

戰爭博物館 War Memorial Museum
地址：Kongensgate 39, 8514 Narvik
票價：成人 130 挪威克朗
營業時間：每日 10：00 ～ 16：00
前往方式：位於市區中心可步行
官網（英）：https：//warmuseum.no/

地圖　　　　　　官網

地圖　　　　　　官網

Must Do /03

以雕塑認識城市

挪威人以喜愛人體雕塑聞名於世,即使是地廣人稀的北極圈城市,都可見到許多雕塑藝術,表達著生命故事、傳遞著意念思考觀點。走在納爾維克街頭,很難不注意到處處是以孩子們為主角的雕像,原來在 2005 年日本廣島市長秋葉忠利成立全球市長和平組織、推動 2020 年全面消滅核武,也曾經歷戰爭悲痛的納爾維克成為全球第一個響應的城市,於是「和平是對未來的承諾」便成為納爾維克的主旋律之一,透過孩子們遊戲、思考、熟睡等姿態,呈現人類生存的天性和未來生活的冀望;代表著納爾維克地標的和平紀念碑更不是一座「碑」、而是媽媽肩上揹著小孩的雕塑,雕塑命名為「不再混亂的生活」訴說著二戰後從德軍手中收復重建的城鎮就像孩童的新生、回歸母親懷抱的幸福。

往峽灣海岸散步則有機會見到一些巨大雕塑,例如作品「門戶」(The Portal)代表人造建築與自然美景之間的界線,「地球上的天堂」(Heaven on Earth)象徵著面對新事物只要心態轉變就能看見天堂。原來人口單薄的北極圈中藝術博物館稀少、且相隔很遠,因此藝術家們發起 Artscape Nordland 計畫,希望將藝術帶給居住地的人們,而且創作時聚焦於這些城鎮的特質,運用峽灣景觀為藝術作品帶來新的詮釋和理解。這些巨大雕塑以壯麗峽灣為背景,氣勢格外磅礡,襯托著冬季厚厚的積雪、風霜蒼茫的上色,就像一幅大山大海的鉅作,很慶幸在散步中得以用這些藝術認識這座城鎮、以及挪威人對美感的執著。

Must Do /04

魚市場吃魚舌

身為海港城鎮的納爾維克，市中心有一間觀光客必遊的魚市場（Fiskehallen），許多人甚至大老遠從瑞典的基魯納或阿比斯庫開車來逛魚市場，遠道而來是因為這些瑞典城鎮為內陸地區，想吃新鮮海產只能來到海邊，但如果你想像它是像富基漁港之類的魚市場，那可要大失所望了！基本上就是室內空間的一排冷凍庫，玻璃櫃裡大多是殺好切片的魚，號稱最新鮮、但憑外觀有點難以辨別新鮮度，只好用嘴巴來嚐囉！

魚市場旁就有餐廳可大快朵頤，主廚推薦的菜色有烤魚乾、家常魚漢堡、和鱈魚舌。鱈魚舌乍聽之下很炫，如果是中國料理無庸置疑，但作為挪威傳統菜餚就令人十分好奇。鱈魚是北極海域盛產的魚種，由於極地物資匱乏，因此魚頭到魚尾都要物盡其用，魚卵做成管狀魚子醬、魚肝製成魚肝油、肥厚的魚舌頭則是北挪威人最愛的家常食材。最傳統的做法是像鹽酥雞一般裹上麵粉油炸、再撒上椒鹽，吃起來香酥多汁，口感有著雞胸肉的彈牙、又不失魚下巴的肥美，來到納爾維克魚市場值得一嚐！

這道挪威傳統菜餚讓我想起曾看過一部紀錄片《舌尖上的青春紀事》（Tongue Cutters），自古以來切魚舌這份工作都是小孩做的，挪威政府也支持延續這項傳統，割魚舌的孩子甚至享有 12 個小時免上學的優待！於是每到鱈魚季就能看見孩子們在放學後，成群結隊的帶著鋒利刀具來到碼頭，片中的小朋友開心地說：「鱈魚一點也不臭、牠聞起來都是錢的味道！」看著稚嫩的小學生毫不生澀、痛快俐落地割下一顆顆魚舌頭穿插成串，著實蔚為奇觀。

📍 魚市場 Fiskehallen
地址：Kongensgate 42, 8514 Narvik
營業時間：週一至週五 9：30 ～ 16：30、週六 11：00 ～ 14：00、週日休市
前往方式：位於市區中心，可步行

{ 北歐現象 }

你所不知的極地生活

生活在北極圈有許多注意事項，住在台灣的我們可能一輩子都不知道，但來到這裡真要好好學習，免得自己危險或造成他人困擾。

1. 水龍頭不能關緊：北極圈的廁所常見許多滴滴答答的水龍頭，一開始以為是漏水，總忍不住把它旋緊關好，直到有一次被民宿媽媽看到，竟馬上激動極力阻止我！原來因為室外氣溫太低，水管必須時時保持水流流動，免得一靜止下來水管馬上結凍了，停水是一回事，重點是冰的體積比水膨脹 9%，結冰可能會發生水管爆裂的悲劇。

2. 離屋簷遠一點：屋簷是個危險地帶，沿著屋簷垂下的冰錐、或從結凍水管裡延伸的冰柱，隨時都有可能砸傷人。第一次受震撼教育是中了屋簷滴下水珠的埋伏，水珠一層一層結成冰、冰上又附著水珠，滑溜得令我四腳朝天，好在我還身強力壯，老人家照這種摔法絕對進醫院了。第二次是我獨自站在博物館屋簷前拍照，突然有整坨體積比轎車還大的雪沿著屋簷崩落下來，竟差 1 公尺就直接砸在我頭上！四下無人、如果我被活埋大概也不會有人發現吧？！

3. 螢光背心是制服：剛到極圈時，發現路上好多穿著螢光背心的工程人員，後來才發現原來螢光背心是許多人的日常服飾，兒童在戶外上課時更被規定必須穿著螢光背心，畢竟北極圈的冬季遍地皓白、積雪又高又厚，視線不良以外、白天時間十分短暫，在缺乏路燈的夜裡行動，螢光背心真是必備良物。

4. 不熱的暖氣：追完極光的夜裡，直接跳進暖氣房絕對是不二選擇！但不久後會發現暖氣溫度怎麼調都不熱！曾經懷疑是暖氣壞掉，但當每間住宿都有同樣問題時，才發現原來北極圈的暖氣真的不會熱！房東告訴我，當地人習慣將暖氣調在 18 度左右，這是避免室內外溫差過大，造成人體感冒、物體熱漲冷縮壞掉。我自己觀察則發現北歐人超怕熱，在暖房常脫得只剩無袖或細肩帶，跟畏寒的我們形成極端對比！

5. 沒有時間的地方：世上許多國家都執行日光節約時間（Daylight saving time），全歐洲更除了冰島都遵循此規則：在每年 3 月最後一個週日將時鐘調快 1 小時，目的是使人早睡早起，充分利用自然光、節約用電；而 10 月最後一個週日則將時鐘回撥 1 小時，避免天未亮就出門造成許多意外。「時間會變」是我們在台灣不曾經歷、也不懂得要留意的事，因此我們等錯公車、又錯估博物館的關門時間，沒有網路無法 google、只覺一切都莫名其妙，直到回房遇見房東才了解我們過著比別人慢 1 小時的時間。不過這樣的節約規則在北極圈似乎不實際，2019 年 6 月挪威北部索爾若伊島全體島民決定正式向挪威議會請願，要求廢除該地時間、從此丟掉手錶時鐘，其他極地城鎮也打算跟進。因為他們大部分時間都在漫長的永夜或永晝中度過，作息完全無法遵循傳統時計規則、只能跟著生理時鐘、順應天性，因此時間對他們來說已經沒有太大意義。來到北極圈旅行，或多或少也能體會這種沒有時間的感受。

5

北歐首都小旅行

HEADING TO CAPITALs

北極圈三國的首都赫爾辛基、斯德哥爾摩、
奧斯陸是追極光必經的轉機、轉車地點，首
都生活與北極圈截然不同，也可看見一個國
家的縮影，追極光之旅若保留一兩天來好好
探索首都絕對值回票價！

芬蘭赫爾辛基

Helsinki 60° 10' 32" N 24° 56' 03" E

「波羅的海女兒」是赫爾辛基的別名,自古以來夾在俄國與瑞典互有消長的競爭和統治之間,直到 1917 年芬蘭才成為獨立國家,首都赫爾辛基融合了雙方的古典美感、和兼容並蓄的性格。西臨波羅的海,臥踞芬蘭灣一隅,等同進入歐亞大陸的隘口,因此成為全國政經文化中心,也是緯度第二高的世界首都(緯度最高的首都是冰島的雷克雅維克)。城市座落於半島頂端、及延伸海域上的 315 座島嶼上,其中最有名的即為與半島咫尺相望的芬蘭防禦城堡。

踏上赫爾辛基,會明顯感受到與我們想像中的首都有段差距,沒有林立的大樓、沒有擁擠的車潮、沒有趕路的人群,一切都是寂靜、閑散、隨時可以獨自擁抱這座城市的氛圍。整個赫爾辛基的人口只有 60 萬,市區則綠地如茵、湖泊星羅棋布,自然風光與都市建設巧妙結合、傳統建築又與現代文明融為一體,時時散發著北歐式的簡單優雅。夏季 6 至 9 月是旅遊熱門季節,一天日照最長達 19 小時,可以從早到晚玩到爆肝;極光季的天氣常是陰天或下雪,就算有太陽、白天也僅浮現在空中 5 到 6 個小時,但這種觀光客稀少的悠閑狀態卻可讓人好好探索這座清新舒適的城市。

機場交通　Vantaa Airport

◆ 火車

搭乘 HSL 市區火車 I 線或 P 線，可以直達赫爾辛基中央車站（Central Railway Station），車程約 45 分鐘，營運時間約在清晨 5 點到晚間 1 點。可在機場尋找 HSL 標誌的售票機購票，或手機下載 APP「HSL Mobileticket」軟體購票，乘車地區（Zone）是從機場所在地的 Zone C 到中央車站所在的 Zone A，所以要購買 ABC 三區皆能通行的票種（Required ticket），單程票 4.1 歐元、購票 80 分鐘內要啟用，優惠票則從單日票到 7 日票都有，購票後會收到一個 QR Code，查票時向列車長出示即可。

HSL 市區交通官網

● HSL 市區交通官網（英）：https：//www.hsl.fi/en

◆ 市區巴士

無論一或二航廈出來會看見集中的巴士站，可搭乘 600 號公車至市區，終點站在中央車站旁廣場，車程約 52 分鐘，24 小時皆有班車。購票方式和票價與 HSL 市區火車相同，要購買 ABC 三區皆能通行的票種（Required ticket），上車時向司機出示車票 QR Code 即可。官網可直接輸入起訖地點，網站類似 google map 會給予班車資訊和搭乘時間地點。

HSL 市區交通官網

● HSL 市區交通官網（英）：https：//www.hsl.fi/en

*HSL 市區交通官網會阻擋外國人的 IP，當地人連上網頁沒有問題。在台灣使用 app 可正常使用。

建議漫遊方式：
步行或單車 + 電車或地鐵 + 市區巴士 + 渡輪

赫爾辛基的景點相當集中，大部分以步行方式可遊覽，也可使用電車、地鐵或巴士在市區內移動以及前往郊區，渡輪主要航行於市區與芬蘭堡之間。

◆ **單車**

全赫爾辛基市約有 3500 台 City Bike，開放租借時間是 4 月到 10 月，若你在秋末或春初來到北歐追極光的話，即可享受單車遊赫爾辛基的樂趣。費用是 24 小時 5 歐元，期間不限騎乘次數、每次最長騎乘 30 分鐘，超過時間則每 30 分鐘收費 1 歐元；最多連續租借 5 小時，超過 5 小時沒歸還會被罰 80 歐元。使用方法是上網註冊、輸入 Email、密碼（Pin Code）、基本資料、信用卡資訊，就會得到一個 cyclist ID。選定一台 City Bike 單車後，在單車面板上輸入 ID 及密碼，即可解鎖使用。

City Bike 官網

● 註冊網站及使用方法請參考官網：https：//kaupunkipyorat.hsl.fi/en

*City Bike 官網會導至 HSL 市區交通官網，網頁會阻擋外國人的 IP，當地人連上網頁沒有問題。在台灣使用 app 可正常使用。

◆ **電車**

綠色窄體車廂緩緩行駛於石板路上，這是屬於赫爾辛基的復古美景，這個電車系統是世界上最古老的電氣化網絡之一，也是在赫爾辛基旅行最常使用的大眾交通工具。電車系統共有 10 條路線，其中 2 號和 3 號組成的環狀線繞市區一周，是遊客最常使用的路線，平日營運大約從早上 5 點到凌晨 1 點、周末營運時間可能會縮短。電車站皆有詳細的路線、方向、班車時刻，購票除使用 HSL 標誌的售票機以外，也可手機下載 APP「HSL Mobileticket」軟體購票，購票方式與 HSL 市區火車及市區巴士相同，赫爾辛基大部分景點集中在 Zone A 及 Zone B，AB 兩區皆能通行的票種（Required ticket）單

◆ 地鐵

赫爾辛基地鐵是世界上最北端的地鐵系統，僅有 1 條路線、25 站，主要以東西向連結郊區和中央車站之間的交通，營運時間約是清晨 5 點到晚間 12 點，周末營運時間縮短、且班次相當少。赫爾辛基地鐵和台北捷運淡水線類似，有地下化、也有地面軌道，月台皆有標示方向，HSL 售票機和手機 APP 皆可購票，購票時要特別注意起站和訖站是否在同一區域（Zone）。

◆ 市區巴士

赫爾辛基的公車網路四通發達，全市約有 120 條路線，主要路線多從清晨 5 點營運到午夜 12 點，巴士車廂有單節、也有雙節，任何一個門都可上下車。HSL 售票機和手機 APP 皆可購票，上車時向司機或查票員出示 QR Code，購票時亦需注意起訖站的區域。

◆ 渡輪

總統府前市集廣場東側（Market Square）即有渡輪碼頭，遊客可搭乘 19 號路線渡輪到芬蘭堡（Suomenlinna）北岸的 Iso Mustasaari 島主碼頭，船程約 23 分鐘，營運時間從上午 6 點到凌晨 2 點，每小時約 1 至 2 班。渡輪除了載人外，也可搭載幾台小客車，室內座位不多、但因船程不遠可站立，或到甲板迎著寒風欣賞美景，極光季時海面上結成薄冰，船行後就把冰面壓碎，景致非常壯觀。碼頭邊的 HSL 售票機和手機 APP 皆可購票，購買 AB 兩區皆能通行的票種（Required ticket）單程票 3.10 歐元，查票時出示手機 QR Code 即可。

HSL 市區交通官網

● HSL 市區交通官網（英）：https：//www.hsl.fi/en

旅遊資訊

◆ 赫爾辛基遊客中心

赫爾辛基遊客中心（Helsinki Tourist Information）位在港口附近，1 號或 2 號電車皆可抵達在 Kauppatori 下車，中心提供中文指南地圖、可購買旅遊卡、訂票或訂購一日遊行程，櫃台服務人員亦會熱心提供景點資訊。

旅遊局官網

極光季營業時間週一至週五 9：30 至 17：30、週末為 10：00 至 16：00。
- 地址：Kaivokatu 1, 00100 Helsinki, Finland
- 旅遊局官網（英）：https：//www.myhelsinki.fi/en

◆ 赫爾辛基交通卡

赫爾辛基交通卡（HSL Card）是很常在各車站、碼頭看到的標誌，功能類似台灣的悠遊卡，可在商店或車站購買，儲值後無限制搭乘所有大眾交通運輸，購買季票費率將更便宜。但比較適合在當地生活、或長時間停留的旅人，一般遊客使用 HSL 的「HSL Mobileticket」APP 即可享受大眾交通優惠。

HSL 市區交通官網

- HSL 市區交通官網（英）：https：//www.hsl.fi/en

◆ 赫爾辛基卡

赫爾辛基卡（Helsinki Card）是一個全方位的觀光優惠，持卡可免購票進入 30 個以上的景點、博物館，也可免費使用所有市區大眾運輸，夏季還可搭乘 Hop-on Hop-off 雙層觀光巴士和運河遊船。卡片共分 1 天、2 天、3 天的價位，最便宜從 1 日 46 歐元起跳。上官網選填使用日期區間、並付費後，可在赫爾辛基指定地點取卡。若不想大費周章領取實體卡，則可購買「手機卡」（Helsinki Mobile Card），系統會直接將 QR Code 寄到你的電子郵箱，進入每個景點時提供掃描即可，但手機卡不能免費搭乘大眾運輸。

赫爾辛基卡官網

- 赫爾辛基卡官網：https：//www.helsinkicard.com/

{ 在地人推薦必吃 }

肉桂捲 Cinnamon Bun ／ Korvapuusti

肉桂和荳蔻的香味是每個芬蘭人童年記憶中的滋味,不但人人愛吃甘草糖,點心中更不可或缺肉桂捲。肉桂捲是現代芬蘭的典型食物,連官方旅遊局列出「芬蘭必吃的 10 項食物」也將肉桂捲排名第三,並自豪是世界上最美味的!肉桂捲其實並非起源於芬蘭,來自瑞典、或來自德國南部各有說法,但芬蘭的肉桂捲與其他國家大有不同,一來不會淋上乳白的糖霜、而是灑滿雪花般的珍珠糖;二來麵包體並非緊密扎實,而是中間空洞、表面酥脆;三來形狀比較扁平,難怪當地人其實習慣稱它為麵包(bun)而非捲(roll)。

肉桂捲的芬蘭語 Korvapuusti,直譯是「耳光」的意思,雖然它的外型既不像巴掌、也不似耳朵,對這個可愛的名字當地人有 3 種說法:第一個說法是指這個字來自瑞典語中的「新月形糕點」,直譯成芬蘭語音調相似於「耳光」;第二種說法是因肉桂捲入烤箱前,芬蘭人為讓烘焙更加均勻,將麵糰用手掌拍一下、使其更平整,就像給麵糰一記溫柔耳光一樣;最後一個故事則源自肉桂捲剛傳入芬蘭時,有一個新學徒反覆試驗想改變肉桂捲、創造一個糕點,他的師傅認為這樣很不合適,於是給了他一記耳光!肉桂捲也很常出現在芬蘭的文學創作中,有一首名詩就把它影射為「第三者」,意思是:感情上的第三者通常不會得到什麼好東西,要不就只是一個肉桂捲、要不就是一個耳光。

吃肉桂捲時一定搭配著咖啡,因為芬蘭人嗜咖啡成癮!每人平均一天喝 3 到 5 杯咖啡、每年要喝掉 12 公斤咖啡,是全球咖啡消費量最高的國家。當地人認為冰天雪地裡,來

杯熱騰騰又能提神的飲品是最棒的享受。而芬蘭咖啡流行輕烘焙,充滿果香的酸甜感、較不苦澀,搭上香料濃郁又蜜甜的肉桂捲,完全是絕配!

全芬蘭最好吃的肉桂捲就在赫爾辛基,西貝流士公園旁的海岸線有一座建於 1887 年的古董小紅木屋,圍繞著紅色柵欄和雪地裡的熊熊火堆,看起來特別溫暖可人。這本是一間漁具倉庫,2002 年改建為 Cafe Regatta 咖啡館後,以好吃的肉桂捲遠近馳名,屢次登上旅遊網站評價第一。小小一間木屋、五六張木桌,大約只能容納二十多人,牆面和天花板都掛滿了鍋碗瓢盆、樂器畫作,有種古意的趣味感。若不想大排長龍人擠人,在人煙稀少的極光季光顧是最佳選擇!

📍 Cafe Regatta 官方網站:
http：//caferegatta.fi/in-english/

— 港口芬蘭堡 1 日路線 —

參議院廣場 Senaatintori**+** 赫爾辛基主教座堂 Helsingin tuomiokirkko

→愛斯普拉納地公園 Esplanadinpuisto **→**老農貿市場 Vanha Kauppahalli**+** 市集

廣場 Kauppatori **→**烏斯佩斯基大教堂 Uspenskin Katedraali **→**芬蘭灣冰泳桑拿

Allas Sea Pool **→**芬蘭城堡 Suomenlinna

赫爾辛基主教座堂 Helsingin tuomiokirkko
地址：Unioninkatu 29, 00170 Helsinki
門票：免費
開放資訊：極光季開放時間為 9：00 ～ 18：00
前往方式：從中央車站步行約 10 分鐘，或搭電車 2、4、5、7 號在 Senaatintori 站下車。
官網：https://helsingintuomiokirkko.fi/

地圖　　　　　　　官網

參議院廣場 + 赫爾辛基主教座堂

高高在上的青銅綠色大圓頂、白色雕牆希臘式高柱，赫爾辛基主教座堂是赫爾辛基市區最醒目的一座建築，雄峙在高出地面 80 公尺的台階上，居高臨下連海面船隻都可遠遠望見。這座新古典主義風格的教堂是芬蘭福音信義會主教堂，始建於 1830 年、直到 1853 年才完成並啟用，最初是俄國沙皇尼古拉一世的獻禮，因此芬蘭獨立之前都稱作「聖尼古拉教堂」。教堂內部裝飾亦是以素雅白色為主，搭配水晶吊燈、簡約而華美，教堂經常用於禮拜和婚禮等特殊活動，每年有超過 35 萬人參觀教堂，堪稱赫爾辛基最著名的地標。

而教堂前的參議院廣場（Senaatintori），可說是芬蘭的政治、宗教、研究、商業中心，除了主教座堂以外，廣場東面的「政府宮」目前為總理辦公室，西面的「赫爾辛基大學」和「國家圖書館」是研究重鎮，廣場前的 Aleksanterinkatu 大街更是所有購物名店匯集之處。廣場中心的雕像是沙皇亞歷山大二世，據說他統治芬蘭期間勤政愛民、給予芬蘭高度自治權；雕像下方四個方位的雕塑則象徵著芬蘭重視和平、科學、藝術與正義的精神。

愛斯普拉納地公園

愛斯普拉納地公園是接近港口的一片綠地，公園中央處是芬蘭愛國詩人 Johan Ludvig Runeberg 的雕像，芬蘭國歌有一段歌詞就是由他所創作，這也是赫爾辛基市最早的一座公共紀念碑。這座公園最大特色是歐陸風格的綠色長廊，直線排列的綠樹成蔭、點綴著水池與小花圃，公園空間就像一個以綠地築牆的大廳。平日裡，這裡是行人往來穿梭的交通要道，人們只是經過而不停留；但假日間，特別是太陽出來探頭時，就成為人們散步、休憩、享受片刻日曬的地點。每年 5 月初到 8 月底，公園內會舉辦全芬蘭最長的音樂節，約有 200 名藝術家和團體會以公園為舞台進行表演；極光季節雖不如夏天熱鬧，但公園周邊圍繞著充滿文藝氣息又氣氛悠閒的書店、咖啡店、紀念品店，也足以令人逛得過癮。

公園附近延伸至港口，可看見許多水泥製成的可愛烏龜，很好奇烏龜與赫爾辛基有什麼關係嗎？原來這是赫爾辛基的路障兼告示牌。赫爾辛基整座城市的環境管理都是外包給一家服務公司，當中聘請的一位園丁想為當地交通建造一些城市色彩，於是創造了烏龜路障，因為牠們是動作很慢的動物，對於需要放慢速度的駕駛來說是完美的提醒，造型可愛以外也易於堆疊、難以翻倒，可以堅固確實達成路障任務；烏龜殼上的洞更可豎立告示牌或號誌，提醒民眾車輛改道、環境清潔等臨時性發佈事項。事實上赫爾辛基還有水泥豬、水泥汽車、和水泥蝸牛的路障，但都沒有烏龜來得多、且讓人印象深刻。

愛斯普拉納地公園 Esplanadinpuisto
地址：Pohjoisesplanadi, 00101 Helsinki
門票：免費
開放資訊：全天開放
前往方式：從中央車站步行約 10 分鐘，或搭電車 2 號在 Kauppatori 站下車。
官網：https：//vihreatsylit.fi/en/esplanadinpuisto/

地圖　　　　　　官網

老農貿市場 + 市集廣場

對歐洲市場的印象一向是室內乾淨的攤位或櫥窗，不過在 20 世紀前赫爾辛基的市場其實跟台灣一樣都是聚集在戶外，直到 18 世紀末當地人的食品衛生安全意識抬頭，決定將市場搬到室內，因此 1889 年在碼頭邊興建了這個赫爾辛基第一座室內市場：老農貿市場。紅白磚交相構築成古典色彩濃厚的門面，側邊則拼貼成馬賽克圖型，迎著海風佇立在碼頭邊，十分亮眼。130 年的歲月更迭，這個當地人稱為「老市場」的室內農貿

集散地曾在兩次大戰期間因物資缺乏幾度蕭條，民眾也習慣轉往現代化的超市和大賣場購物，但 1995 年芬蘭加入歐盟後，法國乳酪、西班牙火腿這些流行口味的產品進入老市場，為生意注入新興活力，目前更成為熱門的旅遊景點！

市場中有 120 個攤位，典雅的木造裝潢配上長長的迴廊走道，簡直就像一座藝術館！販賣著美麗誘人的生鮮或熟食，任何一位菜販陳列出來的擺盤都像一件作品，即使不吃不買、光在每個櫥窗前按下快門也如同大快朵頤。小小的老農貿市場除了賣菜賣肉，也有幾間咖啡館和餐廳，找個位子或站或坐，來杯咖啡、吃一份開放三明治，是感受當地生活的划算方式；當中也不乏觀光客朝聖的店家，像是湯廚房（Soppakeittiö）前總是大排長龍，花費 12 歐元點一碗季節食材現作的濃湯，就能手工麵包吃到飽，對自助旅行者來說無疑是省錢美味的享受。

事實上，位在老農貿市場和總統府之間的市集廣場，名氣比室內市場還要大。在夏季時這裡是赫爾辛基最有活力的地方，鮮花水果、手工藝品、以及許多美味小吃，都在一座座帳篷中向你招手，更是遊客不可錯過的景點。不過冬季僅剩零星的攤位偶而出沒，可能是紀念品、或烤香腸漢堡，不特地說明很難發現這就是所謂的市場。市集廣場西側有一座噴泉，中間青銅雕像刻畫著一位從海面浮起的女孩正側臉托腮在冥想，她的四周圍繞著仰天長嘯的海豹，這就是鼎鼎有名的「波羅的海少女」（Havis Amanda）雕像，象徵著赫爾辛基這座城市在海邊誕生。

I N F O

老農貿市場 Vanha Kauppahalli、
市集廣場 Kauppatori
地址：Eteläranta 13, 00130 Helsinki
開放資訊：老農貿市場開放時間為週一至週六 8：00 ～ 18：00，週日公休。市集廣場開放時間為每日 8:00 ～ 17:00、夏季延長營業至 18:00，但原則上春末到秋初之間攤位比較多。
前往方式：搭電車 2 號在 Kauppatori 站下車。
官網（英）：https://vanhakauppahalli.fi/

地圖

官網

烏斯佩斯基大教堂

屬於東正教的烏斯佩斯基大教堂可說是赫爾辛基最夢幻的一座建築，紅磚青瓦，每座尖塔皆冠著洋蔥狀的金色屋頂、鑲上熠熠生輝的十字架，瀰漫著濃濃的俄國風情。這座教堂落成於 1868 年，號稱是西歐最大的東正教堂，拜占庭式的建築風格是俄國在芬蘭遺留的文化腳印，內部金碧輝煌的聖壇彩繪著聖徒與天使們的畫像，牆壁上則滿是色彩斑斕的幾何花紋，在天窗透進的光線照映下，崇高莊嚴令人屏息！也許因為地處港邊山坡高地上，無論何時烏斯佩斯基大教堂總是迎著陽光、閃閃發亮，看起來格外醒目；當地人更是愛坐在山坡上、教堂前，享受這個永遠被照耀的角落所帶來的溫暖。

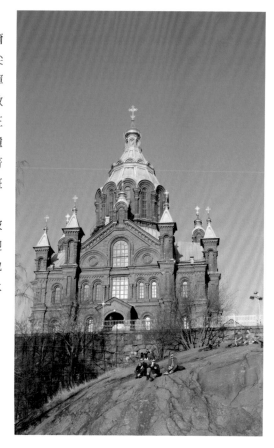

I N F O

烏斯佩斯基大教堂 Uspenskin Katedraali
地址： Kanavakatu 1, 00160 Helsinki
門票： 免費
開放時間： 週二至週五 9：30 ～ 16：00、週六 10：00 ～ 15：00、週日 12：00 ～ 15：00，週一不對外開放。
前往方式： 從中央車站步行約 20 分鐘，或搭電車 4 號、5 號在 Tove Janssonin p. 站下車。
官網： https://www.hos.fi/kirkot/uspenskin-katedraali/

地圖　　　　　　官網

芬蘭灣冰泳桑拿

如果在北極圈沒玩夠,可以考慮跳進芬蘭灣體驗一下冰泳!漫步在赫爾辛基港口會見到一座白色摩天輪,摩天輪前方有一片大型木造甲板漂浮於海面,板上的凹洞即是海水游泳池:一座冒著煙的是使用過濾海水的溫水泳池,裊裊白煙讓我誤以為它是溫泉,但加熱保溫僅維持攝氏27度而已,相對於零度的空氣它的確算是夠溫暖。另一座深不見底、池邊堆滿積雪的,則是真正與海面連結的天然泳池。即使在冬季,泳池依舊十分熱鬧,裏著大衣的管理員持續拿工具戳破池面上的浮冰,穿著比基尼、裸著上身的泳客則不斷衝出來,發抖著身子打算挑戰冰海游泳。挑戰者或許大多是觀光客,缺乏北極戰鬥民族的魄力和體格,因此沒有人奮力跳下水、更沒有人真正來回游上幾趟,只見大夥持續在岸邊扶著樓梯猶豫鼓譟,然後嘗試泡下水面就發出驚聲尖叫。

沒有親身體驗其實完全不能想像有多冷,所以一定得在攝氏80度的桑拿室裡、被蒸氣烤得紅通通地熱血沸騰,才能說服自己把燙得快熟透的身體泡在冰水中!如果提不起冰泳勇氣,泳池旁露台也是當地人喜愛的戶外酒吧或咖啡座,點杯飲料曬曬太陽、聊聊天、看看書、偶而欣賞一下冬泳者的姿態,也是一種趣味。

I
N
F
O

冰泳桑拿 Allas Sea Pool
地址：Katajanokanlaituri 2a, 00160 Helsinki
門票：全票平日 18 歐元、假日 22 歐元
開放時間：週一至週五 6：30 ～ 21：00、週六 8：00 ～ 21：00、週日 9：00 ～ 21：00
前往方式：從中央車站步行約 20 分鐘，或搭電車 4 號、5 號在 Tove Janssonin p. 站下車。
官網：https://allasseapool.fi/?lang=en

地圖　　　　　　　　官網

芬蘭城堡

18 世紀中期，當時統治芬蘭的瑞典王國為了建立海上防禦要塞，而在赫爾辛基港口外的島嶼築起城堡，依地勢起伏而建的城牆、砲台、吊橋，連接起周邊 6 個島嶼，歷時 40 年才完成當今鼎鼎大名的芬蘭城堡偉大工程，不過 1750 年落成時的名稱是「瑞典城堡」。1808 年俄國軍隊降伏這個要塞，其後一百多年間它成為俄國通往波羅的海的重要軍事基地；直到一次大戰結束，芬蘭政府接管並改名為芬蘭城堡，並在 1973 年撤出軍事部屬；因其身為兩百多年歐洲防禦建築的重要典範，1991 年聯合國教科文組織將它列為世界文化遺產。目前島上除了城堡遺跡，也是赫爾辛基重要的自然生態保育區，島上更有 800 多位居民長期定居；許多駐軍建築也被改建為博物館、餐廳、或民宿，林立的小型藝術工作室更保存著許多芬蘭傳統工藝，例如木工和帆船維修等等。

遊客搭乘渡輪會在北岸的主碼頭下船，一登陸即踏上鵝卵石板路，四周環繞著粉紅色、淡黃色、白色粉彩的斜瓦房舍，感受十分浪漫詩意；但真正去了解其歷史，會發現這其實是俄國時代的營房，主要用作警衛居所及關押犯人的拘留室，目前則成為畫廊、咖啡廳、啤酒廠。當地旅遊局規劃一條由北至南的藍色路線（Blue route），跟著藍色指示牌可經過所有主要景點，包括：

INFO

芬蘭城堡 Suomenlinna
地址：00190 Helsinki
門票：進入城堡免費，芬蘭博物館全票 8 歐元
開放時間：島上 24 小時開放，但各餐廳店家營業時間不一，可至官網查詢。博物館冬季開放時間為每日 10：30 ～ 16：30。
前往方式：從市集廣場搭乘 19 號路線渡輪，渡輪營運時間從上午 6：00 到凌晨 2：00，每小時約 1 至 2 班。夏季亦可選擇搭乘水上巴士上島。
官網（中）：https://www.suomenlinna.fi/zh/

地圖　　　　官網

芬蘭城堡

芬蘭城堡博物館

芬蘭堡教堂

1854 年芬蘭堡教堂（Suomenlinna Church）建成時本來是俄羅斯東正教的守衛教堂，擁有五個洋蔥狀圓頂的尖塔；但芬蘭時代被改造為福音派路德教會，建築物修建後僅剩一個塔尖，但這尖塔功用至今仍十分特殊，它擔任著空中及海上交通的燈塔，當燈塔連續閃爍代表正發出摩斯代碼 H、這是赫爾辛基的簡稱。目前芬蘭堡教堂也是最流行的婚禮場地，許多音樂會和活動也在此舉行。

芬蘭堡博物館

芬蘭堡博物館（Suomenlinna Museum）以幾個展間的歷史文物和多媒體，呈現 260 多年的堡壘歷史，以及在芬蘭堡生活和工作的人們故事。影廳中 25 分鐘的影片附有多國語言耳機，可選擇中文旁白、搭配聲光效果更加理解芬蘭堡的過去與現在。事實上芬蘭堡島上有 6 座博物館，除了芬蘭堡博物館以外，還有打造這座碉堡的軍事建築師厄倫斯瓦德博物館（Ehrensvärd Museum）、停靠芬蘭堡港邊

曾參與二戰的維斯科潛水艇博物館（submarine Vesikko）、展示坦克大砲和芬蘭防禦工事的軍事博物館（Military Museum's Manege）、收藏數千件 19 世紀初古董玩具和戰爭玩具的玩具博物館（Toy Museum）、以及展示芬蘭海關和走私歷史的海關博物館（Customs Museum），但這些博物館僅在夏季開放，無法在極光季前往參觀。

乾船塢

這是全歐洲最古老的乾船塢（Dry dock），以人工建造於 1750 年，作為建造、改裝、修理船舶的地方，18 世紀晚期許多瑞典沿海無敵艦隊的船隻都是在此建造；第一次世界大戰時，芬蘭政府使用乾船塢製造出芬蘭第一架自製飛機，1930 年代甚至成為芬蘭海軍的潛水艇基地；二次大戰後芬蘭當地的科技公司接管這個船塢，持續建造船隻作為對蘇聯戰爭的賠償。目前這個兩百多年歷史的船塢

芬蘭城堡

芬蘭城堡博物館

仍在使用，用於修復傳統木帆船，並研發木帆船手工技藝相關知識，秋季時船塢會漲水一次、讓船舶駛入，施工完成後於春季再漲水一次、將船隻駛出。遊客禁止進入乾船塢，僅能在觀景台上眺望。

大庭院

大庭院（Great Courtyard）是芬蘭堡壘的主要廣場和行政中心，庭院周圍在當年都是堡壘指揮官或將軍們的住所，這些住所建築特地採用凹面牆設計，造成錯誤的視角使庭院看起來更加宏偉。在廣場中央頂著鋼盔和盾牌的一座碑，即是設計芬蘭堡的建築師厄倫斯瓦德的墓地。大庭院在戰爭時期遭受嚴重的轟炸破壞，目前所見都是修復後的樣貌。

國王之門

國王之門（King's Gate）雖然在路線最尾端，但它其實才是芬蘭堡真正的門戶。用巨石砌成兩層樓高的恢弘大門，以雙吊橋敞開坦蕩面向海洋，展現無比氣勢，當年芬蘭堡建成時瑞典國王即由此處登陸進城。國王之門的兩邊鑲著大理石，上面刻著芬蘭名言：「後代子孫，捍衛這片屬於你的土地，永遠不要依賴外人協助。」國王門附近的城牆和堤防上，還遺留許多俄國統治時期的大炮，小心翼翼地爬上滿是積雪、狂風呼嘯的堤防，倚著砲台可感受居高臨下的海洋視野。

桑德爾棱堡

桑德爾棱堡（Bastion Zander）位在國王之門旁邊，是整個赫爾辛基地區最古老的建築物之一。堡壘的牆壁是垂直的岩石面，但裡面竟有 14 個洞穴，有些高高在上肩負偵查使命、有些埋藏在沙洲之下作為埋伏，可以看見這些強大的防禦工事如何守衛著國王之門和島嶼之間的狹窄通道。據說赫爾辛基的孩子們最喜歡來此校外教學，因為可以探索這些神秘的堡壘地道，地道大多對外開放，不過裡面沒有照明設施，遊覽時需要自備手電筒。

{ 在地人推薦購物 }

赫爾辛基的採買指南

一般人認為最能代表芬蘭的產品常是玻璃工藝製品、馴鹿或麋鹿皮革皮毛、以及波羅的海出產的琥珀；也有許多在地知名品牌被列為赫爾辛基不可錯過，例如：簡潔時尚的玻璃生活器皿 iittala，兼具設計感和實用性，特別是以湖泊為設計概念花瓶和水杯蔚為經典；以及芬蘭國寶級的布料織品 Marimekko 時裝，鮮豔的色彩、明亮的印花、實穿的剪裁，在全球都深受喜愛；另外還有家飾品 Artek，不但善用木材質感的細膩、更展現北歐民族的傳統手藝，從大型家具到生活雜貨應有盡有。

赫爾辛基當然也有平價紀念品，嚕嚕米 Moomin 絕對是老少皆宜，從玩偶、家飾品、文具、明信片等等，專賣店裡琳瑯滿目的可愛造型令人守不住荷包；搭乘芬蘭航空必吃的 Fazer 巧克力更是經濟實惠的伴手禮，這是芬蘭最大的百年糖果品牌，藍色包裝的牛奶巧克力是經典，隨著季節更推出不同口味或酒精巧克力。

以上這些店家在愛斯普拉納地公園周邊都可找到專賣店，花一個下午逛逛就可一網打盡！此外，赫爾辛基最大的購物商場是位在中央車站對面的 Stockman，7 層樓高的建物在市區堪稱醒目，已有一百多年歷史、號稱是北歐最大的百貨公司，所有芬蘭經典精品都有在此設櫃。逛完百貨公司還可沿著 Stockman 旁的電車路線散步，包括 Aleksanterinkatu 大街、Pohjoisesplanadi 等幾條街都是購物天堂。

在芬蘭購物，非歐盟國籍的遊客可享受退稅政策，同一天、同一家商店購物滿 40 歐元即可退稅，最高可退商品價 16% 的稅額，前提是必須在貼有免稅標示的商店購物，購物後需索取發票、及店家簽字蓋章的退稅單，才可申請。Stockman 百貨公司 7 樓服務中心有提供退稅服務，或於機場辦理。

— 中央車站周邊 1 日路線 —

哈卡捏米市集 Hakaniemen Kauppahalli → **赫爾辛基大學思考角落** Tiedekulma → **設計博物館** Designmuseo → **中央車站** Päärautatieasema + **國家劇院** Suomen Kansallisteatteri → **靜默教堂** Kampin Kappeli → **基亞斯瑪當代藝術館** Kiasma → **議會大廈** Eduskuntatalo + **赫爾辛基音樂中心** Musiikkitalo → **岩石教堂** Temppeliaukion kirkko → **西貝流士公園** Sibelius-Monumentti

哈卡捏米市場

自從 1889 年建造了老農貿市場，室內買菜經驗為赫爾辛基帶來極大的生活便利，因此市議會決定再興建另外一座兩層樓的大型菜市場：哈卡捏米市場（Hakaniemen Kauppahalli）。1914 年紅磚青瓦的諾大狹長建築落成，一樓匯聚了 11 家魚店、114 家食品店，二樓則有布料、皮革、家庭工業用品等 103 家商店，當時歐洲最大、最負盛名的室內市集就這麼大張旗鼓地開幕了。除了室內市場，每逢假日還會有數十家攤商聚集在建築前廣場，夏季打傘、冬季搭帳篷，從生鮮蔬果、香腸漢堡、到文具卡片全都有賣，像個小型園遊會一般熱鬧溫馨。隨著戰爭與和平經歷了一百多年，哈卡捏米市場目前仍是赫爾辛基最大的市場。

經過 1 世紀的歲月歷練，市場從 2018 年 3 月開始整修，直到 2023 年 4 月底終於重新開幕，更明亮摩登的攤位與玲瑯滿目的櫥窗展示著醃製海鮮、焗烤飯麵、傳統海鮮派、麵包甜點、開放三明治……等等，各種美味令人垂涎三尺、全都好想來一份。這裡很適合上午前來，迎著灑入的陽光，來杯咖啡搭配當地小食，享受一頓最完美的早午餐！

INFO

哈卡捏米市場 Hakaniemen Kauppahalli
地址：Hämeentie 1A, 00530 Helsinki
開放時間：週一～六 8：00～18：00，但特定節日例外，可至官網查詢。
前往方式：從中央車站步行約 15 分鐘，或搭電車 3 號、6 號、7 號、9 號在 Hakaniemi 站下車。或搭地鐵 M1 在 Hakaniemen metroasema 站下車
官網：http：//www.hakaniemenkauppahalli.fi/

地圖

官網

赫爾辛基大學思考角落

透亮敞開的玻璃大門，森林系木質設計的空間，空氣中飄來咖啡香，有人讀書、有人聊天、有人對著電腦苦思、一旁大廳卻又有人站在舞台上對眾人侃侃而談；剛走進思考角落著實摸不到頭緒，這究竟是咖啡館？還是演講廳嗎？後來才發現這裡竟是赫爾辛基大學：一個沒有圍牆的校園，一個歡迎任何人進入的空間，一心期待敞開心胸的交流、或激發火花創意的時刻！可自由組合的桌椅，無論你是路人、當地人、觀光客，只要你願意，都可在這裡一起參加演講、一起學習，或在喧鬧的交流中結識有趣的人、一起聊聊天，甚至只是呆坐在旁不發一語、靜靜看看發生了什麼事都好，肚子餓了還可上學生食堂、花 10 歐元就能享用一客套餐。總之思考角落提供場域和機會，希望可以產生新的思維、新的創造力。

其實思考角落原是 2012 年赫爾辛基世界設計之都的一個短期計畫，當時赫爾辛基大學試著在最熱鬧的購物大街開啟了一個暫時性的空間，將研究人員、學者、設計研發計畫都帶上街頭，希望親近民眾、讓所有人都可以了解大學在做什麼？一整年下來成功舉辦上千場演講或研討會，每天吸引數百位民眾走進來交流辯論，於是學校決定永續經營這個思考角落，將 70 年代的老舊行政大樓打除圍牆，改建成平易近人的開放空間，使用大落地窗穿透街道和整座城市，讓窗戶外的人們都好奇、喜愛、並邀請他們進來。親身走一趟思考角落，真心深深羨慕、也體會到芬蘭人努力實踐的生活哲學：用創意與行動、改變世界吧！

I N F O

赫爾辛基大學 Tiedekulma
地址：Yliopistonkatu 4, 00100 Helsinki
開放時間：週一～四 8:00～20:00、週五 8:00～18:00，六日不開放
前往方式：從中央車站步行約 8 分鐘，或搭電車 2 號、4 號、5 號、7 號在 Senaatintori 站下車，或搭地鐵 M1 在 University of Helsinki 站下車。
思考角落官網（英）：https://www.helsinki.fi/en/think-corner

地圖

官網

設計博物館

世界上最早的視覺設計博物館，就是赫爾辛基的設計博物館（Designmuseo）。1873 年由芬蘭工藝和設計協會成立，最初是為滿足赫爾辛基工藝學院的學習需求，然而在當時即明確訂立核心使命：設計是要讓生活更美好。因此館方透過蒐藏、研究、保存、展覽等方式，希望用更美觀、更實用、更適合環境的方式激發設計創意，重點是要讓每家每戶都買得起。在這裡可以清楚看見芬蘭的設計概念，除了極簡美學外、也專注於功能和現實主義，芬蘭的設計大師阿爾托（Alvar Aalto）曾說：「在地球上創造一個天堂是設計師的任務！」於是我們在設計博物館裡可以看見符合人體工學的電腦躺椅、更方便好用的變形剪刀、輕易將茶葉和茶湯分離的水壺等有趣又美麗的作品。

兩層樓的設計博物館面積不大，但是展覽極富新意、風格又平易近人，常設展「烏托邦」展出了 20 世紀 50 年代芬蘭設計黃金時代的標誌性作品，用生活故事說明芬蘭的設計歷史。例如芬蘭國寶級時裝 Marimekko 以豐富色彩和浮誇圖樣聞名，創始人當時的想法單純是想讓戰後百廢待興的國家增添一些鮮豔調性，然而甘迺迪總統夫人在丈夫競選期間連穿七套 Marimekko 的設計，讓這品牌頓時在世界走紅、成為時尚代名詞。其他包括諾基亞手機、憤怒鳥遊戲等耳熟能詳的芬蘭產品，都在設計博物館中將它們的故事娓娓道來。

INFO

設計博物館 Designmuseo
地　址：Korkeavuorenkatu 23, 00130 Helsinki
門票：成人票價 12 歐元
開放時間：冬季（9 月到隔年 5 月）週三至週日 11：00 ～ 18：00、週二 11：00 ～ 20：00、週一休館。
前往方式：從中央車站步行約 15 分鐘，搭電車 10 號或公車 24 號在 Johanneksenkirkko 站下車。
官網（中）：http://www.designmuseum.fi/zh/

地圖

官網

中央車站 + 芬蘭國家劇院

2013 年中央車站被 BBC 選為世界上最美麗的火車站之一，來到赫爾辛基的必經之地便是中央車站，它是所有火車、公車、電車、地鐵的樞紐，每天約有 40 萬人在其間穿梭，高高聳立的鐘塔隨時提醒著分秒必爭的發車時刻，這裡是全芬蘭最忙碌的車站。其實赫爾辛基的第一個火車站建於 1862 年，然而隨著鐵路普及、車站變得太小，因此當局在 1904 年舉辦一場新站設計競賽；當時由設計師薩里寧（Eliel Saarinen）贏得比賽，然而他的設計風格是純粹民族浪漫主義，與當時追求現代化、理性化的民情不合，因此薩里寧毀掉先前設計，重新規劃了現今的車站樣貌，並於 1909 年完工。

中央車站總共有 19 個月台，停靠著區域火車、機場火車、以及前往北極圈的 VR 高速火車，搭車最好提早抵達，光是在廣大的月台間奔波找車就需耗費不少時間；地下室的置物櫃則是旅途最佳良伴，4 歐元起跳、計次收費的數百個置物櫃，可讓旅人減輕行李負擔、輕鬆在城市旅遊。

白色花崗岩堆疊著宏偉大器、紅屋瓦與尖塔頂又恰如其分點綴出絲絲浪漫，國民作家基維（Aleksis Kivi）的雕像在建築前翹腿沉思，白色海鷗此起彼落飛越這座 1872 年建造的國家古蹟，位在中央車站對面的國家劇院（Suomen Kansallisteatteri），是最古老的芬蘭語專業劇院，更被當地人視為國家意識啟蒙的基石！原來 19 世紀晚期，芬蘭是俄羅斯帝國的一部分，當地的知識發聲權則由說瑞典語的菁英把持，芬蘭語、乃至芬蘭傳統文化持續被忽略，然而劇院的成立、戲劇的演出

卻成為傳遞文化的最佳利器，大家在欣賞芬蘭語戲劇的同時，不但集結了同好、更凝聚了思想共識，因此芬蘭人認為國家劇院間接導致了民族獨立的意識形態，對 1917 年芬蘭建國功不可沒。

從 150 年前迄今劇院仍持續升幕落幕，匯聚了芬蘭最精彩的演出，無論是大舞台、小舞台、還是實驗劇場，都上演著滋養芬蘭的藝術文化；劇院營運更秉持「成為一個開放包容、與當代價值觀連結的劇院」為藝術使命，因此除了提供表演場域外，更培養一群藝術家、創作沒有固定舞台的戲劇，目的是為無法進入劇院的人們提供藝術養分，因此長年在老人院、醫院、監獄、照護機構巡迴演出，連藝術欣賞都講求人人平等，芬蘭果真是世界上最重視社會福利的國家！

中央車站 Päärautatieasema
地址： Kaivokatu 1, 00100 Helsinki
開放時間： 中央車站每日 5：00 ～凌晨 2：00 開放，國家劇院公共區域週一至週六 9：00 ～ 19：00，戲劇演出時間大多為晚上 19：00 開場。
前往方式： 除了 8 號以外的全線電車皆有抵達，公車總站則位在火車站前廣場（Rauta-tientori）。
中央車站官網（英）： https://paarautatieasema.fi/en/
芬蘭國家劇院官網（英）： https：//kansallisteatteri.fi/briefly-in-english/

地圖　　　　　中央車站官網　　　　芬蘭國家劇院官網

靜默教堂

鬧區中佇立著一座酒桶外觀的建築，位在百貨公司旁顯得格外醒目，這個奇妙空間原名叫康皮禮拜堂，是 2012 年世界設計之都的項目之一，並獲得多項國際建築獎。木質棕黃、11 公尺高的全木製教堂，是由冷杉、赤楊等木材拼接而成光滑牆面，再漆上奈米技術的蠟油塗料，無論外觀或內在都像極了橡木桶。十數坪大的教堂內僅有 6 排長椅，祭壇以簡單小巧的十字架點綴，屋頂邊緣則設計曲線空隙透著自然光。靜默教堂是個普世教會，不論宗教、背景、理念，歡迎所有人進入，但唯一的要求是必須安靜，尤其圓柱狀的空間會製造特殊音響效果，即便是耳語都能聽得一清二楚，因此嚴格要求沉默，希望在芬蘭最繁忙的地區提供片刻平靜。

教堂平時會有短暫的敬拜或靈修時間，偶而也有音樂會，但不舉辦常規的教會禮拜或洗禮、婚禮等儀式。事實上它更像是一個諮商中心，除了得以在教堂中沉澱思緒以外，教堂外更有教會職員及社工、醫療顧問等專家，讓任何人在沒有預約的情況下都能聊聊生活中的悲歡離合、想法和感受，並給予建議和幫助，教堂的標語是「我們有時間陪你」，希望為無助提供依靠、照顧每個人的心靈。僅能容納 60 人的小小教堂，每年卻吸引 30 萬人參觀，CNN 稱這座教堂為建築界的里程碑，因為它充分示範了「當代建築如何能夠令人迷戀並帶來啟發」。

INFO

靜默教堂 Kampin Kappeli
地址：Simonkatu 7, 00100 Helsinki
門票：免費
開放時間：每日 10:00 ～ 18:00，特殊節日不開放，可參考官網
前往方式：從中央車站步行約 5 分鐘，或搭電車 1 號、2 號、4 號、5 號、10 號在 Lasipalatsi 站下車。
官網：https://www.kampinkappeli.fi/

地圖

官網

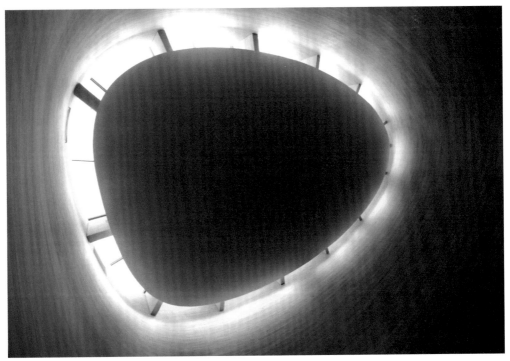

奇亞斯瑪當代藝術博物館

奇亞斯瑪當代藝術博物館是赫爾辛基街頭難以忽視的一棟建築，貨櫃般狹長的整棟建築是由玻璃和鋁合金組成，無論陽光從哪個方向照耀都顯得閃閃發亮！芬蘭人的生活其實非常仰賴自然光，總是根據時移改變著日常作息，因此奇亞斯瑪當代藝術博物館整棟建築，從形狀到紋理都因著光線而設計，連內部的人工照明設備都得適應著不同季節的太陽。而館中更號稱以「人體」為度量衡單位，畫廊比例、門窗的高度、走道寬度都是以身高 165 公分的水平視角當作設計基準，引導觀眾穿越五個樓層的蜿蜒樓梯和廊道也是呼應人體曲線。

這樣「以人為本」的建築是在 1993 年從 500 多件設計作品中、選定美國建築師霍爾（Steven Holl）擔綱設計，沒想到當年卻引來一陣反彈：原來當時芬蘭正處於經濟蕭條，民眾普遍不接受如此重要的建築竟由外國人主導，更大肆抨擊設計風格輕浮，甚至還曾連署反對建造；直到幾年後風波平息，1998 年博物館才正式開幕。

奇亞斯瑪當代藝術博物館是國家美術館的分館之一，展示著 1960 年以後的芬蘭現代藝術，從平面、雕塑、空間設計到充滿著黑色幽默、反諷、各種意念表達的新穎創意，都可在此挖掘。館內同時也積極培育國民美學，不但在大多數的個展中設定兒童學習教程，更有嬰兒學色彩、兒童藝術導覽、親子工作坊等多元課程。從許多資料中可發現芬蘭人十分在意城市景觀，赫爾辛基的每棟建築、每件雕塑在建造時，幾乎都有居民對外觀設計提出意見或反駁，可見芬蘭人對於生活美感的重視和要求，更堅持從小扎根！如果有興趣體驗成人的藝術工作坊，每週六的課程是對所有參觀者免費開放的，可以自由報名與當代藝術來場親密接觸。

INFO

奇亞斯瑪當代藝術博物館 Kiasma
地址：Mannerheiminaukio 2, 00100 Helsinki
門票：全票 20 歐元，18 歲以下免費參觀
開放時間：週二至週五 10：00 ～ 20：30、週六 10：00 ～ 18：00、週日 10：00 ～ 17：00、週一休館。
前往方式：從中央車站步行約 7 分鐘，或搭電車 1 號、2 號、4 號、5 號、10 號在 Lasipalatsi 站下車。
官網（中）：https://kiasma.fi/cn/

地圖

官網

議會大廈 + 赫爾辛基音樂中心

宮廷式的階梯層層向上延伸、彷彿直通天際，十四根 4 層樓高的圓柱、頂天立地撐起國家最高殿堂，芬蘭脫離俄國獨立後，1931 年政府在曼納漢大道的山坡上建立這座議會大廈，芬蘭議會是一院制、有 200 名成員，所有最高決策權都在這棟建築當中行使。議會大廈一共有 5 層樓，外觀主要建材為玫瑰花崗岩，內部則有白色大理石柱處處點綴，其中的畫廊、訪客中心、圖書館是向公眾開放的，每週一與週五中午還有免費導覽；開議期間則可進入看台觀眾席旁聽議員開會情形。然而訪問議會時，每個人都須在門口接受安全檢查，水瓶和食物都禁止攜帶。

座落在議會大廈對面的赫爾辛基音樂中心，隔一條街遙遙相望。在音樂中心興建之前，音樂家們主要在芬蘭廳（Finlandia）發表其作品，但是音響效果不好、讓音樂家們高聲疾呼，要求建立一座理想的音樂場域，才造就這個 2011 年完工的音樂中心。每年 9 月至 5 月是音樂季，每月舉辦 70 到 100 場音樂會，芬蘭人常常自嘲，北歐漫長的夏季白晝給他們足夠精神思考人生，黑暗的冬夜則用音樂來陶冶身心靈、期待來年再釋放熱力。冬天聽音樂會已經成為芬蘭人生活一部份！芬蘭愛樂管弦樂團平均一週在此演出三場，售票率高達九成以上；芬蘭唯一的音樂大學「西貝流士音樂學院（Sibelius Academy）」更以此為教室，培育新一代音樂人。

當初建立音樂中心時就把國會大廈考慮進設計中，因此營造一條綠色草地延伸路線、一直走向國會殿堂的階梯；天氣好時，周邊的草坪更是當地人日光浴的休閒角落。「開放、相遇、互動」則是建築的重點，因此設計務求低調，仰賴大面積玻璃與自然光的調和，希望把空間留給音樂。音樂中心強調這裡不僅僅有演奏，也歡迎每個人駐足流連，即使不打算參加音樂會，也可在大廳、咖啡館、餐廳、圖書館度過美好時光，逛逛音樂中心裡的 Fuga Musiikki 更是赫爾辛基最棒的古典音樂唱片行。

INFO

議會大廈 Eduskuntatalo、
赫爾辛基音樂中心 Musiikkitalo

地址：Mannerheimintie 30, 00100 Helsinki
門票：免費、參加導覽須事先在官網預約
開放時間：議會大廈週一至週五 9：00 ～ 15：30。音樂中心週一至週五 8：00 ～ 22：00、週六與週日 10：00 ～ 22：00。
前往方式：從中央車站步行約 9 分鐘，或搭電車 4 號、5 號、10 號在 Kansallismuseo 站下車。
議會大廈官網（英）：https://www.eduskunta.fi/EN/
赫爾辛基音樂中心官網（英）：https://www.musiikkitalo.fi/en

議會大廈地圖　議會大廈官網　赫爾辛基音樂中心官網

赫爾辛基音樂中心

岩石教堂

岩石教堂

地表突出的一塊巨大岩石、覆蓋著一個飛碟圓頂，很難想像它竟是一座教堂，每年吸引 60 多萬遊客前來，更登上全球 200 多本建築期刊。岩石教堂（Temppeliaukion kirkko）本名為聖殿廣場教堂，是一座路德派教堂。早在 1930 年代這一教區的信徒就有計畫在此修建教堂，但由於二戰爆發、計劃被迫中斷；直到戰後，設計師蘇歐瑪拉尼兄弟（Timo and Tuomo Suomalainen）提出建造岩石教堂的想法，獲得青睞並定案。

沒想到竟因此遭受公眾輿論反對，大夥說這外型怪異的建築是「岩石清真寺」、「掩護魔鬼的碉堡」，鑿開岩石的巨額費用更被稱作「浪費錢的百萬教堂」；1968 年甚至有一群基督徒學生在教堂外牆塗鴉，主張不應浪費錢蓋築豪華教堂、這些錢可以更妥善地用於援助當時飢荒嚴重的非洲。岩石教堂在風風雨雨的攻擊中建成，最終於 1969 年底啟用，不到兩年就吸引數十萬參觀者，多年來一直是赫爾辛基最熱門的景點，2004 年正式成為保護級建築。

進入岩石教堂，會發現內部真正是將一塊巨石向下開挖 9 公尺來興築，並於上方裝設直徑 24 公尺、由銅條盤繞而成的圓形頂棚，岩壁和圓頂之間設計一排寬度不一的天窗，讓自然光線得以照明，聖壇在天光的照映下閃爍輝映，盡顯神聖莊嚴。而教堂內牆是崎嶇的岩石，因為環形的音響效果極佳，又有一座擁有 3 千多隻琴管的大型管風琴，因此經常舉辦演奏會，更是當地最受歡迎的婚禮教堂。可以選擇坐在長椅上安安靜靜地仰望這建築奇蹟，或沿著環形牆面觸摸扎實的岩石質感，若在晚間參與音樂會更能用聽覺和心靈深入體會這座建築的精闢之處。

INFO

岩石教堂 Temppeliaukion kirkko
地址：Lutherinkatu 3, 00100 Helsinki
門票：5 歐元，18 歲以下免費
開放時間：週一～五 10:00 ～ 17:00、週六 10:00 ～ 18:00。
前往方式：從中央車站步行約 20 分鐘，或搭電車 1 號、2 號在 Sampogatan 站下車。
官網（英）：https：//temppeliaukionkirkko.fi/en/

地圖

官網

西貝流士公園

西貝流士（Jean Sibelius）是芬蘭最著名的音樂家，他擅長創作氣勢磅礡的管絃樂，特別專精運用管樂器營造出陰鬱幽森的氣息，讓人在音符中不禁聯想起森林密布、湖泊千萬的芬蘭景緻。他的代表作《芬蘭頌》是 1899 年為對抗俄國佔領芬蘭的愛國慶典而寫，交響詩中採用大量激昂憤慨的旋律，向芬蘭人民表達政局危機，企圖喚起大家的愛國之心；後來也被芬蘭詩人填詞，成為最重要的愛國名曲。

1957 年西貝流士去世後，西貝流士協會舉辦了一場設計競賽，希望在近郊公園樹立這位愛國音樂家的紀念雕塑，最終由芬蘭藝術家西爾圖寧（Eila Hiltunen）贏得了競賽，但她的創作概念過於抽象，引發當地不同聲浪：一方面西爾圖寧的雕塑是由數百個 5 到 8 公尺的巨大不銹鋼管組成，乍看之下類似於風琴管，但西貝流士一生從未創作過管風琴樂曲；

二來民眾也認為，沒有人物形象的雕塑怎能稱得上紀念西貝流士呢？頂著公眾壓力和敵意，西爾圖寧只好將鋼管的形貌改得更自由流暢，不單代表管風琴、更象徵著芬蘭的白樺林和北極光；同時她也在雕塑旁的岩石上增加了一張西貝流士的臉部雕塑，並且捨棄芬蘭人熟悉的老西貝流士肖像，而選擇雕塑他年輕創作高峰時期的面容。

經過 4 年的製作過程，紀念碑於 1967 年 9 月 7 日由當時的總統親自揭幕，政治、文化和商業精英也盛大出席。時至今日，西貝流士紀念碑是許多遊客、甚至國家元首和貴賓必去之地，人們站在雕塑面前欣賞它、走在它下面把頭放在管子裡拍照、或只是選擇附近的一個長凳遠遠觀望，當我們看著銀色長管映照著光線變化，彷彿耳邊也傳來芬蘭頌的樂章，襯托著雕塑與綠地公園之間的悠遠和諧。

INFO

西貝流士公園 Sibelius-Monumentti
地　址：Sibeliuksen puisto, Mechelininkatu, 00250 Helsinki
開放時間：全天開放
前往方式：搭電車 2 號、4 號、或 10 號在 Töölön halli 站下車。
官網（英）：https：//vihreatsylit.fi/en/sibeliuksenpuisto/

地圖　　　　　官網

{ 北歐現象 }

芬蘭的世界第一

No. 1 in the world

這幾年少子化現象席捲台灣，政府為了鼓勵生育也曾祭出「嬰兒紙箱」政策。其實紅遍世界的嬰兒紙箱來自芬蘭，歷史可追溯至 1930 年，當時政府規定所有新生兒家庭都可領取一個免費紙箱，箱子設計成安全的嬰兒床，裡面則裝有嬰兒冬季衣物、衛生用品、及毛毯等保暖物。芬蘭政府推出嬰兒紙箱是為支援貧困家庭、讓嬰兒不會挨餓受凍，更透過登記領取來確保母親們都被納入國家健保制度中。很難想像在戰爭間歇的 1930 年代，芬蘭就已將社會福利概念全面實踐，也不難理解這個國家多麼講究平等，甚至早在 1906 年芬蘭就成為全世界第一個立法賦予女性選舉權的國家。

關於芬蘭的世界第一，近代印象最深刻的可能是 1990 年代稱霸全球市場的 Nokia 手機，或 2010 年代席捲世界的憤怒鳥遊戲，科技創新讓芬蘭總是引領著世界潮流；關心教育的人則一定聽說過，芬蘭在「國際學生評量計劃（PISA）」已連續兩屆在閱讀與科學項目都勇奪世界第一，傳承四百多年的閱讀傳統，更讓芬蘭成為全世界最愛借書和看書的國家。但讓地方媽媽感到得意的世界第一，則是「平等」！民宿媽媽曾驕傲地告訴我：芬蘭是全世界第一個提供學生免費午餐的國家！芬蘭政府堅持平等精神，為國民提供小學到博士的免費教育，從學費、課本、交通、乃至餐食，全由政府負擔；全國沒有貴族和平民學校之分，校內不做成績排名，更絕不成立資優班。

無怪乎聯合國幸福排行榜新鮮出爐，芬蘭從 2018 年起連續 6 年蟬聯成為全世界最幸福

的國家！赫爾辛基大學的社會學家認為：人們對於生活的滿意度往往來自於社會比較。但生活在芬蘭，人人都過得差不多，成績沒有優劣、生活沒有階級，在沒有比較的情況下自然容易滿足與感受幸福。民宿媽媽在晚餐桌上又跟我曉以大義地說：「芬蘭式的快樂就是節制、均衡。」這句話雖然是用來勸我們晚餐不要吃得過量，但可以看得出來他們夜不閉戶的信任感、注重節制的平衡、對自然萬物一視同仁的包容，這些違反人性、卻是芬蘭人堅守的價值觀，都是推進芬蘭成為世界第一的重要動力！

瑞典斯德哥爾摩

Stockholm 59° 19′ 46″ N 18° 4′ 7″ E

斯德哥爾摩是北歐最美的首都，擁有古典王室的高雅氣息，又不失摩登時尚的現代化。位在瑞典南部、斯堪地半島的東南要塞，市區臨水建在梅拉湖和波羅的海之間的入海口處，整座都市分布在 1 座半島和 14 座小島之間，渡輪往來如梭、橋樑一一架海，水陸交融的萬種風情被形容為「北歐威尼斯」。其實斯德哥爾摩在戰略上是天然良港，適合船隻停靠、抵擋外來海軍的侵犯；在經濟上又是海口，能提升瑞典鐵礦的對外交易，因此從 13 世紀以來一直身為瑞典的政經文化中心，全瑞典更有 20% 的人口都集中在這座城市。

走在斯德哥爾摩總被濃濃的歐洲氛圍擁抱，從華美建築、石板街道、蜿蜒小徑、到古董電車，處處感受這座城市的性格是氣質高貴又低調收斂、風度優雅又平易近人。老城是最精華的景區，皇宮與教堂的古華綺麗、諾貝爾博物館的廣益創新都能盡收眼底，即便只是在巷弄一角拍張照，都能成為明信片！動物園島和周邊的船島則是世界難得的博物館集散地，斯德哥爾摩全市共有 70 多個博物館，是全球最多博物館的都市之一，乘著渡船漂遊於島嶼之間更增添逛博物館的樂趣。身為北歐三國中緯度最低的首都，即使在日照時間最短的極光季，斯德哥爾摩仍有 6 至 7 小時的白天時光，可以盡情享受這座城市的明媚風光。

機場交通　Arlanda Airport

◆ 火車

搭乘 Arlanda Express 火車可直達斯德哥爾摩中央車站（Stockholm Central Station），尖峰時間 1 小時 6 班車、離峰時間 15 分鐘 1 班車。機場本身有 2 個火車站：第二、第三、第四航廈的是南站（Arlanda South），第五航廈則是北站（Arlanda North），車程約 20 分鐘，營運時間約在清晨 5 點到晚間 1 點。可在機場尋找 Arlanda Express 標誌的售票機，也可在官網購票或手機下載 APP「Arlanda Express」軟體購票，全票票價為 320 瑞典克朗，兩人以上即可購買團體票、隨人數不同最高有 5 折優惠，25 歲以下可買青年票 160 瑞典克朗。購票後 APP 中會存有電子票券，搭車前請在票券上按「啟用（Activate）」並於 60 分鐘之內上車，查票時向列車長出示即可。

Arlanda Express 官網

● Arlanda Express 官網（英）：https：//www.arlandaexpress.com

◆ 機場巴士

每座航廈前都有機場快速巴士 Flygbussarna 的站牌，可認明彩虹車身，終點站為斯德哥爾摩中央車站，車程約 45 分鐘。尖峰時間每 10 分鐘發車一班，幾乎 24 小時都有發車。官網可購票或手機下載 APP「Flygbussarna」軟體可購票及查詢巴士路線時間，購票日起 3 個月內有效，網路購票單程價 129 瑞典克朗；也可在機場售票機或上車後向司機購買，單程票價 119 瑞典克朗，車上收信用卡，三人以上可購買團體票享有折扣。

Flygbussarna 官網

● Flygbussarna 官網（英）：https：//www.flygbussarna.se/en

◆ 長途巴士

每座航廈前都有隸屬於歐洲最大長途巴士 FlixBus 公司的 SweBus 站牌，抵達斯德哥爾摩中央車站（Stockholm City-terminalen）車程約 45 分鐘，營運時間約是清晨 6 點到晚間 23

點。FlixBus 官網或手機下載 APP「FlixBus」軟體可購票及查詢巴士路線時間，單程票價 11.90 歐元、提早一天以上購買有特價 7.90 歐元，可用 Email 收件電子票，上車時向司機出示車票 QR Code；也可上車後向司機購買，車上收信用卡。

FlixBus 官網

- FlixBus 官網（英）：https://global.flixbus.com

建議漫遊方式：
地鐵和電車 + 市區巴士 + 渡船 + 步行

斯德哥爾摩的景點以老城區為中心、延伸至中央車站周邊及附近幾座島嶼，可主要使用地鐵、巴士在市區內移動，少數地區可搭乘電車、渡船抵達，同區域景點之間距離都不遠、可以步行悠閒漫遊。

◆ 地鐵

斯德哥爾摩地鐵開通於 1950 年，目前共有藍線、綠線、紅線 3 條路線，是斯德哥爾摩最四通八達也最便利的大眾交通，也被稱為「世界上最長的藝廊」，其中 90% 以上的地鐵站都設有裝置藝術、雕塑、繪畫、馬賽克拼貼等作品，是集合 150 多位藝術家創作而成。營運時間約是清晨 5 點到凌晨 1 點，周末 24 小時都有班次。斯德哥爾摩地鐵月台皆有方向指示，且即使同一條線、不同分支，也都用數字清楚標示、不易搭錯。單程票可於 SL 售票機、或手機 APP「SL」購買，全票為 39 瑞典克朗，一張票可在 75 分鐘內無限次數搭乘大眾交通工具；若須多次搭乘、或轉乘，建議可在車站服務處或便利商店購買儲值卡「SL Access Card」（卡片工本費 20 瑞典克朗），使用儲值卡可享優惠價 26 瑞典克朗。

◆ **市區巴士**

SL 公車服務範圍涵蓋整個斯德哥爾摩市區與郊區，共有 533
條路線，貫穿老城區的 2 號、3 號、4 號是遊客常使用的路線，
幾乎 24 小時皆有班次。巴士車廂有單節、也有雙節，任何一
個門都可上下車，有些車門不會自動開啟、要手動按「開門
鍵」。一張票可在 75 分鐘內無限次數搭乘大眾交通工具，購
票方式與地鐵相同可於 SL 售票機、手機 APP「SL」購買，
或使用「SL Access Card」儲值優惠。要注意斯德哥爾摩的
巴士無法上車購票，若被抓到逃票需補 1500 瑞典克朗。

◆ **電車**

斯德哥爾摩第一條電車路線出現於 1877 年，不過動力來自
於馬匹拉車，直到後來蒸汽化乃至電氣化，1950 年電車網
絡廣布整座城市，成為斯德哥爾摩最重要的交通工具；然而
後來逐漸被地鐵及公車取代，因此僅留下郊區路線、及後來
在 1990 年代為旅遊和保存文化遺產所新建的 7 號線，直到今
日偶而仍可看見古董電車在路上行駛。7 號線運行於市區，
同時也是遊客最常使用的路線，平日營運時間大約從早上 5
點到凌晨 1 點。7 號電車是唯一可上車現金購票的大眾交通
工具，但一張單程票要價 54 瑞典克朗，比使用「SL Access
Card」硬生生貴了一倍，因此建議務必事先購票，同樣一張
票可在 75 分鐘內無限次數搭乘。

◆ **渡船**

主要碼頭位在老城區南方的 Slussen，目前冬季行駛僅有 3 條
路線，其中 80 號和 82 號行經老城區和動物園島，是遊客最
方便使用的渡船。這些公共渡船在 SL 官方網站上雖被稱為
「Ferry」，但瑞典文其實使用「Boat」這個字，斯德哥爾
摩的「Ferry」往往是指稱可以載運汽車的客輪、甚至駛向芬
蘭或其他國家的渡輪，問路或查資料時要留意分辨。一張票
可在 75 分鐘內無限次數搭乘大眾交通工具，購票方式與地
鐵相同可於 SL 售票機、手機 APP「SL」購買，或使用「SL
Access Card」儲值優惠。

SL 市區交通官網

● SL 市區交通官網（英）：https://sl.se/en/

旅遊資訊

◆ 斯德哥爾摩遊客中心

斯德哥爾摩遊客中心（Stockholm Visitor Center）疫情後已取消實體服務，可透過電話、電子郵件和社交媒體回答任何旅遊疑難雜症。

斯德哥爾摩遊客中心地圖

極光季營業時間週一至週五 9：00～18：00、週末 9：00～15：00。
● 旅遊局官網（英）https://www.visitstockholm.com

◆ 斯德哥爾摩交通旅遊卡

斯德哥爾摩交通旅遊卡（SL Access Travel Card）是大眾交通工具的儲值卡，只是它較一般儲值卡多了時效性、價格也更加優惠。24 小時卡 165 瑞典克朗、72 小時卡 330 瑞典克朗、7 日卡 430 瑞典克朗，可於車站服務處或便利商店購買。

斯德哥爾摩旅遊局官網

●SL Access Card（英）：https://sl.se/en/in-english/fares--tickets/visitor-tickets/travelcards

SL Access Card 資訊

◆ 斯德哥爾摩卡

斯德哥爾摩卡（Stockholm Pass）是一個觀光優惠卡，持卡可免購票進入 60 個以上的景點、博物館，夏季還可搭乘 Hop-on Hop-off 雙層觀光巴士和觀光遊船。卡片共分 1 日至 5 日的價位，最便宜的 1 日票價 824 瑞典克朗。上官網填入基本資料和預計開卡日期，系統會直接將 QR Code 寄到你的電子郵箱或存入「Go City」手機 App，進入每個景點時提供掃描即可。

斯德哥爾摩卡官網

● 斯德哥爾摩卡官網：https://gocity.com/stockholm/en-us

{ 在地人推薦必吃 }

魚湯 Fisksoppa

如果問起瑞典有什麼美食？一貫的回答大概不是肉丸、就是伏特加。但是在斯德哥爾摩卻出現一種非吃不可的美味，叫做「魚湯」。瑞典的西部和南部都濱臨波羅的海，魚肉本就是瑞典人的主食，除了魚排、醃魚以外，魚湯大概是每位媽媽都會烹調的家常菜。相較於芬蘭或挪威常以清湯、或薄薄的奶油為湯底，瑞典魚湯更為濃稠；即便家家戶戶都有不同家傳食譜，但無論紅醬或白醬，瑞典魚湯總濃厚地看不透當中藏有多少種好料？但是滿滿一匙入口卻又鮮美地教人難忘！有人說瑞典魚湯的出色之處即在於：瑞典人非常懂得如何處理運用他們的海鮮。

斯德哥爾摩最出名的一碗魚湯是在中央車站附近的乾草市場（Hötorgshallen）裡，地下一樓的小小店面總有慕名而來、大排長龍的饕客等著大快朵頤。這家已經營三十多年的海鮮料理餐廳，採用最新鮮的北極冰洋漁貨，煎魚排、炸醃魚、海鮮義大利麵、海鮮沙拉三明治、乃至於豪華的生蠔龍蝦拼盤，都是店家的經典招牌菜，但最獲青睞的竟是毫不起眼的魚湯！火紅鮮豔的蕃茄濃湯上桌，湯裡佈滿香料並點綴著起士蛋黃醬，像是摸彩一樣用湯勺一撈，碗中除了魚肉以外竟然還有蝦子、淡菜等各式各樣的海鮮，看來這是一種當季時鮮大總匯的概念，除了嚐美味外、還能吃到一種意想不到的驚奇！一碗魚湯若不夠飽足、可免費再續一碗，而且餐廳內還有無限供應的瑞典硬餅麵包和生菜沙拉，雖然一碗要價 135 瑞典克朗，不過對遊客或當地上班族來說都是滿足大碗的一餐。餐廳座位不多、時常得與人併桌，但這都澆不熄人們對魚湯的熱愛；特別是在冬季

裡，當大夥擠在一桌、喝上一碗美味的熱湯，身心的溫暖勝過一切！

📍 Kajsas Fisk 官網（英）：
https://kajsasfisk.se/

— 老城區 **1** 日路線 —

斯德哥爾摩市政廳 Stockholms Stadshus → **公共圖書館** Stockholms Stadsbibliotek → **乾草市場** Hötorgshallen → **瑞典皇家歌劇院** Kungliga Operan → **國王花園** Kung-strädgården → **王宮** Kungliga slottet → **主教座堂** Storkyrkan → **大廣場** Stortorget → **諾貝爾博物館** Nobelmuseet

⭐ 公共圖書館

STOCKHOLM   ÖSTERMALM

NORRMALN

⭐ 乾草市場

⭐ 國王花園

⭐ 瑞典皇家歌劇院

斯德哥爾摩市政廳 ⭐

GAMLA STAN ⭐ 王宮

⭐ 主教座堂

諾貝爾博物館 ⭐ ⭐ 大廣場

政廳除了用來處理公務、招待外賓以外，目前也是斯德哥爾摩最受歡迎的旅遊景點，每年接待約 50 萬名遊客。

斯德哥爾摩市政廳

19 世紀末斯德哥爾摩城市迅速擴張，所有人口擠在老城區（Gamla Stan）：法院人滿為患，市議會僅有臨時開會場地、必須到處遷徙，因此市政府決定跳脫老城區、選中最靠近老城的國王島（Kungsholmen）東南端來興建市政廳。設計師奧斯特貝里（Ragnar Östberg）特意仿造義大利文藝復興的宮殿風格，採用一個大庭院、一個大廳堂的雙方形廳院設計。臨海而建的大庭院氣宇非凡，紅磚塔樓、高聳立柱、拱門建築，還真有幾分威尼斯聖馬可廣場的影子！迎著徐徐海風、煦煦和陽，大庭院裡盡是享受日光浴的人們，市政廳和人民生活融為一體的感覺十分溫馨。

相對於大庭院的室內大廳堂，則是最著名的藍廳（Blue Hall），即每年舉辦諾貝爾晚宴的地點；不過藍廳其實是個以紅磚為建材的大廳，設計師本想以藍色磁磚作為內裝，但在建造中卻突然改變主意了，所以它一點也不藍。金色大廳（Golden Hall）是市政廳的另一看點，金光閃閃的牆面由 1900 萬片金箔馬賽克拼貼而成，耀眼之外還鑲著故事壁畫，將瑞典各年代的歷史一一呈現，富麗堂皇令人難忘！若想參觀這兩廳，必須購票參加導覽才能入內。看著熙來攘往的遊客，可以明白市

INFO

斯德哥爾摩市政廳 Stockholms Stadshus
地址：Hantverkargatan 1, 111 52 Stockholm
門票：導覽門票僅能當天在市政廳的售票處現場買票、無法事先預訂，售票處營業時間是每天 8：30 ～ 15：00；淡季（11月至3月）票價 90 瑞典克朗、旺季（4月至10月）票價 140 瑞典克朗。夏季還可登上塔樓，登塔票價為 90 瑞典克朗。
開放時間：英文導覽於每天 10：00 ～ 15：00 的整點時間都各有一場，每場約 45 分鐘。
前往方式：搭乘地鐵藍線（10號、11號）在 Rådhuset 站下車，或搭公車 3 號、53 號在 Stadshuset 站下車。
官網：https：//stadshuset.stockholm/

地圖

官網

公共圖書館

360 度無死角的圖書館，是一個怎麼拍、怎麼美的景點，無論是柔美的燈光、環型的書牆、還是濃濃的文青風，都令人忍不住猛按快門。於 1928 年春天開放的圖書館是新古典主義設計的亮點，由瑞典建築大師阿斯普倫德（Gunnar Asplund）設計，以 24 公尺高的圓桶為建築主體。圖書館門前的階梯又寬又緩，感覺是一條通往知識殿閣的明堂大道；

將近 3 層樓高的巨門全由玻璃製成，周圍古埃及圖騰相伴、更增添莊嚴之感。推開玻璃大門，牆壁以泥灰浮雕繪製著荷馬史詩《伊利亞德》，象徵著西方世界第一部文學作品；一進門的大廳竟意外地又狹窄又黑暗，對比之下更顯得上樓的台階是一片光明。一進入環狀圖書館，抬頭仰望雲彩狀的天花板，由天窗透進的光線自然又柔和，帶著我們從喧囂的大街進入一片安靜和平的天空。

環形圖書館周邊還有許多大小不一的閱覽室，也十分值得參觀：兒童室的天花板是一整片星空，故事屋鮮豔亮眼的大型壁畫彷彿帶你進入童話故事中，巨型編織掛畫、大理石浮雕隱身各處，就連飲水機也都是古董造型！這座藏書 41 萬本的圖書館瀰漫著學院氛圍，好像隨時都有穿著長袍的哈利波特會出現在身邊，每一張桌椅都有故事、每一個角落都藏著藝術。

INFO

公共圖書館 Stockholms Stadsbibliotek
地址：Sveavägen 73, 113 50 Stockholm
門票：免費
開放時間：週一至週五 10：00 ～ 20：00、、週末不開放。
前往方式：搭地鐵線線（17 號、18 號、19 號）在 Rådmansgatan 站下車，或搭公車 57 號、516 號、526 號、565 號在 Stadsbiblioteket 站下車。
官網：https://biblioteket.stockholm.se

地圖　　　　　　　官網

乾草市場

瑞典文 Hötorgshallen 翻譯成英文就是「Hay Market」乾草市場的意思，據說從 13 世紀起這裡就聚集著北方高地山谷的居民、和南方城鎮的市民，在廣場進行木柴、乾草、牲畜、農產品的交易；市場經歷了幾百年還擴大規模分為南北市場，北市場經營農貿、南市場販售日常魚肉蔬果，直到 1880 年代才建立市場大廳，成為室內市場的雛型。室內市場經歷過幾次重建翻修，目前建築是在 2013 年整建而成，兩層樓的商場大多是販售熟食，賣魚的店家也不在少數，全開放式廚房、全透明的食物儲藏，讓新鮮、整潔都讓顧客看得一清二楚。

大片玻璃組成的明亮建築、素白時尚的高腳桌椅、美食搭配自然撒落的陽光，乾草市場可說是斯德哥爾摩最現代化的美食中心；這裡特別強調國際特色，提供來自世界各地的食材和特色菜，可以買到土耳其沙威瑪、義大利披薩、德國香腸等，當然，還有道地的瑞典佳餚！春季到秋季，前方廣場也擺設許多攤位，販售著蔬果花卉或衣帽日用品。也許因應國際化的定調，廣場上也充斥著北歐難得一見的小販叫賣聲，老闆一一介紹形狀奇特的蔬果、請我們試吃葡萄甜度、並熱情說明菜市場也可以刷卡，就算不買菜、跟老闆聊個兩句也是一種瑞典式有趣享受！

乾草市場 Hötorgshallen
地址： Sergelgatan 29, 111 57 Stockholm
開放時間： 週一至週四 10：00 ～ 18：00、週五 10：00 ～ 19：00、週六 10：00 ～ 16：00，週日不開放。
前往方式： 從中央車站步行約 10 分鐘，或搭地鐵綠線（17 號、18 號、19 號）在 Hötorget 站下車，或搭公車 57 號、516 號、526 號、565 號在 Sergels torg 站下車。
官網： https：//www.hotorgshallen.se

地圖　　　　　官網

瑞典皇家歌劇院

皇家歌劇院臨水而見、與老城區遙遙相望，方正層疊的建築、加上屋頂立著旗桿，外型有點像超級瑪莉的城堡。這座劇院舞台主要演出瑞典國家級的歌劇和芭蕾舞，新巴洛克風格的樸實外表藏著華美內在，牆壁以金色灰泥裝飾，水晶吊燈、大型鏡面、佛羅倫斯窗簾、和帶有天花板畫作的金色門柱，都讓人聯想起金碧輝煌的巴黎歌劇院。

這座皇家歌劇院原由熱愛藝術的瑞典國王古斯塔夫三世（Gustav III）在 18 世紀下令整建，並於 1782 年落成，劇院沙龍由藍、金、白三色妝點，皇家包廂設在正中央，古斯塔夫就在這舞台上投資音樂戲劇、提拔演員歌手、甚至自己編劇創作；然而他最終竟也傳奇死在這熱愛的舞台！1792 年 3 月 16 日午夜，皇家歌劇院舉行了一場化妝舞會，古斯塔夫雖在會前就收到匿名的死亡威脅信、卻仍執意參加，化妝面具遮掩不了他胸前銀色的國王徽章，刺客從背後近距離開槍，古斯塔夫負傷一個月後終因傷口感染而駕崩，這段故事後來還被改編成《化妝舞會》、《古斯塔夫三世》兩齣歌劇。

皇家歌劇院在古斯塔夫過世後持續營運的 100 年，最終因過於破舊、又多次遭遇祝融，因此於 1898 年改建為目前的新版歌劇院建築，而新版歌劇院屹立至今也已一百二十多年歷史，一年四季都有不同劇碼上演；每週六中午則有英語導覽可參觀幕前幕後、及了解歌劇院歷史。

I N F O

瑞典皇家歌劇院 Kungliga Operan
地址： Gustav Adolfs torg 2, 111 52 Stockholm
導覽票價： 120 瑞典克朗
開放時間： 公共區域為週一至週五 9：00 ～ 17：00，英文導覽為每週六 12：30、導覽時間約 1 小時，可在官網或 Email 訂購。
前往方式： 從中央車站步行約 12 分鐘，或搭地鐵藍線（10號、11號）在 Kungsträdgården 站下車，或搭公車 57 號、65 號在 Gustav Adolfs torg 站下車。
官網： https://www.operan.se

地圖　　　　官網

國王花園

以兩座橋連接著老城區，這一帶最大的一塊長型綠地便是國王花園，春天賞櫻、夏季聽音樂會、秋季藝術展覽、冬季溜冰，一年四季都匯聚著斯德哥爾摩最有活力的元素；周邊的茶館（Tehuset）、咖啡座是當地人最常逗留的地方；即便只是坐在花圃噴泉上曬曬太陽，他們似乎也甘之如飴。國王花園可說是斯德哥爾摩最古老的公園，它在 15 世紀收編為皇室財產，後來成為馬卡洛斯宮殿、及美麗的法國花園所在地；1825 年大火燒毀宮殿後這片土地作為軍事用地，在斯德哥爾摩市議會決議下，1875 年正式成為向民眾開放的公園。

一百多年來國王花園一直是擁抱綠意和悠閒的代名詞，但 1970 年代民眾為不讓榆樹林因建設地鐵而被砍伐，曾引發暴力護樹行動；1990 年代則因左派政治團體遊行而多次發生衝突，使得這座公園也成為斯德哥爾摩的維權聖地。

國王花園地鐵站被稱為最華麗的地鐵站，也是值得參觀的景點。藝術家們運用不規則裸露的岩層洞穴，參考法國花園的布置，採用紅、綠、白配色繪製各種歷史故事，並搭配宮殿藝術雕塑的複製品，呈現既古典又後現代的風格。更有趣的是，地鐵站中棲息一種穴居皿蜘蛛，全北歐找不到第二個地方有這種生物！科學家們至今不知蜘蛛存在的原因，推測有可能是從南歐運送地鐵設備時、一併把蜘蛛運了過來。後來科學家又在地鐵站發現一種瑞典早已滅絕的苔癬，2016 年更找到全球新品種的真菌，只能說這地鐵站本身也是一個神奇的地下花園，孕育著不可思議的另類生態！

INFO

國王花園 Kungsträdgården
地址：Jussi Björlings allé, 111 47 Stockholm
開放時間：全天開放，地鐵站營運時間約為清晨 5：00 到凌晨 1：00，週末 24 小時。
前往方式：從中央車站步行約 15 分鐘，或搭地鐵藍線（10 號、11 號）在 Kungsträdgården 站下車，或搭電車 7 號及公車 2 號、55 號、57 號、65 號等諸多班次在 Kungsträdgården 站下車。
官網：https://www.facebook.com/kungstradgarden/

地圖

FB

王宮

逛完國王花園和皇家歌劇院後沿著北橋（Norrbro）走，首先會經過瑞典議會和中世紀博物館所在的聖靈島，接著便正式進入熱鬧繁忙的老城區（Gamla Stan），鵝卵石巷弄曲折、古色古香的彩色建築環繞，引領著我們走向斯德哥爾摩最神聖的王宮。原來與國王花園隔水相望的一大面雄偉建築就是王宮，外型是四合院式的長方體，王宮的每個方向都有代表意義：北面向外臨海，佔據城市的主導地位；南面設計為羅馬凱旋門，彰顯王室宏偉；西面代表著國王，展示戰爭武力和國王勳章；東面則代表皇后，設計優雅婉約又內斂。

王室自 13 世紀以來一直生活在這裡，但舊城堡（Tre Kronor，三皇冠城堡）在 1697 年被大火燒毀後才興建了目前的王宮，作為國王工作場合和皇室成員居所；雖然皇室成員在 1981 年已遷居至郊外的卓寧霍姆宮（Drottningholm Palace），但現今王宮仍是國王的辦公室、皇家法院、皇室檔案室、皇家圖書館，並與文化歷史古蹟的結合、全年向遊客開放。皇家公寓（Paradrum）可進入住房、宴會廳、畫廊、國家大廳等地點參觀，巧奪天工的裝飾、珍寶古稀的家具、價值連城的收藏，都讓我們這些平民百姓大開眼界；藏寶庫（Skattkammaren）中的王冠和寶劍、軍械庫（Livrustkammaren）中的皇族禮服和馬車，把童話世界搬到現實生活的目眩神迷令人腳步都輕盈了起來！

瑞典人崇尚傳統，把國王視為歷史文化的一部分，雖已不具實權、但至今仍保留王室體制；不過當代王室成員個性親民、生活極簡，

也是民眾認同的原因。尤其是現任國王卡爾十六世，年僅 27 歲就繼承祖父王位登基，娶了平民德國女子為王后，主張王室家族也要像平民一樣繳稅，還將皇宮區域對外開放給公眾參觀，並在任內尊重議會打破男子繼承的傳統、任命長女維多莉亞公主為瑞典第一位女性王儲。

此外，王室兒女們也繼承了爸媽愛情至上的精神，王儲維多莉亞公主下嫁健身教練，菲利浦王子娶了內衣名模，老么瑪德琳公主則嫁給華爾街金童，打破貴族締結為親的原則，也難怪歐洲多個王室中，瑞典王室一直被認為是最親民的一家！若想更認識這群王族，王宮禮品部中有王室成員的簡介、明信片，甚至他們平時喜愛的日用品也可供選購。王宮每日皆有英文導覽，夏季還有中文導覽，古斯塔夫三世古董博物館（Gustav III's Antikmuseum）也僅在夏季開放。

INFO

王宮 Kungliga slottet
地址：107 70 Stockholm
門票：190 瑞典克朗，可在官網訂購。
開放時間：冬季（10月至4月）為每日 10：00 ～ 16：00，夏季為 10：00 ～ 17：00。英文導覽為每日 10：30、13：30 各一場，極光季場次僅有週末 13:30，導覽時間 45 分鐘，可在官網或現場購票。
前往方式：從中央車站步行約 15 分鐘，或搭地鐵紅線和綠線在 Gamla Stan 站下車，或搭公車 2 號、55 號、57 號、76 號等諸多班次在 Slottsbacken 站下車。
官網（英）：https：//www.kungligaslotten.se/english

地圖

官網

主教座堂

王宮旁的主教座堂是斯德哥爾摩老城區最古老的教堂，據說自
13 世紀老城區成為木材和礦石的輸出集散地後，當地人生活條
件漸漸好轉，便開始集資建造這座磚砌教堂的雛型，直到 16 世
紀晚期瑞典國王卡爾十一世戰勝丹麥、迎娶丹麥公主為后後，
此處成為王室專屬教堂。700 多年來國王加冕、王子公主結婚、
王室新生兒受洗都在這座教堂；每年 9 月議會開議前所有成員
也聚集在此禱告；在重大的國家災難中，全國重要領袖代表也
在教堂中虔誠祈福；當然，整個老城區的居民從出生、婚禮、
到葬禮也都與這座教堂緊緊相依。

教堂內外都以紅磚砌起，哥德式建築古典樸素又不失莊嚴，金
色裝飾與水晶燈更烘托起尊貴氛圍。2023 年 5 月，教堂剛完成
外牆翻修，修舊如舊成為 1743 年的粉紅色巴洛克式裝飾樣貌。
教堂前方有一座著名的「聖喬治與龍」橡木雕塑，栩栩如生地
描繪馬背上高舉長劍的宗教聖人與龍戰鬥，象徵邪惡與善良之
間的對決、表達騎士精神的理想，更作為瑞典戰勝丹麥的勝利
紀念碑，聖人身上藍色和黃色的羽毛即是代表瑞典國旗的顏色。
教堂正中央的黑木祭壇也是另一亮點，鑲滿純銀浮雕的祭壇細
密刻琢著最後的晚餐、基督受難、基督復活等畫作，在燈火映
照下耀眼奪目，彷彿聖經故事全然浮現眼前；祭壇前的王座、
聖袍、權杖更是吸睛，想像國王加冕時的隆重盛況，更能體現
這座教堂的獨特與非凡。

I N F O

主教座堂 Storkyrkan
地址：Trångsund 1, 111 29 Stockholm
門票：85 瑞典克朗，費用包含英文語音導覽。
開放時間：每日 9：30 ～ 17：00
前往方式：從中央車站步行約 15 分鐘，或搭地鐵紅線和
綠線在 Gamla Stan 站下車，或搭公車 2 號、55 號、57 號、
76 號等諸多班次在 Slottsbacken 站下車。
官網：https://www.svenskakyrkan.se/
stockholmsdomkyrkoforsamling

地圖

官網

大廣場

大廣場其實是一個面積不大的露天小廣場，卻是斯德哥爾摩最古老的廣場，800 多年前房舍就是圍繞著這個空間逐漸形成了城市。在大廣場，你可以找到明信片上的斯德哥爾摩！高大的彩色房子在 17 至 18 世紀多是貴族居所，雖然現今多變成咖啡館和禮品店，但每棟房舍都有不同的歷史故事。例如常在風景照上見到的橘紅色山型牆建築，過往是皇室秘書的住所；它左邊的綠色建築以前是銅礦大戶的房子；它右邊則是曾有斯德哥爾摩醫神之稱的知名藥房，這間已 300 多年歷史的藥房目前還在營業，已搬遷至老城區的另一條街上；甚至有些房舍的牆上還崁著加農砲的砲彈痕跡，在在都訴說著這座廣場的歷史風霜。

雖然這個廣場現今看來很美，但它卻發生過瑞典歷史上最殘酷的「血洗斯德哥爾摩」歷史事件，16 世紀被丹麥統治的斯德哥爾摩，因丹麥國王克里斯蒂安二世的命令，將反對丹麥的 82 名瑞典貴族政要，以宗教叛徒的罪名在大廣場上斬首屠殺，這個事件導致瑞典人長期將丹麥視為世仇，老一輩的瑞典人至今還傳說著：如果在大屠殺紀念日下雨，廣場的舊石頭會變成紅色。廣場中央有一口古井，也是 18 世紀的紀念碑，標誌著這裡曾是斯德哥爾摩的中心，古井後來因地表隆起而缺乏水源，但目前以水管供水，壓動一旁的古董幫浦就會湧出飲用水。

大廣場算是老城區的至高點，周邊有鞋匠街、商人街、牧師街，還有王宮斜坡、地窖巷、漁業廣場，光聽名稱就知道是充滿古意的傳統巷弄，沿著石板小路走走逛逛，身旁都是華美的建築或雕刻，也有許多好吃好買的小店，處處都會遇見不同驚喜！若在聖誕假期前來追極光，也別忘了來到大廣場參加一年一度熱鬧滾滾的聖誕市集。

I N F O

大廣場 Stortorget
地址：111 29 Stockholm
開放時間：全天開放
前往方式：從中央車站步行約 18 分鐘，或搭地鐵紅線和綠線在 Gamla Stan 站下車，或搭公車 2 號、55 號、57 號、76 號等諸多班次在 Slottsbacken 站下車。

地圖

諾貝爾博物館

諾貝爾（Alfred Bernhard Nobel）一直是瑞典人的驕傲，出生於 1833 年的他是瑞典的化學家、工程師、發明家、軍火商、企業家，儘管因家境問題缺乏正式的學院教育，但他會說多國語言，自小居住在聖彼得堡和巴黎的背景讓他具備國際觀，更擁有豐富的創造天賦。他一生最大的成就除了發明矽藻土炸藥以外，便是萬世流芳的捐贈遺產、創建諾貝爾獎。諾貝爾獎自 1901 年起每年頒獎給在物理、化學、醫學、文學、和平方面有傑出貢獻的人；1968 年瑞典中央銀行加設「經濟學獎」來紀念諾貝爾；如今每年都成為全球關注的焦點，因為它是涵蓋最多學科範圍的獎項，也是完全不分國籍的世界獎項。

諾貝爾博物館座落在斯德哥爾摩老城區的大廣場前，這棟美麗豪氣的建築原本是證券交易所大樓，現為諾貝爾博物館、諾貝爾圖書館、瑞典學院共同使用。博物館內展示的重點，包括諾貝爾的生平、諾貝爾獎的創立由來、以及百年來諾貝爾獎得主們如何在成功與失敗歷程中尋找新的創造思路，包括居里夫人的實驗室、曼德拉總統的出獄之路等各種永不放棄的科學與人文精神，都是博物館試圖帶來的啟發。博物館裡設有餐廳，營造開放式的討論空間，每張椅子下方則有不同諾貝爾獲獎者的簽名，為用餐者鼓舞打氣，來杯冰淇淋、或來塊金幣獎章巧克力，也許能在這神聖殿堂激發更多創意火花。

INFO

諾貝爾博物館 Nobelmuseet
地址：Stortorget 2, 103 16 Stockholm
門票：每人 140 瑞典克朗，持門票可免費參加 35 分鐘的導覽
開放時間：冬季為每週二到週四 11：00 ～ 17：00、週五 11：00 ～ 21：00、週末 10：00 ～ 18：00，週一休館。導覽時間為每日 11：15、13：15、15：15。
前往方式：從中央車站步行約 18 分鐘，或搭地鐵紅線和綠線在 Gamla Stan 站下車，或搭公車 2 號、55 號、57 號、76 號等諸多班次在 Slottsbacken 站下車。
官網（中）：https://nobelprizemuseum.se/en/languages/zhongwen/

地圖　　　　官網

斯德哥爾摩的購物指南

瑞典對於水晶玻璃工藝一向引以為傲，尤其是諾貝爾晚宴上的酒器、皇室御用的水晶杯都是出自瑞典手工，極受品味人士推崇，Orrefors 及 Kosta Boda 是最知名的兩個品牌。瑞典服飾 Acne Studios 近年也在時尚圈引領極簡風潮，以簡約剪裁、單一基本色調創造出獨特風格，尤其創始產品牛仔褲更因各大時尚雜誌爭相報導而一炮而紅。戶外品牌 Fjällräven 也是瑞典特產，經典狐狸包幾乎在斯德哥爾摩街頭人手一袋，高機能及耐用性堪稱國民包。

較平價的瑞典紀念品則有手繪達拉木馬（Dalahäst），這原是瑞典中部伐木工人在森林中工作時因思念孩子而雕刻的小玩具禮物，後來逐漸在全國流行起來；製作達拉木馬的手工藝代代相傳，由於每隻都是手工繪製、圖案獨一無二，最經典的是代表幸運和幸福的紅色木馬。另外 Victoria 雞蛋皂也是必敗紀念品，這家一百多年歷史的公司，因為供應王室用品而堅持以高品質天然原料製作肥皂，最著名的洗面皂結合蛋清、羊毛脂、玫瑰精油能有效清潔保濕，價格親民又實用、很適合當作伴手禮。

中央車站周邊是斯德哥爾摩最好逛好買的地區，最大的購物街是 Drottninggatan 行人徒步區，商店琳瑯滿目，既有瑞典本地品牌、也有國際品牌，沿著街道可一直逛到老城區。國王花園附近北歐百貨（NK）則連皇室成員都愛逛的百貨公司，古典建築貴氣十足，當中的服務也講求無微不至。遊客中心對面的奧蘭斯百貨（Åhléns City）推崇設計師品牌，有許多獨家商品只在這裡找得到。

瑞典的購物商品稅額高達 25%，因此辦理退稅後價差非常大。只要國籍不屬於歐盟的遊客都可享最高 19% 的退稅，在指定商店購買 200 瑞典克朗以上的商品即可辦理退稅。每年聖誕節過後 12 月 26 日到 2 月 1 日是冬季年度大促銷的時間點，若能把握時機搶便宜、加上退稅等同再打八折，也難怪有人說斯德哥爾摩總是各大品牌在全歐洲賣得最便宜的地點！

Local Shopper

— 博物館島 **1** 日路線 —

斯堪森露天博物館 Skansen → **北歐博物館** Nordiska Museet → **瓦薩沉船博物館** Vasamuseet → **ABBA 博物館** ABBA The Museum → **葛樂納路恩德遊樂園** GrönaLund → **當代美術館** Moderna Museet → **東島市場** Östermalms Saluhall

ÖSTERMALM

⭐ 東島市場

STOCKHOLM

⭐ 北歐博物館

瓦薩沉船博物館 ⭐

⭐ 斯堪森露天博物館

當代美術館 ⭐

SKEPPSHOLMEN

⭐ ABBA 博物館

⭐ 葛樂納路恩德遊樂園

斯堪森露天博物館

動物園島（Djurgården）是斯德哥爾摩中部的一座島嶼，位在老城區東方，顧名思義島上有動物園、水族館以外，還有斯德哥爾摩最棒的博物館群！踏上動物園島，第一眼看見的往往就是斯堪森大門，這是世界上最古老的露天博物館，面積 75 英畝的廣大園區、就算走到腿痠也逛不完！創辦人希澤利斯（Artur Hazelius）是一位教師學者，他在各地旅行時發現工業化的 19 世紀正為歐洲各地帶來劇變，許多人擔心傳統的建築、民俗、乃至職業和生活都會被工業化吞噬消失，1891 年時希澤利斯自行募款，決定成立博物館將這些瑞典文化妥善保存。

他從全國各地買了 150 棟不同風格、不同年代的房舍，一磚一瓦運到斯堪森重建，並且完整複製一個 19 世紀的小鎮風貌；時至今日農舍裡仍養著牛與豬，木造教堂、風車磨坊都像穿越時空般盡現眼前，其中更有穿著傳統服飾的工匠、銀匠、皮革師傅、製鞋師傅，這裡簡直是一座活生生的歷史博物館！你甚至可在麵包坊吃一片剛出爐的古早味窯烤麵包、或在玻璃工廠裡體驗傳統瑞典吹製玻璃的工藝。

斯堪森的北方野生動物區也是精彩的亮點，無緣在北極圈親眼見識的北極狼與棕熊，都可在此一親芳澤；按動物習性精心設計的觀察區，更讓我們隨著水獺的腳步從巢穴生活進入水中悠游。沿山坡而建的斯堪森頂端，適合登高望遠、眺望對岸的船島與老城區；若不想徒步上山，可搭乘建於 1897 年的百年軌道纜車直接攻頂。若在 12 月前來追極光，則每個周末斯堪森都會舉辦聖誕市集，可在這裡購買聖誕飾品、品嚐聖誕點心飲料、聽著唱詩班的歌聲圍著聖誕樹跳舞，體驗一個傳統歡樂的瑞典佳節。

I N F O

斯堪森露天博物館 Skansen
地址：Djurgårdsslätten 49-51, 115 21 Stockholm
門票：門票價格隨旺淡季、週間週末有所不同，全票約為 185 至 245 瑞典克朗之間
開放時間：冬季為週一至週五 10：00 ～ 15：00、週末 10：00 ～ 16：00
前往方式：搭電車 7 號或公車 67 號在 Skansen 站下車，或搭渡船 80 或 82 號在 Allmänna gränd 下船後步行 6 分鐘。
官網（英）：https://skansen.se/en/

地圖

官網

北歐博物館

北歐博物館藏身在城堡般的華麗建築內，步入其中也真像進入一個大型的芭比娃娃屋：不同年代的住宅型態，擺設著風格迥異的家具飾品，搭配著不同時節的當季布置；接著走上餐桌，從桌布花色、餐盤擺設、不同場合的禮儀規矩處處講究細節，宴會、茶會、酒會、咖啡聚會都端上不同類型的美味佳餚，人們則依身分角色穿搭符合當代潮流的美妝服飾；最後從仲夏節、聖誕夜、到每週二的點心日來深刻認識瑞典人傳統節慶的習俗生活。一間又一間的展區，就像穿梭在瑞典近 500 年歷史間的各種時空，貼近人心又生動有趣的策展，令人欣喜流連！

這座博物館也是希澤利斯為了保存瑞典民俗文化而建，且成立時間比斯堪森更早期。早在 1873 年希澤利斯就開始大量購買、或請求捐贈瑞典各年代農村的家具、衣服、玩具，以「斯堪地那維亞民族展」的形式創立北歐博物館的濫觴；在他過世後，博物館於 1907 年進駐這棟文藝復興風格的富麗建築，後來繼承他志業的兒子女婿則收藏更多城市、或反資產階級的生活方式及物品，造就了今日博物館的樣貌。花崗岩砌成的挑高大廳氣勢磅礴，仰望著古斯塔夫瓦薩國王的巨大雕像端坐眼前，頂天立地的圓柱和拱頂營造著整體的宏偉肅靜，但博物館展出的內容其實全不嚴肅、溫馨十足，跳 tone 的對比讓人更加熱愛這座文化藏寶箱。

INFO

北歐博物館 Nordiska museet
地址： Djurgårdsvägen 6-16, 115 93 Stockholm
門票： 每人 150 瑞典克朗。持門票可免費租借中文導覽耳機。
開放時間： 冬季（9月至5月）為 10：00 ～ 17：00、每週三延長開放至 20：00。
前往方式： 搭電車 7 號或公車 67 號在 Nordiska Muse-et/Vasamuseet 站下車，或搭渡船 80 或 82 號在 Allmänna gränd 下船後步行 10 分鐘。
官網（英）： https://www.nordiskamuseet.se/en

地圖

官網

瓦薩沉船博物館

這是全北歐遊客最多的博物館！全世界旅人都慕名而來，想一窺在海底沉睡 333 年的巨大戰艦。一走進博物館，龐然大物肅然映入眼簾，6 層樓高的甲板、近 70 公尺長的船身、高高立起的三支結實帆桅，很難想像這麼魁梧的戰艦竟在下水不久後便被大風吹毀沉沒，並造成 30 多人喪生！原來 17 世紀初瑞典造船的工程計算技術仍屬落後，艦身架設了過重的火砲、吃水太深，以至於強風吹拂傾倒時無法直立恢復平衡，導致船艙進水翻覆。現今看來如此不堪一擊的大船是當時瑞典國王古斯塔夫二世下令興築，他是瑞典史上的軍事名將，御駕親征神聖羅馬帝國、節節獲勝，希望打造強大的海軍艦隊宣揚國威戰力，因此動用 400 多名工匠、耗時 3 年於 1628 年建成。

不過瓦薩號的偉大之處不僅在於它的建造，更是在於它的打撈：船沉數年間從歐洲各地湧入冒險者、尋寶獵人、發明家、潛水員們都躍躍欲試前來打撈，但始終失敗，直到 1954 年深具考古興趣的海洋技師弗倫岑（Anders Franzén）在水下 30 公尺發現它的蹤跡後，耗費多年時間才將瓦薩號分成 18 大塊船體、1 萬多個散落的木材和螺栓，一一打撈上岸，瑞典電視台也以現場實況向全球轉播這浩大水下工程。如今眼前的大船，是考古學家們如同拼圖般一一重建，使瓦薩號成為全世界保存最完整的 17 世紀戰艦，博物館的每一層樓都可抵達船身的不同部位，船隻的構造、藝術裝飾都可細細觀賞，讓人近身品味這個代表權力和榮耀的海上盛世；除了船身以外，館中還展示著當時的兵器、大炮、工具，以及船員們的衣物、用品、甚至錢幣，可以從中了解當年的瑞典風華。

I N F O

瓦薩沉船博物館 Vasamuseet
地址：Galärvarvsvägen 14, 115 21 Stockholm
門票：冬季 170 瑞典克朗、夏季 190 瑞典克朗，現場購票僅能刷卡、不收現金。持門票可免費參加 30 分鐘的導覽，英文導覽時間為每日 10：30 ～ 15：30、每小時舉行一場；亦可免費租借中文導覽耳機。
開放時間：冬季（9月至5月）10：00 ～ 17：00、每週三延長開放至 20：00。
前往方式：搭電車 7 號或公車 67 號在 Nordiska Museet/ Vasamuseet 站下車，或搭渡船 80 或 82 號在 Allmänna gränd 下船後步行 10 分鐘。
官網（中）：https://www.vasamuseet.se/zh

地圖

官網

ABBA 博物館

ABBA 合唱團可說是瑞典有史以來最紅的樂團，即便你沒跟上穿著喇叭褲、不分男女都長髮披肩的復古年代，只要看過梅莉史翠普演的電影《媽媽咪呀》也絕對能對 ABBA 的每首歌曲朗朗上口。ABBA 合唱團是由兩男兩女組成，活躍於 1970 到 1980 年代，家庭主婦出唱片追夢、樂團成員墜入愛河的浪漫故事鼓舞許多人心，〈Dancing Queen〉這首歌更帶他們飛越大洋、突破疆界，登上美國冠軍單曲，自此成為世界當紅樂團。但因內部合作因素，樂團在 1982 年正式解散，直到美國史上最紅的音樂電影《媽媽咪呀》2008 年在斯德哥爾摩首映時，4 人才又齊聚出席，轟動一時！

ABBA 博物館創立於 2013 年，靈感來自英國利物浦的披頭四博物館，位置就選在動物園島的 Allmänna gränd 碼頭邊；雖然許多人批評它並非正式的博物館，因為：它沒有館藏、不做研究、而且是以營利為目的！但每年仍吸引不少斯德哥爾摩的遊客前來朝聖。博物館中除了有樂團成立解散的故事、大事記、成員蠟像、樂團樂器與造型服裝、成員的私人物品展示、粉絲的信件禮物陳列以外，博物館整體強調互動性，希望訪客體驗成為 ABBA 第五名成員的感覺，虛擬實境試穿 ABBA 服裝、運用電腦混音與 ABBA 合唱、並化身團員一起站在舞台上表演，是個可以盡情揮舞、邊唱邊玩的博物館。

I N F O

ABBA 博物館 ABBA The Museum
地址：Djurgårdsvägen 68, 115 21 Stockholm
門票：冬季 230 瑞典克朗、夏季 290 瑞典克朗
開放時間：冬季（9 月至 4 月）為 10：00 ～ 18：00，特定日期延長開放至 20：00
前往方式：搭電車 7 號或公車 67 號在 Liljevalchs/Gröna Lund 站下車，或搭渡船 80 或 82 號在 Allmänna gränd 下船後步行 3 分鐘。
官網（英）：https：//www.abbathemuseum.com/en

地圖

官網

葛樂納路恩德遊樂園

沿著海岸線走在動物園島上,很難不被碼頭邊直衝天際的權杖旗桿吸引,再定睛一看,竟有人環繞著旗桿飛在天上?!原來這是遊樂園的天女散花,即便世界各地遊樂園都有這項器材,但從沒看過這麼高的「天女」,坐著鞦韆往上升、在相當於二十五層樓高的天空中「散花」,高高在上的絕佳視野得以將斯德哥爾摩的城市之美盡收眼底。

這是瑞典最古老的遊樂園,從 1883 年來自德國的舒爾斯(Jacob Schultheiss)在這裡建造旋轉木馬等遊樂設施開始,這片海岸始終是小朋友的童年夢想、全家人出遊的美好記憶,2001 年舒爾斯的後代正式以 GrönaLund 命名這個樂園。樂園的景觀獨特,除了擁有無敵海景以外,周遭的建築大多是 19 世紀的古宅房舍,讓這個歷史悠久的樂園更添一分寫意。雲霄飛車、大怒神、小飛象、碰碰車,這些經典遊樂器一應俱全,不過真正讓樂園名聲大噪的是每年夏季舉辦的演唱會;從 ABBA、羊毛衫樂團、Sting 都曾在此登台,雷鬼歌手 Bob Marley 還曾吸引三萬多位觀眾把小小的遊樂園擠爆,後來為了安全

考量才開始限制觀眾人數。整個夏季會舉辦 60 場以上的演唱會,也會演出兒童舞台劇、或全場同歡的舞會,樂園立志要把這條海岸線變成大人小孩都熱愛的天堂!

INFO

葛樂納路恩德遊樂園 GrönaLund
地址:Lilla Allmänna Gränd 9, 115 21 Stockholm
門票:入場門票平日與週末價格不同,從 349 至 449 瑞典克朗。
前往方式:搭電車 7 號或公車 67 號在 Liljevalchs/Gröna Lund 站下車,或搭渡船 80、82 號在 Allmänna gränd 下船。
官網(英):https://www.gronalund.com/en
因遊樂園於 2023 年 6 月底發生雲霄飛車出軌意外造成傷亡,目前暫停營業,前往時請再查詢確認。

地圖

官網

當代美術館

從動物園島的 Allmänna gränd 碼頭搭船，不到 5 分鐘便擺渡至對岸的船島（Skepp-sholmen），島上色彩鮮艷、可愛討喜的裝置藝術第一時間便吸引了遊客的目光，成為最佳打卡背景。這是斯德哥爾摩當代美術館的戶外展廳，美術館強調應該擴大當代藝術的範疇，因此除了一般常見的繪畫、雕刻以外，甚至把攝影照片、電影視頻、大型裝置藝術都視為藝術收藏；館方認為大型裝置藝術是視覺啟發和智慧創新的最佳起點，因此即便許多單位並不認同裝置藝術成為館藏，但作為一個開放性和生活性的美術館，斯德哥爾摩的任務就是要不斷改寫現代主義的標準歷史！另一個令人佩服的先見之明，是館方一向主張兒童教育是藝術的重點，因此早從 1960 年代開始，兒童參觀之旅就一直是當代美術館的一大特色，美術館必須持續與最年輕的遊客保持對話、教學相長，才能互相增強彼此的開創性。

當然，這座美術館中仍有許多傳統珍貴的收藏，1963 年美術館成立後，瑞典政府即捐贈了 500 萬瑞典克朗大幅收購畢卡索、達利、馬諦斯等大師級作品，使其成為歐洲數一數二的博物館。當中也有許多趣聞軼事，例如 1993 年底有竊賊竟模仿法國電影《男人的鬥爭》（Rififi）打破美術館屋頂、從天而降竊走畢卡索的 6 幅名作，這些畫後來流落到拍賣市場上，才又被美術館競標收回；另外，目前以玻璃帷幕形成燈籠式照明的展館，是 1998 年為慶祝美術館 40 週年而新建，瑞典國王和王后親自前來盛大剪綵，不料幾年時間就發現建築有潮濕和館藏發霉的問題，只

好再度搬遷整修，直到 2004 年才又重新落腳船島。一般館藏的常設展全年免費參觀，不但展間精彩可期，從禮品店到廁所也都創新有趣，值得花點時間待在這、好好感受瑞典人的藝術思維。

INFO

當代美術館 Moderna Museet
地址：Exercisplan 4, 111 49 Stockholm
門票：常設展免費和多數特展免費入場，少數需門票入場、每人 150 瑞典克朗，可現場購票或於官網購買。
開放時間：週二與週五 10：00 ～ 20：00；週三、週四與週末 10：00 ～ 18：00。
前往方式：搭公車 65 號在 Arkitektur-/ Moderna Museet 站下車，或搭渡船 82 號在 Skeppsholmen 下船後步行 5 分鐘。
官網（英）：https：//www.modernamuseet. se/stockholm/sv/

地圖

官網

東島市場

東島市場從建築外觀、到滿滿人情味都是斯德哥爾摩最美的風景之一。這座市場被美食雜誌《Bon Appétit》評為「世界最棒市場」第七名，不但是北歐第一，更與東京築地市場、匈牙利布達佩斯中央市場等知名市集並駕齊驅；世界名廚奧利佛（Jamie Oliver）更說這裡是他在斯德哥爾摩最喜歡的地方！

落成於 1888 年東島市場，設計出自兩位年輕的設計師卡拉森（Clason）和沙林（Salin），他們憑藉遊歷歐洲的經驗汲取創作靈感，結合義大利磚砌教堂的古典、和艾菲爾鐵塔鑄鐵建築的時尚，建造出塔樓下的玻璃屋頂，像是城堡與溫室的完美結合，更是瑞典 19 世紀晚期最棒的磚造建築！

在斯德哥爾摩這個博物館城市中，有人形容東島市場本身便是一座日常博物館，如果想了解當地人的生活，逛逛這裡就對了！一百五十幾個攤位從海鮮、麵包糕點、蔬果、奶蛋肉類、咖啡飲品，生食熟食應有盡有，窗明几淨、動線宜人，產品一一陳列在櫥窗或冰櫃，一目了然又爽心豁目。

130 年來肩負著美食擔當重任的東島市場，剛於 2020 年 3 月份完成整建。這次的整建也納入「2030 年世界級斯德哥爾摩城市願景」的計畫之一，希望打造世界上最重要的美食聖地。

逛著市場琳瑯滿目，總覺得這裡的海鮮看起來特別浮誇誘人，無論是巨大的龍蝦、帝王蟹，還是豐盛的鮮魚串燒、海鮮鹹派、魚卵三明治，看起來都令人垂涎欲滴、食指大動！許多攤商都是歷經幾代傳承的家族企業，對食材和美食充滿熱情，不僅希望和顧客建立買賣關係，更喜愛互相切磋、激發美食靈感，於是有的老闆會問起我們台灣有沒有這種食物？有的老闆會拿食譜與我們交換料理心得！更有人擔任臨時嚮導、為我們介紹斯德哥爾摩正在舉行的鱈魚美食季。到東島市場走一趟，不但用美食祭祭五臟廟，更讓精神心情都裝盛著滿滿的美味飽足！

INFO

東島市場 Östermalms saluhall
地址：Östermalmstorg, 114 39 Stockholm
營業時間：週一至週五9：30～19：00、週六9：30～17：00、週日不營業。
前往方式：搭公車54號在 Östermalmstorg
站下車，或搭地鐵紅線（13號、14號）在
Östermalmstorg 站下車後步行8分鐘。
官網（英）：https://www.
ostermalmshallen.se/?lang=en

地圖　　　　　官網

{ 北歐現象 }

第一個學會的瑞典單字 Fika

如果在瑞典的上班時刻發現某些人突然離開工作崗位，不用懷疑，他一定是去 Fika 了！Fika 可以是名詞，意指「喝咖啡和吃點心的休息時間」，也可以是形容詞，描述「工作中休息片刻的重要性」，更可以是動詞：「我們待會兒一起 Fika 吧！」

Fika 這個字起源於 19 世紀，是把咖啡 kaffi 倒過來唸成「啡咖 (ffi-ka)」，後來演變成 Fika。有一說是因為咖啡傳入瑞典後，人民為之瘋狂，為抑制這種一股腦的狂熱，歷史上有好幾任國王都曾課重稅、甚至對咖啡下禁令，因此當地人不得不創造一個描述咖啡的祕密名詞 Fika 來掩人耳目。時至今日，Fika 不但是一種行為，更是一種態度、一種儀式、一種瑞典文化。許多瑞典人認為每天騰出一些 Fika 時間是非常重要的，它不但能暫停一下工作、讓頭腦清醒，更重要的能利用這段時間和同事或朋友交流、分享、互動。

食物不是重點！可以是肉桂捲、蛋糕、餅乾、或 Open Sandwich 等，但是強調 Home-made 自製是更有誠意的 Fika，因此許多瑞典人每週都會抽空在家手做甜點。時間也不是重點！可以是上午、下午、或晚上，一天好幾次 Fika 是最理想的狀態。地點更不是重點！可以在辦公室、公園、咖啡廳，甚至邀請朋友到家裡 Fika 的人也不在少數。對象更可以隨意！常常是同事、偶而是家人朋友，甚至約會對象也可以一起 Fika，重點就是空出時間來社交！

來到瑞典，最大的感受和最羨慕的部分，就是他們十分重視生活：一天上班不能超過 6 小時，每年夏季要休假 2 個月去享受陽光，日常工作中當然也不能忽視生活質量。因此近百年來 Fika 已經成為瑞典傳統，一切都是為了在忙碌的現代社會中要時時提醒自己放慢速度，為朋友和同事尋找時間空間，一起討論或欣賞美好事物，這才稱得上是生活！如果你想在瑞典認識新朋友，最好的起手式想必就是「你今天 Fika 了沒？」

挪威奧斯陸

Oslo 59° 55' 0" N 10° 44' 0" E

奧斯陸位在挪威東南部的峽灣北端，處於山腳下平原地帶、依山傍海；古奧斯陸的歷史可追溯至近 1 千年前挪威王國建城為首都，中世紀因丹麥 - 挪威成立聯邦、政治中心逐漸轉移至哥本哈根，又經歷戰爭、黑死病、火災肆虐，導致丹麥國王決定放棄原名克里斯蒂安尼亞（Kristiania）的古奧斯陸，遷都至海岸線、也就是現今奧斯陸位置，直到 1814 年聯邦解體、挪威立憲後，正式定為首都。今日的奧斯陸是全球城市指標，生活品質排行第一、商業友好度和潛力都名列前茅，因發現石油後，成為全球物價最高、生活成本第二高的城市。此外，城市綠化也是奧斯陸的驕傲，全市有一半以上的面積都被森林覆蓋，2019 年也成為歐洲環境之都。

相較於其他北歐首都，奧斯陸是座新穎摩登的城市，城市規劃井然有序、舒適怡然，建築風貌簡樸素雅、富設計感又不顯眼鋪張。擁有 67 萬人口的奧斯陸自稱為節慶之城，不論什麼事都可以辦個節日來慶祝：從因應季節的畢業慶、滑雪祭、美食季，到巧立各種名目舉辦的地獄音樂慶、森林音樂慶、搖滾樂、現代樂、室內樂、爵士樂…根據統計，奧斯陸是全歐洲音樂會平均場次最多的城市！極光季來到奧斯陸則可選擇好好探索港口，博物館、美食、最典型首都生活都沿著港口發展，甚至連諾貝爾和平獎都在港邊頒發，是奧斯陸不可錯過的風景！

機場交通　Oslo Airport

◆ **機場快線**

搭乘 Flytoget Airport Express 機場快線可直達奧斯陸中央車站（Oslo Central Station），每 10 分鐘就有一班，車程約 25 分鐘，營運時間約在清晨 5：30 到晚間 00：50。可在機場售票機，也可於官網或手機下載 APP「Flytoget」軟體購票，全票票價為 230 挪威克朗、乘車 90 天前可購買。購票後會以電子郵件寄送 QR Code、或 APP 中會存有電子票券，查票時向列車長出示即可。

Flytoget Airport Express 官網

● Flytoget Airport Express 官網（英）：https：//flytoget.no/en/

◆ **火車**

搭乘國營火車 Vy 也可從奧斯陸機場（Oslo Lufthavn）前往奧斯陸中央車站（Oslo S），一個小時約有 3 班，車程也是 25 分鐘左右，但票價較省錢，全票票價為 118 挪威克朗。營運時間約在清晨 5：10 到晚間 23：50。可在機場售票機購買，也可於官網或手機下載 APP「Vy（NSB）」軟體後、指定搭乘班次購票。購票後 APP 中會存有電子票券，搭車前請在票券上按「啟用（Activate）」並於查票時向列車長出示即可。

Vy 官網

● Vy 官網（英）：https：//www.vy.no/en/

◆ **機場巴士**

航廈前都有機場快速巴士 Flybussen 的站牌，行經市區許多地區，FB2、FB5 等路線都可從奧斯陸機場（Oslo Lufthavn）前往中央車站旁的巴士總站（Oslo Bussterminal），車程約 50 分鐘，每小時 2 班車，營運時間基本上從清晨 5：00 至晚間 24：00，但午夜仍有零星夜車班次可搭乘。官網可購票或手機下載 APP「Flybussen i Oslo」或「nettbuss」軟體皆可購票及查詢巴士路線時間，網路購票單程價 219 挪威克朗；

搭車前請在票券上按「啟用（Activate）」並於查票時向列車長
出示即可。也可在機場售票機或上車後向司機購買，但須加
收手續費，車上可收信用卡。

Flybussen 官網

- Flybussen 官網（英）：https：//www.flybussen.no/?dir=to

建議漫遊方式
步行或單車 + 電車 + 市區巴士 + 渡輪

奧斯陸的景點主要分布在市中心和海港區，地域集中可用步行或
單車遊覽，也可使用電車、巴士在市區移動，或搭地鐵前往郊
區，渡輪主要航行於奧斯陸灣內的幾座島嶼和博物館林立的比格
迪半島（Bygdøy）。

◆ 單車

奧斯陸公共單車租借季是 4 月到 11 月底，較其他北歐城市
開放時間來得長，因此在春初秋末來到北歐追極光，都有機
會騎乘單車漫遊奧斯陸。City Bike 使用時間僅限於清晨 5 點
到凌晨 1 點，單次租車費用為每 15 分鐘 15 挪威克朗，也就
是將近 43 元台幣；但花費 69 挪威克朗即可購買一日券（Day
Pass），24 小時內可無限次數借還，但每次借用時間不得超過
60 分鐘。使用方法是上網或 APP「Bysykkel」註冊，綁定手
機、並使用信用卡付費，就可直接在 APP 上操作：GPS 會偵
測你目前所在的站點，按下租借後 APP 會為你指定一台單車
編號，找到該編號單車即可解鎖使用。

註冊網站官網

- 註冊網站及使用方法請參考官網：https：//oslobysykkel.no/en

◆ 電車和地鐵

奧斯陸的電車路線從 18 世紀末即開始服務，並早在 1900 年即全面電氣化。然而在二次大戰後，電車逐漸被使用汽油、便宜經濟的公車取代，因此 1947 年奧斯陸政府正式關閉電車系統；1960 年代更因地鐵已建設完善，議會討論完全拆除路面軌道，幸而一些異議人士反對讓電車得以保存，並更新車隊後於 1977 年重新營運。近年來奧斯陸電車時不時就傳出營運不順、面臨關閉路線的窘境，但對於遊客來說，因為電車多行駛於市中心及港口，是一遊奧斯陸最便利的交通工具！目前有 11、12、13、17、18、19 六條路線，幾乎 24 小時都有班次，每個站牌皆有電子看板顯示到站時刻表；有些車門不會自動開啟、要手動按「開門鍵」。

在地面上看到 T-bane 的標誌即是指地鐵站，奧斯陸地鐵全長 85 公里，是大奧斯陸地區最重要的交通工具；最早於 1898 年即開始發展，1928 年打造北歐第一條地底運輸軌道。目前地鐵共有 5 條路線、101 個站，大多行駛往郊區，在市中心的範圍僅有幾站，因此遊客使用的機會較少。

奧斯陸的大眾交通無論電車、地鐵、或公車，都是統一由 Ruter 交通局管理，票價皆相同。整個奧斯陸分為 11 個區（Zone），大眾運輸買票方式是在同一區中移動就統一價格，但跨區則要加價；但基本上市區觀光路線都在 Zone1 範圍。車票可在車站售票機或便利商店購買；官方 APP「RuterBillett」雖可購票、但不接受台灣本土銀行核發的信用卡，因此使用前要先嘗試手邊的信用卡能否綁定？不跨區的單程票是 40 挪威克朗。電車或地鐵都不會有驗票閘口，可任意從前後門上下車，若遇查票人員再出示票卡即可。

◆ 市區巴士

奧斯陸街頭可看見不同顏色的公車，紅色是市區巴士、綠色是跨區域巴士，兩者也都由 Ruter 交通局統一管理，因此可使用「RuterReise」APP 查詢時刻表，「RuterBillett」APP 雖也可購票、但不接受台灣本土銀行核發的信用卡，建議可在車站售票機、便利商店、或上車後向司機購票。市區巴士有五十幾條路線，沿著市中心、港區，路線綿密便利，大多數路線營業時間為早上 5：30 至夜間 24：00，少數班次有夜間公車；直達比格迪半島的 30 號公車是遊客最常使用的一條路線。

◆ 渡船

奧斯陸有多條渡船路線，出發地點皆在 Zone1 市政廳前的 Rådhusbrygge 碼頭或 Aker brygge 碼頭，B1 至 B4 路線行駛於奧斯陸港灣附近的幾個小島，B10、B20、B21、B22 則航向較遠的奧斯陸南部 Zone2S、Zone3S、Zone3 等郊區。渡船也由 Ruter 交通局管理，購票方式與其他大眾交通相同，亦可上船買票，但船上購票需加收 20 挪威克朗的手續費。

然而遊客必去的比格迪半島並不在渡船行駛路線上，須至市政廳前 3 號碼頭另行購票，搭乘 B9 號復古渡輪前往，航程約 10 至 15 分鐘；但 B9 渡輪僅在每年 3 月初至 10 月底營運，因此春初秋末追極光的旅人可以體驗海上巡禮，票價為單程 58 挪威克朗、一日券 92 挪威克朗。

Ruter 市區交通官網

● Ruter 市區交通官網（英）：https：//ruter.no/en/

旅遊資訊

奧斯陸遊客中心地圖

奧斯陸遊客中心官網

◆ **奧斯陸遊客中心**

就位在中央車站內的商店街中，中心提供中文免費地圖、各類行程指南或景點資訊，亦可換匯、訂票或訂房，甚至可租借旅遊導覽書籍；奧斯陸旅遊卡也能在此購買。

極光季營業時間為週一至週六 9：00 ～ 18：00、週日 9：00 ～ 16：00。
● 地址：Jernbanetorget 1, 0154 Oslo
● 旅遊局官網（英）：https：//www.visitoslo.com/en/tourist-information-centre/

Travel Card 資訊

奧斯陸卡官網

◆ **奧斯陸交通卡**

奧斯陸交通卡（Ruter Travel Card）是 Ruter 旗下大眾交通工具的儲值卡，一張卡的工本費是 50 挪威克朗，可在售票機、便利商店、遊客中心加值，或綁定信用卡扣款，也可指定購買單程票或多日票，不跨區的單程票是 40 挪威克朗、24 小時票為 121 挪威克朗、7 天票則是 335 挪威克朗，跨區搭乘時補差額即可。

●Travel Card（英）：https：//ruter.no/en/buying-tickets/travelcard/

◆ **奧斯陸卡**

奧斯陸卡（Oslo Pass）是觀光優惠卡，持卡可搭乘 Zone1 和 Zone2 的所有大眾交通工具，可免購票進入 30 個左右的景點、博物館，夏季還有免費的城市導覽及 Hop-on Hop-off 觀光遊船，並且享有多家餐廳和商店的折扣。卡片共分 24 小時、48 小時、72 小時三種，最便宜的 24 小時票價 495 挪威克朗。奧斯陸卡已全面電子化，下載 APP「Oslo Pass」即可直接使用信用卡購買、並在手機中操作，十分便利。首次使用需先在 APP 按下「啟用（Activate）」，在進入每個景點時提供服務人員掃描 QR Code 即可。

● 奧斯陸卡官網：https：//www.visitoslo.com/en/activities-and-attractions/oslo-pass/

— 市區 1 日路線 —

奧斯陸歌劇院 Operahuset → **孟克美術館** Munch-museet → **奧斯陸主教座堂** Oslo domkirke → **國會大廈** Stortinget → **市政廳** Oslo Rådhus → **諾貝爾和平中心** Fredssenter → **易卜生博物館** Ibsen-museet → **皇宮** Det Kongelige Slott → **維格蘭雕刻公園** Vigelandsparken

MAJORSTEN

⭐ 維格蘭雕刻公園

OSLO

SOFIENBERG

⭐ 皇宮　　　　　　　　　　　　　　孟克美術館 ⭐

易卜生博物館 ⭐

⭐ 國會大廈

諾貝爾和平中心 ⭐ ⭐ 市政廳　　　⭐ 奧斯陸主教座堂

SENTRUM

⭐ 奧斯陸歌劇院

奧斯陸歌劇院

水面上稜角分明、巨大尖銳的白色建築，陽光將建築反射映照在水面，看起來就像從水中浮起的冰山。這座歌劇院是現代奧斯陸最廣為世界知曉的地標，也是挪威近七百年來最大的文化建築物。斥資 2 百多億台幣建造的歌劇院完工於 2007 年，設計團隊意圖創造一個將奧斯陸峽灣和城市自然美景合而為一的新景觀，也特別強調建築與人的親近：人們可沿著屋頂斜坡爬上高處欣賞奧斯陸的美景，更多人喜歡坐在上面曬曬日光浴；大廳中 15 公尺高的玻璃，則可用任何角度擁有最寬廣的視野，來遠望曼妙的峽灣水景；隔間更延續開放式的親民感，遊客可以透過大玻璃窗看到繪畫室、縫紉室、道具製作室等幕後工作空間，了解藝術家為表演所做的專注準備。

歌劇院中的公共藝術也是亮點，例如水面上另一座矗起 12 公尺高的小冰山作品「她說謊」(She Lies) 即是向 19 世紀浪漫主義畫家弗里德里希 (Caspar Friedrich) 的作品「海之冰」致敬的立體雕塑，畫中描繪北極探險船失事場景，雕塑也以鋒利的冰尖創造震撼視覺效果，試圖告訴世人：全球暖化現象最終會出現在歌劇院前面的峽灣中。想了解更多關於歌劇院的故事和藝術作品，可參加每天中午的英文導覽，不但可參觀服裝或繪畫工作室，更可與歌手或舞者相遇。

奧斯陸歌劇院 Operahuset

地址： Kirsten Flagstads Plass1, 0150 Oslo

導覽票價： 每日下午 13：00 都有一場英文導覽，導覽時間約 50 分鐘，導覽票價為 130 挪威克朗，每場限制 25 人，可在官網預約訂購。

開放時間： 公共區域週一至週六 10：00 ～ 19：00、週日 12：00 ～ 18：00。

前往方式： 從中央車站步行約 5 分鐘，或搭電車 17、18 及公車 32、74、81、83 路線至 Bjørvika 站下車。

官網（英）： https：//operaen.no/en/

地圖

官網

孟克美術館

愛德華孟克（Edvard Munch）是挪威最著名的畫家，就算你沒聽過他的名字、一定也看過他的作品，電影《驚聲尖叫》中的鬼臉面具正是來自孟克畫作「吶喊」（The Scream）的啟發：孤獨人形搗著耳朵，圓睜睜的眼眶、凹陷的臉頰、扭曲張嘴的面孔，似乎正在超脫現實的變形背景中發出令人毛骨悚然的尖叫聲。人們常用文字成語來描繪內心感受，孟克則透過繪畫的表現性和抽象性，從構圖、到筆觸，盡其所能形容心底痛苦崩潰的情緒。

其實孟克擁有悲慘的童年，母親早逝、父親和手足也接二連三地罹患精神病或過世，讓他長期陷入悲傷折磨。17 歲時孟克考進了奧斯陸皇家藝術和設計學院，雖然後來數十年他在柏林、巴黎都發展得很順遂，但他敏感的心靈仍擺脫不了面對病痛和死亡的恐懼，作品總是呈現悲觀抑鬱。一次世界大戰前，孟克因為嚴重焦慮症開始接受治療，並返回挪威；後因治療得宜、又擁抱家鄉大自然，使他個性逐漸改變，作品也放下桎梏、更加繽紛多元，並在挪威度過下半生。

INFO

孟克美術館 Munch-museet
地址： Edvard Munchs Plass 1, 0194 Oslo
門票： 160 挪威克朗
開放時間： 週日至週二 10:00 ～ 18:00，週三至週六 10:00 ～ 21:00。
前往方式： 從中央車站步行約 8 分鐘，或搭電車 17、18 及公車 32、74、81、83 路線至 Bjørvika 站下車。
官網（英）： https：//munchmuseet.no/en/

地圖

官網

1944 年孟克與世長辭、享年 80 歲,他生前將手邊的作品都捐贈給奧斯陸政府。為了紀念這位影響後世的畫家,孟克美術館選於 1963 年、他冥誕 100 周年時開幕。孟克一半以上的繪畫作品、和所有的版畫作品都收藏在這裡,其中當然也包括大多數人最想親眼目睹的「吶喊」。

事實上「吶喊」共有四個版本,其中兩版收藏在孟克博物館、一版藏於國家美術館、最後一版則為私人收藏;不過由於畫作經常出借、或與國家美術館輪流展出,因此即便來到孟克美術館,仍有可能落空、無法一見本尊;倘若如此,不妨到一樓的咖啡館點一塊吶喊造型蛋糕、喝杯咖啡補償一些遺憾。2020 年甫落成的新場館是一座位在奧斯陸歌劇院附近、緊臨海港的 13 層樓的建築,12 樓的餐廳和頂樓的酒吧近年成為俯視海灣的新興景點。

奧斯陸主教座堂 + 奧斯陸市場

主教座堂修建於 17 世紀末,是奧斯陸的第三座大教堂,也是挪威國教福音路德派的信仰中心。教堂面積雖不大、也稱不上富麗堂皇,卻是奧斯陸重要的教堂,因為挪威王室的所有儀式、和挪威政府的重大公眾事件,都發生在這座殿堂中;包括是 2001 年挪威王儲哈康王子和梅特瑪莉特王妃舉行婚禮的地方:當年的婚禮場地雖不盛大、但婚禮本身卻很轟動,因為梅特瑪莉特簡直是灰姑娘的翻版!她本是一位未婚生子的服務生,學歷不高、也曾流連夜店,因在飯店工作時身體不適、被巧遇的王子派車送回家,幾年後兩人再次巧遇,從此墜入愛河,王子便不顧反對堅持娶她,並將她的孩子視如己出,後來也陸續為王室誕下一位公主和一位王子。

純粹紅磚打造的外觀搭配低調的黃銅鐘塔,主教座堂展現著樸質,若不是尖塔的高度較周邊建築物突出許多,你可能不會注意到這裡有座三百多年的名勝古蹟。入內參觀,從青銅大門的浮雕、彩色玻璃的拼貼、天花板的壁畫、祭壇的木雕、到高置二樓 6 千支管子組成的典雅風琴,都是挪威知名藝術家們

孟克美術館

的傑作，各個作品都細膩華美、卻又含蓄不搶戲，可以看出挪威人將才華奉獻給信仰的虔誠謙卑。教堂對所有人開放，歡迎遊客進入默禱、點蠟燭祈福、或參加各種彌撒活動，並提供英文、德文、法文的導覽手冊。

來到主教座堂更不能錯過的是包圍著教堂的環形紅磚建築「奧斯陸市場」（Oslo Bazaars），拱型門柱圓弧貫穿、隨著地勢拾級而上的迴廊，瀰漫著一種異國風情，未經處理的裸露紅磚更襯托著它的風華。這座建築物從 1841 年開始形成，經歷 20 年漸漸擴展成今日的規模。它本是為附近大廣場（Stortorvet）上露天販肉的屠夫所建，全盛時期超過 50 個店面攤位，奧斯陸政府在市場遷移廢棄後本打算拆除這棟建物，後來在市議會決議下重新美化、納為都市規劃的一部分，如今成為卡爾約翰大道（Karl Johans gate）徒步區的一隅，可在此悠閒逛著文創紀念品店或到小巧精緻的咖啡店中享受寧靜片刻。

奧斯陸主教座堂 Oslo domkirke
地址：Karl Johans gate 11, 0154 Oslo
門票：教堂免費參觀
開放時間：每日皆開放，週一至週四、以及週末開放時間為上午 10：00 ～ 16：00，週五為下午 16：00 ～ 23：30。
前往方式：從中央車站步行約 6 分鐘，或乘電車 11、12、17、18 或公車 1N、2N、11N、18N 至 Stortorvet 站下車。
官網：http://www.oslodomkirke.no/

地圖

官網

國會大廈

在奧斯陸最熱鬧的卡爾約翰大道上，有座與眾不同的建築高聳佇立於坡道上。這是奧斯陸國會大廈，參考羅馬競技場、佛羅倫斯聖若翰洗者洗禮堂、法國沃子爵城堡等經典建築設計，於 1866 年落成。國會隔著公園綠地與挪威皇宮遙遙相望，展現議會肩負著與皇家平等溝通的自信；圓柱狀延伸出左右兩翼的建築型態，則象徵著伸出雙臂歡迎著人民代表、以及整個民主國家。

其實挪威國會從 1814 年立憲時即存在，當時奧斯陸是一個新興城市，少有可容納 79 位議員聚會的大型場所，因此其後 50 年間議員們曾經流浪在奧斯陸大教堂學校的禮堂、和奧斯陸大學宴會廳中開會。後來政府考慮到挪威作為一個年輕國家，應該創建首都的代表性建築，因此經歷近 20 年漫長拉鋸的提案討論，1857 年終於拍板定案將國會大廈建在皇宮正對面，代表著人民的宮殿和國王的宮殿崛起在彼此之上，像兩個鄰居一樣自由站立，坦誠看著對方的眼睛。

如今這座拱門弓窗、散發著古典高貴氛圍的建築是 169 位國會議員開會和辦公的場所，議事廳以希臘劇院為藍圖，議員們圍坐在半圓形的階梯座席上，主席台後方則繪製一幅大型油畫，內容描繪 1814 年在奧斯陸以北的小鎮埃茲伏爾（Eidsvoll）召開第一次國民大會的情景，畫作不但訴說著挪威民主發展的濫觴，更時時提醒議員們所肩負的歷史責任。國會大廈平時不對外開放，但每週一至週五上午提供免費導覽，讓民眾可跟著導遊的腳步入內參觀。

INFO

國會大廈 Stortinget
地址： Storting building, Karl Johans gate 22, 0026 Oslo
開放時間： 週一至週五上午 10：15 有一場免費英文導覽，集合地點在 Akersgata 街入口處，不能預約、先到先報名，每場導覽上限人數 30 人，導覽時間約 1 小時。
前往方式： 從中央車站步行約 10 分鐘，可乘電車 12、13、15、19 至 Øvre Slottsgate 下車、或公車 30、31、32、81 等班次至 Wessels plass 站下車、或電車全線至 Stortinget 站下車。
官網（英）： https://www.stortinget.no/en/In-English

地圖

官網

市政廳

奧斯陸市政廳是挪威首都市議會、市政府的辦公地點，但說它是一個藝術畫廊也不為過！奧斯陸從 19 世紀初期就因舊市政廳不敷使用、而不斷討論新建議題，多次徵選案都由於缺乏資金而從未執行過。幾經波折，一直到 1933 年議會終於同意以斯德哥爾摩市政廳相似的設計概念開始興建，但後因現實考量、建築本身少了很多藝術設計感，反倒新增了兩座高塔似的辦公大樓、以容納更多公務人員；加以建設期間又慘逢二次大戰而停擺損毀，最終這棟命運多舛的市政廳終於在 1950 年慶祝奧斯陸建城 900 周年時正式開幕。

許多人猛然一看市政廳可能覺得失望，完全磚造的風格顯得嚴肅古板，與鋼材和大片玻璃組成的奧斯陸現代建設形成強烈老舊的對比；但實際踏進建築物，會發現這是挪威歷史和文化的一本故事書。一進門挑高數層樓的大廳遍布精美壁畫，講述著挪威的歷史：除了納粹佔領的戰爭史外，特別著重撐起挪威經濟的漁業、林業、工業等從業人員的生活，兩端則描繪獲諾貝爾和平獎的挪威極地探險家南森（Fridtjof Nansen）和諾貝爾文學獎得主、同時也是挪威國歌作者的挪威詩人比昂松（Bjørnstjerne Bjørnson）的故事。每年的 12 月 10 日諾貝爾逝世的週年紀念日，這座大廳也成為舉行諾貝爾和平獎的頒獎舞台。

除了大廳以外，市政廳中有多個會議室開放給民眾參觀：孟克廳（The Munch Room）中展示著他的油畫真跡「人生」（Life）來紀念這位

偉大畫家；禮儀畫廊（Ceremonial Gallery）則懸著各代國王畫像的掛毯來簡介挪威歷史；市議員開會的議事廳以巨幅編織掛毯呈現挪威天主教聖人聖華福（St. Hallvard）和七種美德的故事，提醒政治家應借鏡聖人的道德、為民眾謀求更多福祉。其他廳廊也陳列著光彩奪目的各種壁畫來訴說各時代挪威人生活的情景；壁雕則多講述著北歐神話的精采故事；展示廳中還有奧斯陸與其他姊妹城市交換的信物；面對海洋的市政廳廣場更是最大的雕塑展場。從沒想過一個城市的市政廳也可以這麼充滿著活力、洋溢著藝術、並毫無藏私地對外開放，挪威生活哲學又讓我再度開了眼界！

市政廳 Oslo Rådhus
地址：Rådhusplassen 1, 0037 Oslo
開放資訊：上班時間免費參觀，原則上為週一至週五 9：00 ～ 16：00，國定假日不開放。
前往方式：從中央車站步行約 15 分鐘，可乘電車 12 號至 Aker brygge 下車、或公車 70 號等班次至 Klingenberg 站下車。
官網（英）：https://www.oslo.kommune.no/politics-and-administration/oslo-city-hall/

地圖

官網

諾貝爾和平中心

諾貝爾和平中心就位在市政廳旁，鵝黃色古典樓房優雅地倚立在港邊、俯瞰著海洋。這棟建築建於 1872 年，當時用途為奧斯陸西火車站，1989 年停用後因地理位置鄰近諾貝爾和平獎頒獎地點，因此設計修復後於 2005 年由挪威國王哈拉爾德五世（Harald V）在挪威和瑞典兩國王室的見證下，重新揭幕啟用為諾貝爾和平中心。當中除了展示諾貝爾的生平，還強調諾貝爾和平獎力主捍衛人權、促進裁軍、解決世界衝突的理想；同時也陳列所有和平獎得主的成就，以這些故事典範讓人們了解：追求和平的途徑有許多，包括勇氣、毅力、和創造力。

諾貝爾和平中心的場地雖不大，但運用高科技和多媒體交互演繹的技術，讓展覽立體活躍了起來！尤其介紹諾貝爾和平獎得主的展間，令人驚艷地運用螢光棒組成昏暗閃爍的小花園，花園中立著一棵棵小樹般的螢幕，每個螢幕講述一位得主的故事，並充分結合音樂和感應設備，只要觀眾走向其中一個螢幕前，展間就會自動演奏音符、並播放影片，隨著你在小花園中散步的腳步，甚至可以編成一首新曲，十分有趣！中心除了常設展以外，還有許多關於戰爭、人權主題的策展，致力推動和平獎的核心價值。

INFO

諾貝爾和平中心 Fredssenter
地址： Brynjulf Bulls plass 1, 0250 Oslo
票價： 成人票價為 140 挪威克朗。現場有 9 種語言的語音導覽設備可供免費租借，其中包含中文和英文。
前往方式： 從中央車站步行約 15 分鐘，可乘電車 12 號至 Aker brygge 下車、或公車 70 號等班次至 Klingenberg 站下車。
官網（中）： https://www.nobelpeacecenter.org/chinese

諾貝爾和平中心目前整修中，將於 2023 年 12 月 1 日重新開放，前往時請再查詢確認。

地圖

官網

國家劇院 + 易卜生博物館

奧斯陸國家劇院位在皇宮附近，於 1899 年新建於現址。劇院本是私人機構，多次面臨倒閉瓶頸，直到 1929 年挪威文化部開始提供支持，將此處塑造成是挪威最大、最傑出的戲劇藝術表演殿堂。劇院正門口的兩尊雕像，分別為諾貝爾文學獎得主比昂松和享譽全球的挪威劇作家易卜生（Henrik Johan Ibsen），國家劇院也常被稱為易卜生戲劇之家，他的作品大部分都在此上演，每年秋季還會舉辦為期兩週的易卜生藝術節（Ibsen Festival），透過各種遊戲活動、論壇、發表會、兒童節目、甚至藝術酒吧的形式讓人們更了解易卜生。劇院也例行在每週六中午 12 點舉行導覽，可跟著導遊腳步走入劇院內的舞台、化妝間、工作坊，欣賞牆上戲劇性的歷史繪畫，更可聽聞關於易卜生的傳奇故事。

易卜生被譽為是僅次於莎士比亞的世界最偉大劇作家，出生於 1828 年的他本是富裕商人之子，但 7 歲後父親破產家道中落，使他在 15 歲便輟學離家，成為藥劑師學徒。1846 年他開始創作劇本，其後進入劇院擔任編劇導演等工作，並在生活不順遂後轉往義大利發展。相較於當時戲劇不是呈現歷史傳奇故事、就是著重兄友弟恭社會倫理的民族戲劇，易卜生常描寫與庶民生活貼近的經濟困難、道德問題、家庭矛盾、生活醜態，雖成為備受爭議的創作者，但也因此空前成功，成為創造「社會問題劇」的先驅。知名作品《玩偶之家》（A Doll's House）被視為女性追求自我實現的領航者；因鎮上泉水有毒揭發大企業與政府勾結陰謀的《人民公敵》（An Enemy of the People）亦多次被挪威、美國、

印度改編成電影，連好萊塢動作巨星史提夫麥昆都曾演繹過。

事實上，在國家劇院旁一座樸實無華的街邊公寓裡，還設置有易卜生博物館（Ibsen-museet），這是他 1895 年到過世前居住的家，他和妻子在這裡度過人生最後 11 年，並完成兩部巨作。博物館不但還原易卜生當時的家具擺設、展覽手稿遺物，更介紹許多有趣的小軼事：例如易卜生每天例行公事，就是中午散步到歌劇院旁飯店裡、邊喝咖啡邊看報紙，但他其實是用報紙遮臉在偷看路人，因為社會觀察是他寫作的基礎！公寓空間雖不大，但從大廳到廁所都有令人耳目一新的視覺設計，經過 4 年多的整修，博物館於 2023 年 7 月重新向大眾開放。

INFO

國家劇院 Nationaltheatret
地址：Johanne Dybwads plass 1, 0161 Oslo
票價：每週六的劇院導覽需事先上官網預約購票，成人票價為 140 歐元。
開放資訊：劇院和觀眾休息室僅在演出前 1 小時才對外開放，可在精雕細琢的吊燈和壁畫下享用咖啡和茶點。票券可在官網購買，或親至劇院售票處購票，售票處服務時間是週一至週六 12：00 ～ 17：00。
前往方式：從中央車站步行約 15 分鐘，可以搭乘電車 12、13、15、19 至 Nationaltheatret 站下車、或公車 30、31、32、54、70、81 等班次至 Nationaltheatret 站下車、或電車全線至 Nationaltheatret 站下車。
官網：https：//www.nationaltheatret.no/

地圖　　　　　官網

易卜生博物館 Ibsenmuseet
地址：Henrik Ibsensgate 26, 0255 Oslo
票價：成人票價為 180 挪威克朗。
開放資訊：每日上午 11:00 ～ 18:00。上午 11:00 開始，每整點舉行一次導覽活動，時間大約 45 分鐘，費用包含在門票中。
前往方式：從中央車站步行約 15 分鐘，可乘電車 12、13、15、19 至 Nationaltheatret 站下車；或公車 30、31、32、54、70、81 等班次至 Nationaltheatret 站下車；或電車全線至 Nationaltheatret 站下車。
官網（英）：https://ibsenmt.no/en

官網

挪威皇宮

挪威是君主立憲制的國家，但歷史上常被丹麥或瑞典統治管轄，因此皇室不像英國如此悠久傳統。1814 年 5 月挪威立憲獨立後，選舉當時丹麥王子克里斯蒂安四世為國王，但瑞典因不滿丹麥人介入管理而進軍挪威，最終兩國結成聯邦，挪威享有自治權，但由瑞典國王卡爾十三世兼任挪威國王，1905 年兩國聯邦瓦解、挪威頓失國王，因此邀請丹麥的卡爾王子來擔任國王，他就是哈康七世、也是現任挪威國王的祖父。位在卡爾約翰大道盡頭的皇宮啟用於 1940 年代末期，直到今日都是皇室的居所、也是國王辦公處所。

相較於歐洲其他皇宮、挪威皇宮規模較小，僅有 172 間房、且所有房間都被使用，因此一般民眾平時無法進入，僅有夏季 6 月底至 8 月底開放導覽行程讓遊客入內參觀；1 小時的導覽會介紹許多經典廳堂，例如每週五國王會見政府官員的議政廳、或以數十個水晶吊燈裝飾得亮麗寬敞的舞會廳、還有宮殿中最漂亮的客房「哈康七世國王套房」等等，導覽員還會分享一些皇室規則，像是門框上鑲有黃金的是國王專用門、一般人不能使用；另外，皇室舞會時想要跳舞的女士會穿亮色系禮服，看到穿暗色禮服的就盡量避免邀請等等。極光季前來奧斯陸皇宮，雖無緣入內參觀，但可看看每天下午 13：30 舉行的衛兵交接儀式，並到皇宮公園散步，感染一些皇家氣息也很有趣。

I N F O

挪威皇宮 Det Kongelige Slott
地址：Slottsplassen 1, 0010 Oslo
門票：每年 3 月 1 日開放預約門票，成人票價為 175 挪威克朗，線上預約請至 https：//www.ticketmaster.no/。
開放時間：夏季每日 10：00 ～ 17：00、每隔 20 分鐘一場皇宮導覽，但英文場次僅有 12：00、12：20、14：00、14：20、16：00 共 5 場。
前往方式：從中央車站步行約 25 分鐘，可乘電車 12、13、15、19 至 Nationaltheatret 站下車、或公車 30、31、32、54、70、81 等班次至 Nationaltheatret 站下車、或電車全線至 Nationaltheatret 站下車。
官網：https：//www.royalcourt.no/

地圖　　　　官網

{ 在地人推薦必吃 }

鮭魚料理 Salmon

台灣人對挪威鮭魚一點也不陌生！挪威身為全球第二大海產出口國，擁有非常豐富的海鮮資源；綿長彎曲的海岸線與合適的氣候，更讓挪威鮭魚箱網養殖在過去 30 年來逐漸發展成為世界第一。挪威對於鮭魚品質管控非常嚴格，包括養殖區的水流、水深、海床狀況都詳加要求，飼料也規定比例為 70% 蔬菜、與 30% 海洋生物，這樣的養殖產業不但對環境影響降到最低、也使魚隻得以健康成長，造就肉質甘香、脂肪均勻的挪威鮭魚，每年出口數百萬噸至全世界各地。

鮭魚吃法不脫幾種，台灣常吃香煎、焗烤，北歐當地則喜歡炭烤：用大火將晶瑩剔透的油脂逼出豐湧在魚肉上，並在炭火熱度的催化下烤得滋滋作響，是道色香味聽覺都俱全的料理。鮭魚濃湯也是挪威常吃的料理，以奶油為湯底，輔以少量蔬菜，美味濃郁又具飽足感。

煙燻鮭魚雖在台灣也吃得到，但挪威人似乎又更加講究，木材使用新木或舊木？柴火樹種是什麼？無論在菜市場或超市販售時都會標明清楚。烹製方式還分為冷燻和熱燻：冷燻是指以 25 度左右的低溫連續醃燻一週以上，肉質會比較生嫩柔軟，但這種烹飪技術原用於保存食物，因此鮭魚會經過長時間的鹽漬後、再進行醃燻，口味重鹹；熱燻則以 100 度以上的高溫，燻製數小時，煙燻風味醇厚、肉質更富彈性。

醃鮭魚常是開放三明治上面的主角，油脂肥厚的鮭魚經過醃製後，口味清爽不膩、更凸顯鮭魚的香氣，除了搭配麵包或貝果，也可製作沙拉或前菜。最原味的是以濃鹽水醃製浸泡，乍聽之下很普通，但這種醃鮭魚幾乎都是以魚肚製作，因此吃起來特別滑嫩鮮美。常見的口味還有黑胡椒醃鮭魚、翠綠蒔蘿醃鮭魚、或加入鮮紅的杜松子來醃鮭魚等，因著各家老闆手藝秘方而變化不同食譜，在魚櫃陳列總是琳瑯滿目。

若要問我在挪威吃挪威鮭魚、與在台灣吃有何不同？說實話吃起來還真的都一樣！且在物價高昂的挪威買鮭魚，產地價也沒便宜多少，唯一不同的大概只有烹飪手法了。除了上述煙燻、醃製各有特色以外，鮭魚派是我個人的熱愛，酥脆派皮塞入滿滿魚肉的豪邁，令我百吃不厭！另外，烤鮭魚卷或鮭魚漢堡排在台灣也沒見過，大口咬下粉紅色綿細肉質，過癮滿足的口感是挪威最佳記憶！

鮭魚料理是奧斯陸每家餐廳必備，但市政廳前的碼頭上，有一個結合魚市場與廚房的水上餐廳被稱為「奧斯陸海鮮市場」，是當地人最推薦的去處。不但可在偌大的冰櫃中親自挑選各種魚肉海鮮，秤斤論兩、新鮮全看得見，北歐風味的烹調方式、和親民實惠的價格，更讓它成為在地人和旅人的最愛。坐在與水平面一樣高的餐桌座位，邊欣賞海港風情、邊品嚐料理，同時擁抱愜意與美味。

維格蘭公園

一個光著身子的小男孩雕像，搓手頓足地哭鬧著大發脾氣，看來栩栩如生、風趣橫生，這是許多人對奧斯陸的印象。維格蘭公園便是以這些多采多姿的雕塑著名，也是世上由單一藝術家製作的最大雕塑公園。園內集合維格蘭 40 多年的創作精華，共有 200 多座花崗岩、青銅、或鍛鐵雕塑，每年吸引 1 百多萬遊客到訪。公園的重要雕塑分布在大橋、水池、和石碑三個區域，憤怒男孩小小的身影即位在大橋中央，周邊其他 57 座青銅描繪著不同身段的親子、愛人之間的親密互動，主題是慾望和活力；噴泉中六個巨人將沉重的水盆高高舉起，表達男人們為生活扛起沉重負擔；噴泉周邊則從童年、成年延伸至老年和死亡，訴說著人類生命演變階段；高出地面 17 公尺的巨石則雕刻著 121 個人彼此纏繞的身軀，有人掙扎、有人力爭上游，象徵著對人生渴望和奮鬥的百態。

維格蘭（Gustav Vigeland）是挪威最著名的雕塑家，也是諾貝爾和平獎章的設計者。他出生木匠家庭、從小學習木雕，20 歲時定居奧斯陸、並決定成為一位雕塑家，被前輩雕塑家伯格斯林（Bergslien）青睞並培育。他職涯早期參與許多教堂雕塑修復，1905 年挪威獨立後公共工程建設需求擴張，當時維格蘭已被認為是挪威最有才華的雕刻家，因此獲得了無數委託，也曾為易卜生製作人像雕塑，奧斯陸整個城市都能見到他的作品。公園盡頭有一座維格蘭博物館（Vigelandsmuseet）是他生前工作和生活的處所，館內收藏著藝術家各時期的作品。

INFO

維格蘭公園 Vigelandsparken
地址：Kirkeveien, 0268 Oslo
門票：免費
開放時間：全天開放
前往方式：可乘電車 12、15 號或公車 20 號至 Vigeland-sparken 站下車。
官網（英）：https://vigeland.museum.no/en/vigelandpark

地圖

官網

Local Shopper

{ 在地人推薦購物 }

奧斯陸的採買清單

奧斯陸必買的挪威品牌以設計為主，Nor-way Design 或 ting 都可找到當地設計師品牌的銀飾、玻璃藝術、居家生活用品等等。若想買獨具挪威味的時裝，可到運用傳統編織工法及圖案元素創作的品牌 Heimen Husfliden。此外，熱愛探險的挪威也有幾個百年歷史的戶外服飾品牌，包括 Helly Hansen 和 Bergans 都相當知名。Aker Brygge 位在市政廳旁的碼頭邊，紅磚建築群之間是由 8 個商場組成的新興購物區，這一帶本是舊船廠，1980 年代關閉後修復活化成為奧斯陸最大的商場，所有最時尚的品牌、最有名的餐廳酒吧幾乎都聚集在此，沿著港區逛逛享受悠閒的購物時光。

卡爾約翰大道徒步區則是奧斯陸最好買的地方，從世界各地知名品牌、到文創小物紀念品，這裡應有盡有，尤其鹿毛、皮帽等紀念品，在這裡買竟然比北極圈還便宜划算！較常見的紀念品和伴手禮則是森林山妖木偶，或維京人相關的海盜紀念品、帆船模型等等。身為漁業大國也不可忽略海產製品，管狀魚子醬（Kaviar）和棕色起司（Brunost）雖然特別，但必須冷藏而不適合帶回國；倒是可考慮購買螃蟹、鮭魚、鱈魚、鮮蝦等各式各樣可愛的罐頭。各大超市結帳處會發現紅黃綠條紋包裝的巧克力餅乾（Kjekssjokolade），這是挪威當地人最喜歡的隨身零嘴，尤其適合登山健行時補充熱量，巧克力包裝內還會有貼心的健行建議，也是許多觀光客熱愛的伴手禮。

非歐盟國籍的遊客在挪威購物可享受退稅政策，同一天、同一家商店購物滿 300 挪威克朗可辦理退稅，最高可退回 19% 的稅額，在卡爾約翰大道或機場都有退稅點，只要購物後索取發票、及店家簽字蓋章的退稅單即可申請。

— 海港巡禮 1 日路線 —

阿克斯胡斯堡壘 Akershus Festning → **阿斯楚普費恩利現代藝術博物館** Astrup Fearnley Museet → **挪威文化史博物館** Norsk Folkemuseum → **維京船博物館** Vikingskipshuset → **前進號博物館** Frammuseet → **挪威海事博物館** Norsk Maritimt Museum → **康堤基博物館** Kon-Tiki Museet

URANIENBORG

OSLO

BYGDØY

⭐ 挪威文化史博物館

⭐ 維京船博物館

康堤基博物館 ⭐

⭐ 前進號博物館

⭐ 挪威海事博物館

⭐ 阿克斯胡斯堡壘

⭐ 阿斯楚普費恩利
現代藝術博物館

佇立在港灣邊的阿克斯胡斯堡壘

城堡內部是軍事基地也是城市公園

阿克斯胡斯堡壘

無論站在奧斯陸港灣的哪個角度，都可看見左岸山坡上盤踞著一座高大堡壘，以巍峨堅毅的姿態守護著整座城市。這個中世紀古堡是在西元 1300 年前後由挪威國王哈康五世建造，主要功能是保衛奧斯陸不受海上敵軍侵襲，軍事戰略上有重要地位；甚至直到二次大戰前納粹佔領以前，這座堡壘從未被敵人成功攻城過，因此有「誰控制著阿克斯胡斯堡壘、誰就統治了挪威」的說法。時至今日，這裡仍然是軍事管制區，堡壘東側有現代化的國防總部，堡壘本身由國王侍衛隊守護，常可看見穿著帥氣的侍衛隊踢正步交班。每天 6：00 至 21：00 堡壘皆免費對大眾開放，對奧斯陸居民來說這裡像他們的城市公園，常常躺在堡壘上曬太陽、或散步眺望海上落日；許多重要的慶典儀式也會在堡壘舉行。

城堡

阿克斯胡斯城堡和在 14 世紀初建成後，哈康五世開始將它當作住宅使用，成為許多皇室成員生活的場域。17 世紀克里斯蒂安四世國王決定遷都至現今奧斯陸，就是考量這個地點離堡壘更近、更能有效防禦首都，堡壘隨後進行現代化改建，成為現今帶有義大利文藝復興風格的建築。皇室直到 19 世紀都使用這裡作為宮殿，現今宴會廳也仍作為招待外賓的地點，遊客可以入內參觀各個裝潢精緻的客房、廊廳。

教堂與皇家陵寢

教堂位於堡壘最頂端，這座美麗而寧靜的教堂以往是為居住宮殿的皇室成員使用，現今不屬於任何教區，因此除了特殊禮拜活動以外，僅供國防部眷屬相關人員申請進行洗禮和婚禮儀式，對外則於每週六 12：00 至 17：00 開放參觀。此外，因為建築結構擁有出色的音響效果，被認定是奧斯陸最好的室內音樂演奏場所，奧斯陸

堡壘內有一座皇家專屬教堂

室內音樂節、挪威室內樂團經常在這座教堂中舉辦演奏會。教堂下方的皇家陵墓是挪威重要皇室的最後安息之地，包括西格爾德一世國王、哈康五世國王及王后、哈康七世國王及王后、奧拉夫五世和瑪塔王妃都長眠於此。

監獄

阿克斯胡斯堡壘同時也是一所監獄，狹長陰鬱的地牢散發著恐怖氣息，在挪威歷史上曾收容過許多叛亂分子和罪犯。當時這些人除了是階下囚、還是奴隸，因為挪威囚犯可以被租出去在城市工作，其中也發生許多傳奇軼事。監獄最終在 1950 年關閉，參加導覽可了解更多囹圄中的故事。

遊客中心

阿克斯胡斯堡壘的遊客中心在池塘旁的長型紅磚房舍中，其中提供堡壘歷史資料、近期活動，並且設有臨時策展：「阿克斯胡斯的囚徒」以文字、照片、文物展示堡壘從中世紀直到二戰後關押的囚犯歷史；

高聳城牆從未被敵人成功攻破

「1716 年」展示 300 年前瑞典進攻挪威、從圍攻到撤退每一天發生的事蹟。另外，每週六日下午 13：00 遊客中心還提供導覽，跟著導遊的腳步，透過踏遍堡壘探索各種有趣、可怕、刺激的故事，了解 700 年來的挪威歷史。

國防博物館

國防博物館（Forsvarsmuseet）所在地是挪威最古老的軍火庫之一，這是合併了砲兵博物館和情報博物館兩個前軍事博物館後所成立的，主要展示挪威從維京時代到現代的軍事歷史，可看見實體的裝甲車、飛機機身、槍砲彈藥，並可觀看許多寶貴的紀錄片，全館免費入場。

挪威抵抗博物館

挪威抵抗博物館（Hjemmefrontmuseum）透過照片、文件、文物、蠟像展示著 1940 至 1945 年德國納粹佔領挪威期間的挪威抵抗運動，全館免費入場。

272

德國納粹曾佔領挪威、引起全面抵抗

國防博物館是歐洲最古老軍火庫

阿克斯胡斯堡壘 Akershus Festning
地址：0150 Oslo
門票：堡壘免費入場；教堂成人門票 100 挪威克朗；遊客中心週六日下午 13：00 導覽門票為 100 挪威克朗，需現場購票
開放時間：堡壘每日 6：00～21：00 對外開放；城堡冬季只有週末中午 12：00～17：00 開放，教堂僅週六中午 12：00～17：00 點開放；遊客中心營業時間為每日 10：00～17：00；博物館開放時間為週二至週日 10：00～16：00、週一休館。
前往方式：從中央車站步行約 15 分鐘，可乘電車 12 號、或公車 35 號至 Kontraskjæret 站下車。
官　網：https://kultur.forsvaret.no/forsvarets-festninger/akershus-festning

地圖

官網

阿斯楚普費恩利博物館

在奧斯陸港邊沿著 Aker Brygge 商場散步，行經幾墩木棧橋、遇見幾座有趣雕塑，不知不覺間就來到阿斯楚普費恩利博物館。厚實溫暖的橡木建築、頂著帆船型玻璃帷幕屋頂，建築物間以運河隔水相鄰，北歐版的小橋流水格外有情調。這是一座挪威航運大亨家族的私人現代藝術美術館，成立於 1993 年、並於 2012 年搬遷至現址，當初重金禮聘曾設計巴黎龐畢度中心的義大利鬼才建築師倫佐皮亞諾（Renzo Piano）擔綱設計，將內外空間完整融合：室內視野使人與峽灣融為一體，戶外又運用小橋樓梯連接的巧思、讓一棟棟建築物之間多了親近感和空間穿透感。

博物館由兩座建築物組成，容納常設展和臨時策展，最初收集 1980 年代美國藝術作品，後來擴展為國際和挪威當代藝術的交流激盪，館內最有名的收藏是以 510 萬美元購買了一尊鍍金的巨大陶瓷人像，塑像內容是天王巨星麥可傑克森抱著他的那隻名為泡泡的黑猩猩；其他包括舉世聞名的安迪沃荷、小野洋子的作品都在其中。舊碼頭與新建築構築的綠地雕塑公園也是現代藝術美術館的一部分，草地上陳列的雕塑有些搞笑逗趣、有的富含深意，欣賞雕塑的同時，還可看見公園裡孩子們拿著手機在追逐寶可夢、少女們穿著比基尼跳進海裡冰泳，不同風景各有千秋地將藝術、自然、與生活完美地融為一體。

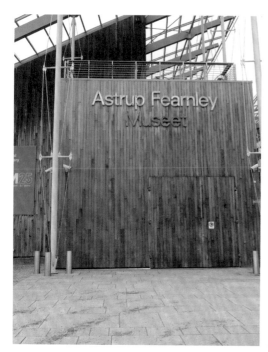

INFO

阿斯楚普費恩利博物館 Astrup Fearnley Museet
地址：Strandpromenaden 2, 0252 Oslo
門票：成人票價 150 挪威克朗
營業時間：每週二、週三、週五 12：00 ～ 17：00，每週四 12：00 ～ 19：00，週末 11：00 ～ 17：00，週一休館。每週日下午舉辦美術館導覽，下午 14：00 場次介紹臨時策展、下午 15：00 場次介紹經典館藏，導覽參加費用為 150 挪威克朗。
前往方式：搭乘公車 21、54 號至 Tjuvholmen 站下車，或搭電車 12 號至 Aker Brygge 站下車後再步行 10 分鐘。
官網（英）：https://www.afmuseet.no/en

地圖　　　　官網

挪威文化史博物館

從市政廳前碼頭搭乘專程前往比格迪半島的渡輪，不到 15 分鐘就可抵達所謂的博物館半島。半島上有 2 個停靠站，第一站 Dronningen 下船不遠處，即是挪威文化史博物館。參觀這座博物館並非如往常般逛櫥窗看展覽，而是在逛一個村落、穿越一座時光隧道！由歷史學家艾爾（Hans Aall）在 1894 年創建的露天博物館，目前展示 158 座古建築：從城市到鄉村、從中世紀到現代，透過居住環境、日常生活還原挪威人的歷史，其中最有名的是奧斯卡二世國王收藏的歌爾木造教堂。

聽到國王的收藏品，通常會想到金銀珠寶、奇禽異獸，很難想像國王會收藏一棟老房子？！這座教堂建於西元 1200 年，在 1880 年代本預計拆除，但挪威古蹟保護協會決定買下這座教堂、將它獻給國王；奧斯卡二世當時是瑞典國王，也是管理瑞典－挪威聯邦的國王，他努力學挪威文，也同意資助挪威古蹟收藏重建，以加強君主與國家之間的連結。全木造建築斜著層層疊疊的屋瓦尖頂，造型獨特、甚至有點東洋風味，被人們暱稱為階梯教堂。木牆上古舊修復的斑駁壁畫繪著聖經故事，教堂裡有許多中世紀早期的銘文和雕刻，像龍與植物的圖騰、抽象人形和幾何符號等等。

西元 16 世紀歐洲宗教改革後，這種古代天主教時期的裝飾已相當難得一見，多虧奧斯卡二世國王以行動向挪威示好，我們今日才有緣踏進這座 8 百多歲的中世紀教堂。另一個必看的景點是原位在市中心的磚造公寓「Wessels gate 15」，這個地址就位在國家劇院附近，是奧斯陸中產階級的聚居處，從中可以看見 1879 年到 2002 年的不同挪威家居，包括以重塑易卜生《玩偶之家》劇中女主角娜拉的家來呈現 19 世紀末期的奧斯陸生活。

文化史博物館幅員廣大，穿梭在挪威的不同時代、不同地區，農村、老鎮各有風情，很驚訝看見北歐建築也和東南亞一般有高腳屋設計，以防止囓齒動物進入倉庫；穀倉中真正養了牛、羊、豬、雞的動物，讓人感受穀倉在日常中的實用性和重要性。除了參觀房舍家具以外，還能了解從未聽聞的挪威習俗，例如：某一間木屋農舍的情境設定是老農夫剛過世，家中廳堂擺放著棺木，旁邊卻驚見許多啤酒桶？！才明白原來 18 世紀農村習俗是得透過喝酒和開心來幫助死者平安到達另一個世界！夏季時，村落房舍中會有真人演員模擬當時生活，示範傳統手工藝、表演歌舞；室內博物館更展示了民間服飾、童玩歷史、薩米文化、和教堂藝術，在這內容豐盛的博物館中見識令人詫異的風土民情，十分有趣！

INFO

挪威文化史博物館 Norsk Folkemuseum
地址： Museumsveien 10, 0287 Oslo
門票： 成人票價冬季 140 挪威克朗、夏季 180 挪威克朗
開放時間： 冬季（10 月至 4 月）每日 11：00 ～ 16：00、夏季 10：00 ～ 17：00。
前往方式： 搭乘比格迪半島渡輪（Bygdøyfergene）B9 號至 Dronningen 碼頭下船後步行 10 分鐘，或搭乘公車 30 號至 Folkemuseet 站下車。
官網（英） https://norskfolkemuseum.no/en

地圖　　　　官網

維京船博物館

講到挪威一定會想到《北海小英雄》，那個在帆船上蹦來跳去的維京水手小威，只要摸摸鼻子就能展現過人機智，幫助黑龍船長和船員們度過難關。所謂的維京人是指西元 8 世紀末至 11 世紀從斯堪地那維亞半島大舉出航、拓展領土的一群人，他們可能在家鄉遭遇人口過剩、耕地貧乏、貿易不平等、土地被入侵等問題，對海岸線綿長的挪威來說，與外界交流最簡單的方式就是透過海洋，這些人因而決定離鄉背井、航向遠方、移居他處。歷史紀錄中，許多維京航海家、移民者都被視為野蠻的襲擊者，因此多以「海盜」統稱他們。

來到維京船博物館，最興奮莫過於得以親眼一睹海盜船的真面貌！尖翹捲曲的船首和船尾展現極其優雅的姿態，十幾公尺高的桅桿展現無比氣勢，閉上眼，似乎能看見它曾在海上叱吒風雲的霸氣！這艘長 22 公尺、可以容納 30 位槳手、1 千 2 百年前製造、名為 Oseberg 的大型遠洋木船，是世界上保存最完好的一艘維京海盜船！然而它並非從海中被打撈上岸，竟是從地下出土？！原來 9 世紀時，挪威地區的達官顯貴曾流行船葬，將打造精美的船隻拖上陸地當作棺材，隨著遺體、日用品、車與雪橇、牛隻馬匹等動物，一起入土為安。

1903 年埋在地底的 Oseberg 意外被農民發現，考古學家花了 3 個月時間將船隻殘骸挖掘出來，卻辛苦地耗時 21 年才重新組裝修復完成，將海上民族的風華重現世人眼前。

館藏還有另外兩艘規模較小的維京船考古文物，看著為水深岸窄的峽灣而設計的狹長船身，可以清楚理解環境如何影響文明。令人印象深刻的是博物館中的多媒體內容「Viking Alive」，戲劇化演出的故事影像投射到拱型天花板上，帶著我們在船上看極光和日出、天亮時揚帆遠航、行船時遭遇狂風暴雨、登陸時經歷生存戰鬥，彷彿身歷其境穿越到維京時代。

INFO

維京船博物館 Vikingskipshuset
地址：Huk Aveny 35, 0287 Oslo
門票：成人票價 100 挪威克朗
開放時間：維京船博物館於 2023 年初開始整建，預計 2026 年重新開幕。。
前往方式：搭乘比格迪半島渡輪（Bygdøyfergene）B9 號至 Dronningen 碼頭下船後步行 15 分鐘，或搭乘公車 30 號至 Vikingskipene 站下車。
官網（英）：https：//www.khm.uio.no/english/

地圖　　　　　　　　官網

前進號博物館

在三角形的船塢中聽著挪威極地探險的精彩故事，前進號（Fram）可說是奧斯陸最迷人的博物館！這艘世上最著名的極地木製船，是挪威第一艘專門為北極遠征建造的船，更是挪威積極參與英勇探險的象徵。19 世紀末挪威探險家南森（Fridtjof Nansen）為了深入北極中心點，決定打造一艘小巧、堅固，能穿越浮冰又不被冰山壓壞的船隻，並且根據洋流理論可讓小船順著潮流漂到北極。南森不但是大冒險家、還是滑雪冠軍、科學家、外交官、和諾貝爾和平獎的得主，他的探險野心也啟發了「制霸極地的男人」阿蒙森、使其成為第一位踏上南極的人。

南森在 1893 至 1896 年乘著前進號達到北緯 86 度 14 分，創下最接近北極的探險紀錄、並成為國際名人。雖然他後來並未繼續探險生涯，但他的航海技術、服裝設備、和成立的探險基金，都為往後南北極探險帶來極大影響！尤其這艘前進號，後來又在 1902 年載著斯維爾德魯普（Otto Sverdrup）到達格陵蘭以西的北極群島，1912 年阿蒙森更靠著前進號征服南極。

博物館中的前進號船體是完全開放空間，登上甲板後可先仰望每 20 分鐘一次的極光表演，接著進入客艙、餐廳廚房、休息室、貨艙、和機艙四處逛逛。木製船艙走到哪都得彎腰低頭，房間更是窄小擁擠得跟電話亭沒兩樣，很難想像在這幽閉空間要待上幾年是什麼感覺？遙想探險家們冒著生命危險、橫渡無數未知危險地帶，只為一親極地芳澤，只能說夢想實在偉大！喜歡長長餐桌上擺放著每位船員專屬的鐵盤鐵杯，所有漆成白色的餐具上都寫著大大的「Fram」字樣，雖沒有精美骨瓷杯盤或山珍海味佳餚，但相聚一起的放飯時間想必是漫長探險旅程中最溫馨的時光吧！

前進號完成征服南極任務後，停靠在奧斯陸峽灣的港口中，暴露於風吹日曬使前進號損壞得很嚴重，阿蒙森後來的幾次冒險只好又打造了新船：包括帶他穿越西北水道的吉約號（Gjøa）、以及航向北極的莫德號（Maud）。一次世界大戰後陸續有挪威探險家及海事專家提議要保存前進號，直到 1936 年這座博物館終於成立，修復完成的前進號才得以煥然一新的面貌重見天日。目前館中的另一船塢展示著吉約號和更多極地探險的傳奇，館內也介紹了北極圈當前面臨的危機，像是北極熊棲地破壞、融冰狀況、天然氣石油開採等等問題，希望大家認知到北極並非遙不可及、而是與全球生活息息相關。

INFO

前進號博物館 Frammuseet
地址：Bygdøynesveien 39, 0286 Oslo
票價：成人票價 120 挪威克朗
營業時間：冬季（10月至4月）10：00～17：00、夏季9：00～18：00。
前往方式：搭比格迪半島渡輪（Bygdøyfergene）B9 號至 Bygdøynes 碼頭下船，或搭公車 30 號至 Bygdøynes 站。
官網（英）：https://frammuseum.no/

地圖

官網

挪威海事博物館

挪威是歷史悠久的海洋國家，海事博物館的任務就是收集、研究、推廣挪威自古以來的海事文化遺產。屹立在海濱的博物館，從戶外就有許多有趣的展示品：以青銅鑄成真人大小的極地探險隊，是征服南極 100 周年時由挪威國王親自揭幕紀念，5 座雕像望向遠方、展現銳不可擋的英氣，使他們成為比格迪半島上打卡最多次的地標；另外，用海洋廢棄塑膠築成色彩繽紛的「希望燈塔」也是一個吸睛焦點，希望透過垃圾藝術創作能讓大家思考每年海洋中大量的塑膠是如何威脅海洋生物？以及最終如何威脅著人類的生計和生命？

博物館內主要展示著沿海文化和海洋歷史，館內存有西元前 200 年製造、全挪威最古老的一艘船（Stokkebåten），這是一種用整支樹幹挖空製作、獨木舟般的船隻，玻璃櫃中展覽的雖是破碎殘骸，但想到這是 2 千 2 百多年前的古物就不禁令人讚嘆！用問答方式訴說海洋歷史也很有趣，例如：中世紀的海盜生活是怎麼樣？ 19 世紀末常有青少年在船上工作，他們的任務是什麼？當一名船員在海上生重病時，船長該怎麼辦？挪威商人水手在第二次世界大戰中扮演什麼角色？透過這些故事可認識維京時代到現今的海洋文化，更可從船尾、甲板、廚房、機艙等處認識討海人的日常生活。館中的「海洋為生活方式」是一部全景電影，超過 180 度的圓弧螢幕，帶著觀眾從羅浮敦半島、經過西岸的峽灣山脈、來到南部海岸的港灣，將挪威變化多端、崎嶇起伏的海岸線以最寬廣的視角一次盡收眼底！

挪威海事博物館 Norsk Maritimt Museum
地址：Bygdøynesveien 37, 0286 Oslo
票價：成人票價 140 挪威克朗
營業時間：冬季（10 月至 4 月）11：00 ～ 16：00、夏季 10：00 ～ 17：00。
前往方式：搭乘比格迪半島渡輪（Bygdøyfergene）B9 號至 Bygdøynes 碼頭下船，或搭乘公車 30 號至 Bygdøynes 站下車。
官網（英）：https：//marmuseum.no/en

地圖　　　　　　官網

康堤基博物館

喜愛熱血冒險的人一定不能錯過康堤基博物館！館中主角是挪威的傳奇人物海爾達爾（Thor Heyerdahl），他是一名民族學家、考古學家和作家，更是環遊世界的探險家。他最有名的事蹟便是在 1947 年乘坐一艘輕竹筏「康堤基號」（又稱太陽神號）橫渡太平洋、並拍攝成影片，而後於 1951 年獲得奧斯卡最佳紀錄片。康堤基博物館自那時就已開幕，挪威人都慕名而來，想親眼目睹這艘乘風破浪征服太平洋的竹筏長什麼模樣；博物館自開業 70 年以來已吸引超過 2 千萬參觀人次。後來海爾達爾又以蘆葦編織的紙莎草船航行於大西洋、地中海、加勒比海等地；隨著他歷劫歸來的冒險，博物館內的館藏就更加豐富，目前第二艘紙莎草船太陽二號（Ra II）也展示在其中。

其實海爾達爾這些看似瘋狂的行為並非為了冒險而冒險，他是想證實自己在民族學和考古學上的學術推論。根據他的研究，認為在菲律賓西邊的海島波里尼西亞人種是源自於南美洲；雖然以近代語言學和 DNA 分析而言，波里尼西亞人應屬南島民族、祖先可能來自台灣；但當年海爾達爾堅信他們與印地安人是同一種族，因此

決定以無動力木筏帶著另外 5 位探險家從南美洲祕魯出航，證實古老航海技術是足以將人們載至太平洋另一端。經歷 101 天的航行後，海爾達爾的木筏康堤基號成功穿越太平洋，在波里尼西亞外圍的環礁擱淺，但學界仍不接受海爾達爾的理論，因為探險隊的創舉僅能證明南美洲原住民有能力抵達南太平洋諸島、卻無法證明他們曾經這樣做過。

館藏中可以看見海爾達爾的故事、理念、以及對南美洲文明考古的深入研究，包括幾座復活島上的摩艾石像。1969 年至1977 年之間海爾達爾又以紙莎草船出航三次，想證明地中海與加勒比海文明、美索不達米亞文明、印度文明是有接觸和彼此影響的。在幾次航行間，海爾達爾目睹了大西洋受汙染的程度，因此向聯合國發出呼籲、並獲各國媒體重視，此後至 2002 年過世前他都致力推展海洋保育和世界和平的價值觀。很喜歡海爾達爾的名言：「邊框，我從沒見過這種東西，但我聽說它存在於某些人心中。」也許就因擁有這樣無邊無際的思維心思，才能造就他成為近代偉大的傳奇冒險家！

INFO

康堤基博物館 Kon-Tiki Museet
地址：Bygdøynesveien 36, 0286 Oslo
門票：成人票價 140 挪威克朗
營業時間：冬季 10：00 ～ 17：00；夏季 9：30 ～ 18：00。
前往方式：搭乘比格迪半島渡輪（Bygdøyfergene）B9 號至 Bygdøynes 碼頭下船，或搭乘公車 30 號至 Bygdøynes 站下車。
官網（英）：https://www.kon-tiki.no

地圖　官網

真實版兩個爸爸

奧斯陸碼頭是當地人最熱愛的日光浴大道，不僅上班族喜歡坐在港邊曬太陽吃午餐，徒步區也像「曬兒」伸展台一樣、總是一堆爸媽推著嬰兒車並排而行，親子同樂一同享受陽光；曾看見 4 位金髮碧眼的俏麗媽咪、以娿娜多姿的身段推著嬰兒車快步前行，簡直像上演《慾望城市》媽媽版。

嬰兒車這麼密集，可能讓人以為挪威沒有少子化問題，事實上根據 2018 年的統計，挪威生育率是 1.56、平均每個家庭只擁有 1 或 2 個孩子，只比台灣的 1.06 好一些，且這已是挪威政府祭出生育政策多年後回升的數據。北歐各國在 1990 年代就開始爆發少子化現象，政府從社會福利、托兒教育、經濟補助各方面出手挽救，尤其父母加起來可請 3 百多天的全薪育嬰假，且規定雙方必須要協調分配：母親至少請假 12 週以上、父親至少請假 10 週以上；畢竟在兩性平權的北歐，育兒是雙方家長的責任，不分性別皆要平均分攤。也難怪平時能看見這麼多父母悠閒推嬰兒車逛大街，因為他們都是「被迫」不能上班、必須在家帶小孩，以增強挪威的「國力」。

而以上所有生育政策，也都適用於同性婚姻。我在奧斯陸住宿的 Airbnb 有兩位可愛小朋友，金色捲髮皮膚白裡透紅，每次出門都期待巧遇他們；而更可愛的是，我的房東們、也就是小朋友的雙親，竟是兩位挪威帥哥！其實挪威早在 1993 年就准許同性登記為「公民伴侶關係」，讓同性伴侶可享有領養之外的一切異性伴侶權利；及至 2008 年更通過「同性婚姻法」成為全球第六個同性婚姻合法註冊的國家，允許男男婚姻可申請領養小孩、女女婚姻可借精生子；兒童福利部門更從教育著手，透過學校課程讓挪威人自小理解性別認同的多樣性，就算小朋友出身同性家庭，也不該有差別待遇。看著兩位房東呵護小孩無微不至，也像一般父母一樣有人扮白臉、有人扮黑臉，電視劇《兩個爸爸》的真實版就在眼前上演，深覺挪威是個真正平等的國家，兩性平權、同性也平權。

2AF675X

北歐極光旅行

芬蘭、瑞典、挪威，自助規劃 × 人氣景點 × 極地活動，
此生必去夢想旅程超完整規劃！

作　　　者	辛翠芸	香 港 發 行 所	城邦（香港）出版集團有限公司
攝　　　影	辛翠芸、金宏濤		香港灣仔駱克道 193 號東超商業中心 1 樓
責 任 編 輯	李素卿		電話：（852）25086231
主　　　編	温淑閔		傳真：（852）25789337
版 面 構 成	小美事設計侍物、江麗姿		E-mail：hkcite@biznetvigator.com
封 面 設 計	小美事設計侍物		
		馬 新 發 行 所	城邦（馬新）出版集團 Cite (M) Sdn Bhd
行 銷 企 劃	辛政遠、楊惠潔		41, Jalan Radin Anum, Bandar Baru
總 編 輯	姚蜀芸		Sri Petaling,57000 Kuala Lumpur,
副 社 長	黃錫鉉		Malaysia.
			電話：(603) 90563833
總 經 理	吳濱伶		傳真：(603) 90576622
發 行 人	何飛鵬		E-mail：services@cite.com.my
出　　　版	創意市集		

發　　　行　城邦文化事業股份有限公司
　　　　　　歡迎光臨城邦讀書花園
　　　　　　網址：www.cite.com.tw

印　　　刷　凱林彩印股份有限公司
二 版 二 刷　2024 年 5 月
定　　　價　460 元
　　　　　　Printed in Taiwan

客戶服務中心
115 臺北市南港區昆陽街16號5樓
服務電話　（02）2500-7718~9
服務時間　週一至週五9：30 ～ 18：00
24 小時傳真專線　（02）2500-1990~3
電子郵件 service@readingclub.com.tw

＊ 詢問書籍問題前，請註明您所購買的書名及書號，以及在哪一頁有問題，以便我們能加快處理速度為您服務。

＊ 我們的回答範圍，恕僅限書籍本身問題及內容撰寫不清楚的地方，關於軟體、硬體本身的問題及衍生的操作狀況，請向原廠商洽詢處理。

＊ 廠商合作、作者投稿、讀者意見回饋，請至：
　FB 粉絲團：http://www.facebook.com/ InnoFai
　E-mail 信箱：ifbook@hmg.com.tw

國家圖書館出版品預行編目（CIP）資料

北歐極光旅行：芬蘭、瑞典、挪威，自助規劃 × 人氣景點 × 極地活動，此生必去夢想旅程超完整規劃！ / 辛翠芸.
臺北市：創意市集出版：城邦文化發行，民 112.7 面；　公分
ISBN 978-626-7336-06-9（平裝）
1. 旅遊 2. 北歐
747.09　 112008122